# 젊은이여 오늘을 이야기하자

마샬 맥루한(외)/방곤 · 최혁순 옮김

범우사

# 차 례

5

## ▨ 이 책을 읽는 분에게

이 책은 프랑스의 유력지(有力誌) 《렉스프레스》지(誌)가 현대의 석학(碩學) 18인과 행한 대담을 수록한 Robert Laffont사가 펴낸 'L'Express va plus loin avec ces théoriciens"를 우리 말로 옮긴 것이다.

우리말로 옮겨 출간함에 있어서, 독자들에게 다소 낯선 아홉 사람의 대화는 삭제했다. 그 대신 세계적 석학 에리히 프롬과의 대화를 부록으로 넣었다.

이 책과 같이 여러 전문 분야에 걸친 글은 그 분야의 전문가들이 맡아 번역하는 것이 이상적이지만, 특히 번역의 경우, 너무 번역자가 많으면 통일성과 균형이 결여되기 쉬우므로 이번에는 네 사람만이 번역에 참여했다. 물론 번역을 하는 동안 많은 전문가의 고견을 들어가며 최선을 다했다.

그러나 전문가 여러분의 눈으로 보면 부정확한 점도 없지 않으리라 본다. 여러분의 질정(叱正)을 기다릴 수밖에 없을 것 같다.

이 책은 한 마디로 말해서 대화형식에 의한 사상의 다이제스트이다. '대화' 형식에는 장점과 단점이 두드러지게 나타난다. 우선 결점부터 말하면, 성공 여부가 대부분 인터뷰의 자질, 특히 대담의 상대에 대한 주도면밀한 준비와 이에 근거한 설문에 달려 있기 때문에 면담자가 서투르면 상대방의 핵심을 놓치거나 중요한 요점을 빼먹기 쉽다. 두 번째는, 인간끼리의 대화인 이상 질의 응답이 반드시 기계적인 정확성으로 전개되지 않는다는 점이다. 그로 말미암아 전후 관계의 논리적인 균형이 가끔 깨어진다. 세 번째로, 명석을 자랑하는 프랑스어에서도 회화에 있어서는 상황의 원용이 큰 구실을 하는 관계로 대명사를 많이 사용해야 한다는 점이다. 이들 대명사는 상황을 떠나 활자화되면 가끔 의미가 매우 모호해진다.

그러나 이런 여러 가지 난점이 대담자와 역자의 솜씨에 의해 잘 극복되면 당사자의 사상이 흥미있는 일화를 곁들여 대담자와의 감정적인 교류를 통해서 이른바 당사자의 육성으로 생생하게 전달되고, 여기에 저서를 통해서 얻을 수 없는 독자적인 수확이 있다는 점에서 이런 종류의 대담이 지니는 장점은 분명히 있다.

게다가 독자적인 수확이 넓게 단시간에 얻어진다는 점에서 극히 현대적인 기획이라고도 할 수 있다.

여기에 수록된 개개의 일부 대담 내용에 대해서는 몇 가지 불만과 의문도 있지만, 대체로 대담의 장점은 그대로 잘 살아 있다고 본다.

오늘날 개개의 학문 분야가 고도로 전문화되고 세분화됨에 따라 각기 고루(孤壘)를 지키고 있다가는 점점 복잡화하고 거대화하는 제현상에 대처할 수 없게 되었다. 그래서 각 분야 사이에 다리 구실을 하는 연구, 각 분야의 경계선상에 있는 제문제의 협동작업에 의한 연구가 반드시 필요하게 된다. 이것이 학제적(學際的) 연구이다. 본서와 같은 대화 형식에 의한 사상의 다이제스트는 이러한 시대의 기운에도 어울린다. 각 학문 영역에 있어서 지금껏 어떤 일을 해왔으며 또 앞으로 어떤 일이 이루어질 것인가를 아는 것은 학제적 연구를 시도하는 제일보이기 때문이다.

그러나 그보다도 중요한 것은 여기에 등장하는 대부분의 대담자가 입을 모아 말하고 있는 몇 가지 사실이다. 그것은 구체적으로 에너지를 중심으로 하는 자원고갈의 문제이며, 거대화한 테크놀로지의 세계와 그것을 제어(制御)해야 할 인간정신 사이의 언밸런스의 문제요, 나아가서는 거기서 발생하는 심각한 소외현상의 문제이다. 이것들에 대한 사정없는 날카로운 지적고발은 특히 남은 20세기의 수십년과 21세기를 살아나가야 할 젊은이들의 양 어깨에 지워져 있는 무거운 짐이다.

　앞으로는 인류의 생존을 건 장대한 투쟁의 드라마가 점점 치열하게 전개될 것이다. 이러한 상황 속에서 무엇보다도 바람직한 것은 특히 젊은이들이 여기에 담긴 보고, 제언(提言), 충고, 나아가서는 암시를 진지하게 받아들여 각기 활동분야에서 그것들과 살리고 발전시킬 방도를 진지하게 모색하는 일이며, 그러기 위해서는 광범위한 학제적인 시야를 지닌 예민한 지성이 더욱 필요해진다.

　그러한 의미에서 다음 세대를 짊어진 젊은이들이 이 대담을 통하여 자신들이 놓여 있는 상황에 대해 엄숙하고도 심각한 인식을 기르고, 게다가 거기에 충만한 거대한 짐을 극복해 나갈 영지(英智)를 기르는 계기가 된다면 역자로서는 더 바랄 것이 없겠다.

　앞에서도 약간 언급했듯이 각 대담에서 중요한 점을 빠뜨린 것도 얼마간은 있을 것이며, 또 전달하려는 진의(眞意)가 이 대담만으로는, 가령 역주의 도움을 받더라도 충분히 전달되지 못한 점도 적잖으리라 본다. 그것들에 대해서는 본서를 여러 가지나 한 개의 창(窓)으로 이용해 주기 바라며 개개의 흥미나 관심에 따라 각기 그 역서라든가 저서 등을 통해 반드시 이해하기 바란다. 그런 의미에서 이 책은 그 성격상 불완전하나마 그런대로 인트로덕션으로서의 구실을 한다면 그것으로 충분하다고 본다.

　번역의 분담은 다음과 같다. 피히트, 자콥, 브로델, 틸리에는 소연이, 마르쿠제, 맥루한, 프리드망은 장백일이, 피아제는 방곤이, 로렌츠, 프롬은 최혁순이 담당했다.

# 젊은이여 오늘을 이야기하자

# 머 리 말


1967년 말에 시작된 《렉스프레스》지(誌)에 의한 이 대담은 눈감짝할 사이에 광범위한 독자층의 커다란 관심을 불러일으켰다.

이러한 성공은 《렉스프레스지는 이들 이론가들과 더불어 한층 앞으로 나아간다》(이 대담집의 원제(原題))는 이 대담집의 제목이 철저하게 실현된 것으로 볼 수 있다. 이 대담은 때에 따라서, 또 질문자에 따라서 다양한 변화를 보였는데, 대담자와 참가자들이 그 '본질'과 그 '사상의 밑바닥'에 이르는 데 때로는 몇 시간, 경우에 따라서는 온종일이 걸렸다. 이들 대화 중 어떤 것은 수백 매에 달하는 타이프에 의한 전사(轉寫)를 다시 압축한 것도 있다.

언어와 정열과 이념, 그리고 홍소(哄笑), 혹은 노성(怒聲)으로 그려진 이 프레스코화(畵)는 헤르베르트 마르쿠제에서 마샬 맥루한에 이르는 철학자, 심리학자, 사회학자, 경제학자, 역사학자, 인류학자, 생물학자, 수학자, 구조주의자들로 구성되어 있다.

사실상 대부분의 경우 이 대담을 통해서 그 본래의 기본적인 특징인 각 석학들의 난해한 저서라든가 다양해서 종합하기 힘든 사상이 명확히 드러나게 되었다. 이러한 명확성, 간결성은 독자들에게 크게 도움이 될 것이다.

이 대담에 즈음해서 각 석학들은 좋든 싫든 간에 명확성과 간결성에 따르게 되었다. 하지만 어디까지나 대담이라는 틀 속에서 이루어졌으므로, 어느 정도의 도식화가 따르게 마련이고, 그것은 당

연한 일이기도 하지만, 이 책에 수록된 어느 대담도 당사자들이
몇 번이고 되풀이하여 읽고 충분한 동의를 얻은 뒤 공표된 것임을
아울러 밝혀 두고자 한다.

현대의 위기를 갈파하는 낙관론자

# 게오르크 피히트

Georg Picht

대학인(大學人)으로서, 독일 정부 과학 고문인 게오르크 피히트는 비상경보기의 단추를 누르는 사람 가운데 한 사람이다. 식량부족, 인구과잉, 인간에게 불가결한 에너지의 부족에 대처하기 위한 정부의 재정적 원조 등은 모두가 긴급하고도 우선적으로 다루어야만 될 곤란한 문제들이다. 우리는 단지 생명을 연장하기 위해, 가까운 장래에 정신적으로나 정치적으로 또 논리적으로나 경제적으로도 심각한 대혼란의 시대를 극복해야 한다. 나아가 이 같은 대혼란에 직면할 때, 과거의 경험은 우리에게 아무런 도움이 되지 않을 것이다. 게오르크 피히트는 그러한 대혼란에 대처하기 위한 '유토피아로 향하는 용기'를 우리에게 갖도록 하여 스스로 책임질 수 있도록 촉구하고 있다.

　**렉스프레스**(이하 L이라고 약기(略記)함)　대부분의 독일인들은 선생님을 '비상경보기의 단추를 누르는 사람'이라고 보고 있습니다만, 선생님의 저서 《심연(深淵)을 내려다보고서의 반성(反省)》은 너무 비관적이 아닌지요?

　**피히트**　비관적인 것도 낙관적인 것도 아닙니다. 논의할 여지도 없는 사실에 직면한 이상, 의사처럼 행동하고 진단을 내리려고 노력할 수밖에 없으니까요.

　**L**　선생님의 진단은 어떻습니까?

　**피히트**　나와 마찬가지로 더욱더 많은 연구자들이 당신들에게 이렇게 말하겠지요. '우리는 헤드라이트 없이 카타스트로피[破局]를 향해 전속력으로 질주하고 있다. 그러나 우리는 그 카타스트로피를 세계적인 규모로 발생하고 있는 제문제의 분석으로 말미암아 지금부터 예지(豫知)할 수 있다'라고 말입니다. 30년 후에 직면하게 될 근본적인 제문제의 해결에 지금부터 착수하지 않는다면 실제로 인류는 마침내는 스스로의 생존(生存) 그 자체가 의문시되는 사회적 위기와 전지구적 동요 속에 대단히 빠른 속도로 끌려들어가게 될 것입니다. 더군다나 문제는 오로지 우리를 둘러싼 환경, 우리의 생활권 위에 덮치는 위협만은 아니라는 것입니다. 카알 프리드리히 폰 바이체커[1]가 중심이 되어 세계평화를 위한 조건을 연구하는 매우 복잡한 일이 최근 서독에서 완성되었음은 잘 알고 계

---

1) Weizsacker, Carl Friedrich von (1912~ ): 독일의 천문학자.

시리라 생각합니다. 그 연구의 결론은, 만일 우리가 자신들의 문제를 진지하게 받아들이지 않는다면 앞으로 수십 년 이내에(아마도 10년 후쯤에는)핵전쟁이 일어날 가능성이 아주 농후하다는 점입니다. 여태껏 역사가 이와 같은 갈림길에 서게 된 적은 없었습니다.

L  선생님은 우리들 한 사람 한 사람의 생활에 조만간 반드시 영향을 미치게 될지도 모르는 문제의 목록을 작성하셨다고 알고 있습니다만.

피히트  누구나 다 알고 있듯이 그 결과에 있어서 갖가지 문제를 수반하는 인구의 급증이 있습니다. 30년 후에는 인류의 일부에게만 식량이 공급될지도 모릅니다. 일부의 관측으로는 이미 기아로 말미암아 20개월마다 제2차대전의 희생자와 같은 수의, 즉 5천5백만 명의 사망자가 헤아려지고 있습니다. 설사 세계적 규모로 산아제한이 실시된다 하더라도 그것을 시작할 시기가 이미 30년이나 늦어버린 느낌입니다. 인구의 격증은 도저히 후퇴시킬 수 없는 노릇이니까요. 출생조절에 의해 기대할 수 있다는 점은 기껏해야 이론적 예측으로 볼 때 금세기 말에 70억이 될 인구를 61억으로 끌어내리는 정도가 고작입니다. 어쨌든 현재의 35억 인구의 거의 배의 숫자입니다. 게다가 이것은 낙관적 전망입니다.

L  그렇다면 선생님의 예측대로 기아가 터무니없이 광범위하게 퍼지게 됨을 각오하지 않을 수 없다는 이야기가 되겠군요.

피히트  특히 제3세계의 급속한 공업화(工業化)와 같은 발본적(拔本的)인 대책이 없는 한 그러한 기아는 반드시 오고야 말 것입니다. 현실로는 경작 가능한 토지의 확장은 이미 한계에 달하고 있다고 생각됩니다. 그 이유는 새로운 토지의 개척은 강력한 기술적 수단 없이는 불가능할 터인데 빈곤한 나라들은 그러한 수단마저 자유롭게 행사하지 못하는 실정이기 때문입니다. 그 밖의 방법을 생각해 본다 하더라도 —— 해양(海洋)의 생물학적 개발, 식량

의 인공적 생산 등 —— 가까운 장래에 있어서 필요량을 충족시킬
만큼 중요한 역할을 다할 수 있게 되리라고는 생각되지 않습니다.
식량 문제는 물의 확보문제와 얽혀 있다고 봅니다. 지하에 저장되
어 있는 물의 낭비는 이미 텍사스라든가 중앙 유럽의 경우가 그렇
듯이 어느 지역 일대를 사막으로 바꾸고 있습니다. 그리고 주목해
야 할 사실은, 지구상의 담수(淡水)는 일정량밖에 없다는 점입니
다. 그런데 인류가 필요로 하는 물의 양은 20년 후에는 적어도 지
금의 2배쯤 되지 않을까 생각됩니다. 게다가 또 한 가지 문제가
여기에 곁들여집니다. 그것은 세계의 담수 권장량의 불균형 분포
에 대한 문제인데 3분의 1 이상의 저수량이 캐나다에 있고…….

L 그러한 극도의 물 부족을 보충하기 위해 해수의 담수화(淡水
化)와 여과(濾過)는 생각할 수 없는지요.

피히트 그 문제에 관해서도 다른 모든 부문에 있어서와 마찬가
지로 지금부터 과학기술에 바탕을 둔 발본적인 대책을 강구해 두
어야만 된다고 생각합니다. 거기에는 현재 군비에 충당되고 있는
액수를 훨씬 웃도는 거액의 투자가 필요합니다. 더군다나 이같은
발본적인 대책에는 상당량의 에너지를 소비하지 않으면 안 되겠지
요. 그런데 전문가의 추측에 따르면 우리의 석유와 가스의 저장량
이 감소되어 나가고 있을 뿐만 아니라, 평화이용을 목적으로 하는
핵(核)에너지의 이용도 역시 뒤지고 있는 형편이므로, 서기 2천년
까지에 우리의 에너지 자원 가운데서 핵에너지가 차지하는 비율은
아무리 생각해도 4퍼센트 이상으로는 내다볼 수 없는 실정입니다.
당연히, 그리고 나는 그렇게 되기를 기대하는 한 사람입니다만,
과학기술의 면에서 이같은 최신 데이터를 검토해 보려고 하는 기
운이 세차게 일어날 것임은 틀림없습니다. 그렇지만 잊어서는 안
될 일은, 새로운 에너지의 생산은 아무래도 주위의 기온을 높여주
기 때문에 독일의 대공업지대에서 이미 실증된 바와 같이 —— 환

경·기후·생물권(生物圈)등 여러 문제에 대하여 예기치 못할 결과를 가져올지도 모른다는 사실입니다.

  L  그러나 과학과 과학기술은 자연의 에너지 자원을 이용할 수 있지 않을까요. 이를테면 태양에너지 따위는……

  피히트  이론적으로는 온갖 종류의 과학기술적 해결이 있을테고, 제3세계의 공업화라고 하는 가능성도 있습니다. 그런데, 거기에 소요되는 투자에 대한 문제는 일단 제쳐놓고라도 —— 그것은 제정부의 재정능력을 대폭 초과합니다만 —— 그들을 세계적 규모로 실현시키기 위해 필요한 기술자와 고도의 전문교육을 받은 인재를 어디서 찾으면 좋겠습니까? 이러한 영역(領域)의 부족한 인원수를 산정하자면 아찔할 정도의 숫자가 나오게 됩니다. 그에 대하여 우리는 고도의 전문교육을 받은 인간을 말도 안될 만큼 적은 수밖에 양성하지 못하고 있는 실정입니다. 인력의 부족이란 이야기가 되겠지요.

  L  결국 선생님은 '세계적인 교육부족'이란 말씀입니까?

  피히트  윌리엄즈버그에서 간행된 유네스코 보고서에 의하면, 고도로 공업화된 여러 나라의 발전 그 자체가 교육적 위기로 말미암아 브레이크가 걸려 있다고 합니다. 하물며 제3세계의 수준에서 이와 같은 결핍이 무엇을 의미하는가를 생각해 보십시오. 그들 여러 나라에서의 공업화를 촉진하기 위해서는, 설사 그것이 다수의 굶주린 사람들에게 생명유지에 필요한 최소한의 생활을 보증한다 하더라도 그 여러 나라들은 수십 년 이내에 서구제국의 평균적 교육수준에 도달하게 될까요? 이러한 문제의 전반에 걸쳐서 현재로서는 어떠한 목표도 서 있지 않습니다. '인류의 역사는 차츰 교육과 카타스트로피의 경쟁이 된다'는 H.G. 웰즈의 예언적인 말은 여전히 살아 있습니다. 이 말은 오늘날에는 비창한 여운을 남기면서……

L  프랑스에서는 루이 르프랑스 랑게[2], 장 로스탕[3], 루이 아르
망[4] 등이 선생님의 분석에 강한 감명을 받고 있습니다. 온갖 학문
분야에서 노벨상을 받을 만한 학자가 미래에 대해 선생님과 같은
걱정을 하고 있습니다. 그런데 미국의 다수의 미래 학자들의 낙관
론을 어떻게 생각하시는지요?

피히트  당신은 방금 나를 비관론의 현행범으로 지적하고 있지
않습니까. 미국의 미래학자들의 낙관론은 이젠 거의 정당하다고
인정되지 않고 있습니다. 중요한 일은 방법론의 정당성입니다. 그
런데 우리가 미래를 선취(先取)해야만 될 시대인데도 불구하고 대
부분의 예측이 방법론이란 면에서 오류를 범하고 있습니다. 그들
은 비판적이며 자기억제적인 숙려반성(熟慮反省)이 결핍되어 있어
서 현재의 경제적 · 과학적 · 기술적 동향을 기계적으로 미래에 투
영시키고 있는데 불과합니다. 뿐만 아니라 이것들을 상호작용에
있어서가 아니라 따로따로 놓고 보고 있습니다. 바로 이러한 점이
위험하다는 것입니다. 왜냐 하면, 과학기술이 이론적으로 할 수
있는 일, 또한 그들이 우리에게 '약속하는' 일 모두가 고스란히
실행될 리는 만무하기 때문이죠. 우리의 과학기술적 · 재정적 수단
은 너무나도 한정되어 있습니다. 그래서 우리는 한편에서 기술과
산업을 제공하려고 시도하는 헤아릴 수 없는 장난감을 만들어내는
반면, 우리가 직면하고 있는 중대한 책무를 충분히 다하지 못하고
있습니다. 대부분의 미래학자들은 '긴급문제의 목록'을 작성할 수
없게 되어 있습니다.

L  그러니까 선택할 것은 선택하고 잘라버릴 것은 잘라버려야

---

2) Louis Leprince-Ringuet (1901~  ) : 이공과 학교 출신인 프랑스 물리학자.

3) Jean Rostand (1894~  ) : 프랑스의 식물학자 · 수필가.

4) Louis Armand (1905~  ) : 프랑스의 기사(技士).

한다는 말씀이군요.

**피히트** 미래학(未來學)이 긴급도에 대응하여 작업을 행하는 선택의 과학이 되지 않으면, 미래학은 우리를 막다른 골목에 몰아넣기 십상이지요. 더군다나 미래학자들은 우리의 사회구조와 정치구조는 항구불변(恒久不變)이라고 하는 아전인수격인 사고방식에서 출발하고 있으며, 따라서 그들의 종착역은 기껏해야 과학을 희화화(戲畫化)하는 정도가 고작입니다. 미래학자들은 그들의 빛나는 예측의 발판이, 마치 청동(青銅)의 덩이 위에 짜여진 듯이 행동하고 있습니다. 그러나 반대로, 온갖 징후로 미루어 보아, 우리의 사회구조는 다가올 카타스트로피에 의한다든가 아니면 우리가 진퇴양난으로 손을 대지 않을 수 없는 변혁(變革)에 의하거나 간에, 아무튼 뒤엎어지리라는 예상입니다.

**L** 그렇지만, 대충 6백 군데가 넘는 미래학 연구기관이 현재 온 세계에서 연구를 하고 있습니다. 그리고 그 중에는 최신 세대[5]니 컴퓨터를 갖추고 있는 곳도 있습니다. 미국의 대규모 미래학 연구기관에 대해 어떻게 생각하십니까? 특히 랜드 연구소[6] 및 허만 칸[7]의 업적에 대해서는 어떻게 생각하십니까?

**피히트** 내가 보는 바로는, 허만 칸과 같은 사람들은 위험합니다. 유럽의 미래학 연구팀은, 실은 나도 그 일원이기는 합니다만, 그의 방법론을 모험적이라고 보고 있습니다. 그의 예측은 무엇으

---

5) 컴퓨터의 발전 단계를 하드웨어[컴퓨터 따위의 기계부분]에서 얻은 시대 구분에 의해서 나타내는 용어로서 제1세대[진공관], 제2세대[트랜지스터], 제3세대[직접회로]를 사용한다. 1970년에 IBM이 시스템/370을 발표한 이래, 제3세대와 제4세대의 중간에 있는 3,5세대기(機) 시대에 접어들었다고 한다.

6) Research and Development Corporation : 1946년, 미국 공군의 자금원조로 설립된 두뇌집단.

7) Herman Kahn (1922~  ) : 미국의 수학자·미래학자.

로 이루어져 있다고 보십니까? 칸은 모든 것을 수량화(數量化)할 수 있다고 생각하는 모양입니다. 그는 온갖 사상(事象)을 최대한 수학적으로 처리함으로써 그들을 최대한도로 지배하는 데에 접근하려고 합니다. 그는 현재의 과학적·기술적 테이터로부터 미래를 끌어내고 있습니다만, 마땅히 관련지어야 할 갖가지 사회적·경제적·도덕적인 요인을 조금도 고려하지 않습니다. 요컨대, 그는 근래의 유행을 좇아 컴퓨터가 소화할 수 있는 수량적 데이터를 맹신하고 있는 셈이어서, 우리가 컴퓨터로부터 얻는 예상을 언제나 뒤엎어버리는 인간적인 전제조건을 일체 무시하고 있습니다. 결과적으로, 그들의 분석은 미래의 커다란 정치적·경제적 변동이 수학적 처리로부터 누설되어 펀치카드에 수록할 수 없음을 증명하게 될 것입니다. 위대한 물리학자 막스 보른[8]은 운명하기 직전 내게 보낸 편지에서도 그 점을 지적하고 있었습니다. 미래의 세계는 테크노크래트(technocrat)가 작성하는 프로그램에 구축되지 않고, 사회나 민족의 현실적인 필요성 위에, 그리고 높은 책임감에 도달한 정치적·과학적인 관리조직 위에 구축된다고 나는 믿고 있습니다.

  L  요컨대, '의식(意識)'을 수학적으로 처리할 수 없다는 이야기가 되겠군요.

  피히트  도덕적·정치적인 요인은 방정식으로는 풀 수 없는 노릇이 아니겠습니까. 베트남 전쟁은, 기본적으로 컴퓨터에 의지하여 정치적 결단을 내리기는 곤란합니다. 이런 문제점을 나타낸 전형적인 일례가 아니겠습니까. 현재 컴퓨터는 미국 군부를 막다른 골목으로 몰아넣고 있습니다. 즉, 베트남 전쟁에서 지느냐, 그렇지 않으면 에스컬레이터에 에스컬레이터를 겹쳐서 세계를 핵(核)에 의한 파국으로 끌고 들어가느냐 하는 갈림길에 서 있는 셈입니

---

8) Max Born (1882~1970) : 독일 태생의 영국 이론물리학자.

다. 컴퓨터의 프로그램은 이 전쟁에 포함되어 있는 도덕적인 힘이
나 온갖 정치적·사회적인 요인을 배제한 형태로 짜여져 있습니
다. 이같은 방법이 핵전쟁에 적용된다고 하면 과연 어떻게 되겠습
니까. 베트남 전쟁은 전지구의 규모로 일어날 가능성의 일반적인
예행연습에 불과합니다. 내가 서독에서 최초로 군사증강계획의 제
문제를 연구했을 때의 일입니다만, 모두가 마치 펀드 연구소가 세
계적인 제문제에 대항하고 있듯이, 즉 '게임의 이론'[9]을 정당화하
는 방식으로 행하는 것을 보고, 그것을 지적한 바 있었습니다.

　L　말하자면 미래예측은 아직도 사회적·정치적 제문제를 충분
히 받아들이지 않고 있다는 이야기가 되겠습니다.

　피히트　미국의 양상을 관찰해 보면, 사회의 기본구조가 어떻게
해서 흔들려 나가고 있는가를 잘 알 수 있습니다. 그런데 미래학
자들이 그들의 이론의 확고부동한 토대로서 채용한 것은 틀림없이
그와 같은 기본구조입니다. 그렇지만 미국에 있어서는 중대하고도
심각한 대변동의 태동이 일고 있음을 느끼지 않는 자는 아무도 없
습니다. 사회계급 사이의, 인종 사이의, 세대 사이의 대립은 더욱
더 격화되어 있습니다. 쉽사리 해결할 수 없는 도시 및 환경에 관
한 제문제가 있고, 전통적인 정치계급과 산업군사 복합체 사이의
음습(陰濕)한 권력투쟁이 있다는 식입니다. 국내에는 온갖 형태의
이의신청이 속출하고 있습니다. 증가하는 범죄, 사법의 위기, 고
도로 공업화된 사회의 갖가지 현상을 이젠 처리할 수도 없는 관료
기구의 혼란 등을 우리는 목격하고 있습니다. 그리고 이러한 일은
확실히 우리가 처하고 있는 곳에서도 나타나기 시작하고 있는 사
항입니다. 그 이유는 미국은 단지 서(西)유럽보다도 아주 조금 더

---

9) 이해가 상반되는 여러 개인의 행동을 카드 따위의 게임 플레이어의 행동과 유
　사하게 대비시켜 수학적 정식화(定式化)하려는 이론.

진보된 시대에 처해 있는 데 불과하기 때문입니다. 왕왕 비슷한
동요가 사회주의 세계마저도 깊숙한 곳에서 뒤흔들고 있습니다.
굶주림에 허덕이는 제3세계에서 일어나게 되는 혼란에 대해서는
과연 어떻게 대처하면 좋겠습니까? 그들의 절망이 세계적 내란의
도화선이 될지도 모르는 일입니다. 앙드레 말로가 밝힌 바 있는
드골의 예언적인 구절을 아마도 알고 계실 줄 생각합니다만, 그것
은 '한 세대가 지나면 서구는 제3세계의 문제를 강 건너 불처럼
내버려 둘 수는 없다. 미국에서는 이미 제3세계의 문제가 태동하
기 시작하고 있다. 간디, 처칠, 스탈린, 네루, 나아가서는 케네디
마저 그들은 사라져가는 하나의 세계를 대표하는 인물들이다'라고
한 말입니다.

  ㄴ  그렇다면 미래학자의 진실한 임무란 무엇일까요?

  피히트  이같은 세기말적인 문제에 대처함에 있어서 중요한 일
은 무엇이 가능한가를 명시함이 아니라, 무엇이 필요한가를 명시
하는 일입니다. 현대에 있어서 가장 비극적인 일은 가능성을 지나
치게 기대하는 나머지, 우리에게 없어서는 안 될 필요한 점을 항
상 소홀히하는 일입니다. 성(聖)스러운 소(牛)를 길러야만 되기 때
문에 굶어 죽는 것과, 달 표면에 간다고 하는 대망(大望)이 있기
때문에 물의 필요성을 충족시킬 수 없다는 것은 그야말로 오십보
백보(五十步百步)입니다. 우리가 자유롭게 구사하는 뛰어난 과학적
수단인 '합리성'에 비례하여 우리 세계의 불합리의 비율은 높아져
가고 있습니다. 제과학의 보급은 dementia rationalis, 즉 합리성 치매
(痴呆)라고도 말할 수 있는 새로운 정신병을 태어나게 했습니다.
우리에겐 종합적 비전, 긴급에 관한 관념, 새로운 방법론이 결여
되어 있습니다.

  ㄴ  우리는 과거에서 어떠한 교훈을 끌어낼 수 있을까요? 선생님
은 아마 과거에서 아무것도 끌어내지 못하신 걸로 알고 있습니다

24

만…….

피히트 과거의 경험으로는 벌써 세계에 지표(指標)를 제시할 수 없게 되어 있습니다. 그러니까 그런 것을 전면적으로 확신하고 있는 사람은 혼미상태에 빠져버리게 됩니다. 우리에게 영향을 주는 온갖 변화는 눈이 몹시 어지러울 정도이고 또한 근본적인 것이기 때문에, 우리에게는 당연한 일처럼 보이는 모두가 앞으로 20년 후에는 광기(狂氣)의 사태(沙汰)로 생각될지도 모르는 일입니다. 이젠 과거로부터가 아니라, 미래에서 출발하지 않으면 안 됩니다. 앞으로 현재의 온갖 행동에 있어서의 지침(指針)은 미래와 지구적인 규모에서의 종합적인 계획화에 관련된 우리의 선택입니다.

ㄴ 정말 그렇겠군요. 그렇다면 어떤 기준에 따르면 좋을까요?

피히트 하이델베르크의 내 연구실에서는 그 문제들이 훌륭한 학자들에 의해 자주 분석되고 있습니다. 거기서는 어떤 일을 토의해도 무방합니다. 다만 그 지상명령(至上命令) 중의 지상명령, 즉 '종자의 생물학적 존속을 보증해야 한다'는 문제는 너무나도 자명한 일로서 논의의 대상이 되지는 않습니다. 이 지상명령은 단지 과학자들뿐만 아니라, 자각한 모든 사람들의 동의를 얻을 수 있는 출발점입니다. 이 지상명령에 대응하려면 어떤 조건이 필요하게 될까요. 인류에게 먹이를 주고, 필요불가결한 물과 에너지와 교육을, 아니, 우선 무엇보다도 평화를 보증해야만 합니다. 그런 후에야 이들 다섯 가지 기본적 임무를 실현시키기 위해서는 어떤 방법이 필요한가를 분석할 수가 있게 됩니다. 이들 임무를 다하기 위해서는 불모(不毛)임과 동시에 위험하기도 한 군비라든가 몇십억이나 소요되는 혹성(惑星)간 여행이라든가 거대한 초음속기 따위에 우리의 힘을 한없이 낭비함은 용납될 수 없는 노릇이며, 게다가 그렇지 않아도 부족한 자원을 몽땅 써버리는, 실용성보다도 갖가지 수많은 흥미에 돈을 써버리는 일도 용납할 수 없습니다. 우리는 양자택일의 기로에 직면하고 있습니다. 즉, 달여행이냐 아니면 담수화(淡水化)된 바닷물이냐 하는 갈림길에 서 있습니다. 케네디는 그러한 선택 앞에 서 있었던 것입니다. 그는 일련의 전략적 조류의 압력하에서 우주탐험을 택하지 않을 수 없었지요. 이것은 십중팔구 수많은 인간의 생명을 대가로 파는 기도(企圖)가 될 것입니다.

L  결국 온갖 영역에 있어서 우려는 더욱더 강제적으로 되어가는 선택에 맞부딪치게 된다는 생각이시군요.

피히트  일화를 하나 들겠습니다. 나는 최근 어느 디너 파티에 참석했는데, 그것은 독일인과 미국인 학자를 초청한 모임으로서, 그중 몇 사람은 노벨상 수상자였습니다. 때마침 하이젠베르크[10]가 미국의 뛰어난 물리학자 아이작 레비[11]와 대화를 나누고 있었습니다. 레비는 과거 수대에 걸친 미국 대통령의 고문으로서 미국 원자력위원회 회장이었습니다. 하이젠베르크는 이렇게 말했습니다. '우리는 우리가 입자(粒子)에 대해 알 수 있는 일의 거의 85퍼센트를 현재 알고 있습니다. 더욱더 대형화하는 가속기[12]를 건조함은 유용한 일일까요. 그러한 거액의 비용을 더욱 긴급을 요하는 일에 충당하는 편이 좋지 않을까요'라고 말입니다. 그러자 레비는 큰소리로 대꾸했습니다. '그렇지 않아요! 우리의 지식욕을 억제하겠다니 그건 말도 안돼.' 하이젠베르크는 조용히 질문을 던졌습니다. '그러나, 입자 가속기의 크기는 도대체 어디까지 도달해야만 직성이 풀릴까요?' 다른 원자물리학자들도 듣고 있는 가운데서 레비는 이렇게 대답했습니다. '필요하다면, 여기서 적도(赤道)까지라도!'

---

10) Heisenberg, Werner Karl (1901~1976) : 독일의 이론물리학자.

11) Issac Rabi, Isidor (1898~  ) : 미국의 물리학자.

12) 하전입자(荷電粒子)를 가속시켜 높은 온동 에너지의 입자선을 만드는 장치.

26

이 말은 노벨상을 받은 아이작 레비 자신이 보다 인간중심의 새로운 과학적 교육과 사회생활에 적절하게 통합된 과학의 제창자인 만큼 더욱더 인상 깊은 말이었습니다. 그 자리에서 뼈저리게 느낀 점은, 선택의 필요성과 긴급문제의 순위를 밝혀야 한다는 필요성이었습니다. 2년 전에 미국 학자들이 내게 이런 말도 들려 주었습니다. '미국에서는 긴급우선권에 따라 군수산업을 평화산업으로 재전환시키는 것은 불가능하다. 그런 일을 하게 되면 학자들의 이익마저 포함하여 온갖 이익과 정면충돌하고 말 것입니다' 라고. 당시와 비교한다면, 여러 가지 면에서 사태가 변했습니다. 설사 그것이 오염의 위험에 대한 자각(自覺)의 덕택에 지나지 않는다 하더라도…….

ㄴ 그 자각은 다른 부문에도 퍼져 있는 모양입니다만.

피히트 네, 그렇습니다. 미국에서 지금 토의중인 자동차에 의한 오염을 제한하는 법률[13]에 관해 생각해 보십시오. 이 법률은 엄청나게 막대한 개인적 이익을 거역하기도 합니다. 그런데 그러한 자각은 오염문제를 훨씬 초월한 곳에까지 나아가게 되겠지요. 그렇게 되면, 사람들은 가장 중요한 산업 중의 대부분의 기업이 적어도 4년 후인 1975년도까지나, 때로는 그보다 훨씬 앞지른 연도까지의 프로그램을 이미 결정해 버렸다고 하는 사실에 부딪치게 됩니다. 대기업의 계획 입안자들은 너무나도 여러 차례 까닭을 알 수 없는 맹목상태에 빠져들고 있다고 생각됩니다. 어느 국제회의 석상에서, 그 회의는 약 20명의 국가 및 기업의 계획입안 전문가가 모인 자리였습니다만, 나는 세계 3대 트러스트(Trust:독점 기업합동,카르텔보다 결합의 도가 큼)의 한 연구부문 책임자에게 그가 최근

---

13) 머스키법(法). 1963년에 실시된 미국의 대기오염 방지법을 1970년에 머스키 상원의원이 중심이 되어 개정한 것.

행한 바 있른 단기(短期) 및 장기(長期) —— 1980년부터 2000년까지 —— 에 걸친 예측연구에 대해 왜 그가 그 보고 가운데 세계의 기아 문제에도, 앞으로 우리를 덮칠지도 모르는 정치적 위기문제에도 언급하지 않았는가를 물어보았습니다. 그는 내게 이렇게 대답했습니다. '우리의 시장으로서 문제가 되는 점은 부유한 나라의 산업의 발전이며, 그 밖에는 우리에게는 상관없는 문제입니다'라고. 그런데, 이 발언에 따라 극히 중요한 몇몇 나라들이 경제정책의 방향을 정함은 틀림없이 이러한 인간에 의한 예측연구의 결과임이 뜻밖에 증명된 셈입니다.

L  우선권의 자각을 위해 싸우면서 여러 가지 편견에 부딪치는 일은 없으신지요.

피히트  우리는 모두 자기 자신의 편견에 사로잡혀 있습니다. 나는 나의 편견의 일부분을 버리는 데 거의 20년이 걸렸습니다. 나는 학제(學制)문제에 관한 서독정부의 고문이라는 입장으로 말미암아 과거와의 거리를 측정할 수가 있었습니다. 우리의 편견 덕분으로 우리의 정치구조는 이제까지 각자가 얼마 되지도 않는 자신의 토지를 지키고 있던 융커시대부터 계승된 모델인 민족국가의 테두리를 벗어나지 못하고 있습니다. 그러한 구조로는 세계적 대문제의 해결에 필요한 거대한 기술체제를 지탱하지 못하게 됩니다. 민족국가는 경제구조가 극히 초국가적인 시대에 있어서는 너무나도 폐쇄적입니다. 이데올로기의 대립은 여전히 두려운 장애물이 되고 있습니다. 이같은 대립은 종교전쟁이 역사를 전진시킨다고 하는 환상을 아직 줄 수 있었던 과거에 속합니다. 우리는 이미 그런 곳에는 머물러 있지 않고 경과 여하에 따라서는 우리의 숨통을 노리고 억센 힘으로 다가오는 사활에 관한 숱한 큰 문제는 낡아빠진 국가 및 이데올로기의 틀을 산산조각으로 깨뜨려버리게 될 것입니다.

L 선생님이 생각하고 계시는 바와 같은 논리 정연한 미래학은, 서방국가나 동구권도 현재 있는 모든 정치체제를 재검토시키는 결과가 되지 않을까요?

피히트 소련의 원자물리학자 안드레이 사하로프[14]와 같은 사람은 금세기 말이 되면 얼마만큼의 대가를 지불해야만 하는가를 충분히 알고 있습니다. 지구의 현상에 입각했을 경우, 자본주의와 사회주의와의 교체는 사소한 문제로 되어버렸습니다. 그것은 고도로 공업화된 여러 국가에 있어서는 한낱 집안싸움의 양상을 띠고 있습니다. 우리는 오로지 과거의 갖가지 정치적 모델 속에서 이러지도 저러지도 못하게 되어 있을 뿐만 아니라, 그들 모델도 우리의 복잡한 기술체제의 거대한 힘과 그것이 만들어내는 갖가지 결과를 관리할 수 없게 되어 있음을 스스로 드러내고 있습니다. 우리는 그것들을 관리할 수 있는 새로운 기구를 아직 완성시키고 있지 않습니다. 더군다나 그와 같은 관리를 도맡을 능력이 있는 인간이란 어떤 사람일까요? 능력부족의 구태 의연한 대의원도 틀렸고, 항간의 서민도 틀렸다고 하는 식이 되면, 현재 정부를 움직이고 있는 무리들은 과연 어떨까요? 그들은 전문가들에게 조언을 받고 있는 셈인데, 그 전문가라는 작자들이 대부분의 경우, 제각기 영역이 좁은 전문화를 위해 전체적 시야를 잃고 있습니다. 동구권에서도 사정은 역시 마찬가지이며, 관료정치 때문에 정치기구는 비전문적으로 되어 있다고 봅니다.

L 과학적 능력에 결핍된 정치적 책임을 무척 걱정하고 계시는 모양입니다만.

피히트 그와 같은 책임체제에서는, 권력에 있어서 전례가 없는 기술에 의한, 외관상만의 합리성으로 복면한 비합리적 결정에 도

---

14) Andrei Sakharov (1921~  ) : 소련의 저명한 핵물리학자.

달할 두려움이 있습니다. 다른 한편으로는 정치적인 책임을 다하지 못한 채로 끝나는 과학적 능력도 역시 위험합니다. 우리는 이러한 상태로 두 종류의 무능력에 위협을 당하고 있는 셈입니다.

ㄴ  그렇다면, 누가 현대사회의 복잡성을 관리할 수 있다고 생각하십니까?

피히트  최소한 오늘날에는 과학자가 비상경보기의 단추를 누르는 게 가장 적임이라 생각합니다. 세계적인 큰 문제 중 어느 하나라도 과학의 도움없이 해결될 가망은 없습니다. 과학의 정치적 조직화는 현대세계의 기본적인 문제입니다. 우리에게는 과학과 정치의 긴밀한 결합이 필요합니다. 그 결합은 현재 싹트기 시작한 집단적 자각을 틀림없이 도와주리라 봅니다. 더구나 시대에 반항하는 저 광기(狂氣)의 흐름이 어떻게 될 것인가 바로 이 자각에 결정적으로 달려 있습니다. 과학자들에게 권력은 없지만 지식이 있습니다. 그리고 그들이 설사 의식의 촉매 역할을 하는 데 지나지 않는다 하더라도 그 역할을 다하기 위한 필요조건은 그들의 독립성이라는 점입니다.

ㄴ  그러나 과학자가 반드시 그 역할을 다하고 있다고는 볼 수 없지 않을까요?

피히트  파그워쉬 회의[15)의 활동을 알고 계시지요? 이것은 평화를 위해 싸우는 학자들에 의한 일종의 세계적인 결사(結社)입니다. 미국에서는 군사연구를 포기하는 학자들의 현실적 움직임이 컸습니다. 그러나 그것만으로는 충분하지 않습니다. 20세기 최대의 물리학자 중의 한 사람인 아이작 레비는 증대하는 전문화로 말미암아 야기되는 '세분화(細分化)'를 배제한 새로운 과학을 바라고 있

---

15) 정식 명칭은 〈과학과 세계문제에 관한 회의〉. 아인슈타인 박사와 러셀 경이 1955년에 발표한 핵병기 전폐 성명에 호응하여 1957년, 세계의 물리학자가 캐나다의 파그워쉬에서 제1차 회의를 열었다.

습니다. 오늘날에는 수많은 과학자가 과학은 스스로의 전문화에 의해 지나치게 분단된 나머지, 이미 과학 자체에 관해서도, 스스로의 결과에 관해서도, 반성할 수 없게 되었다는 사실을 인정하고 있습니다. 인류의 구제(救濟)가 달려 있는 극히 대규모의 계획을 시동시키기 위하여 우리에게는 '제과학을 규합한 과학'이 필요합니다. 요컨대, 그것은 정치학과 경제학마저 포함하고 있는 학제적(學際的)인 계획화에 의한 전체과학, 제도화된 따라서 독립된 과학, 최종적으로 고전적 삼권(三權) —— 행정·입법·사법 —— 에 버금가는 제4의 권력이 되는 과학입니다. 그리고 갖가지 사실이, 이같은 일은 오늘날에 있어서는 이미 유토피아의 영역(領域)이 아님을 나타내고 있습니다.

L 일종의 학자공화국(學者共和國)의 권장이 되지 않겠습니까?

피히트 조금도 그런 생각은 없습니다. 이 '새로운 단계에 도달한' 과학은 재판관과 같은 독립 기구로서, 다른 삼권(三權)과 협력하는 하나의 권력입니다. 요컨대 우리들의 자유에 관련된 문제라 하겠습니다. 과학기술의 조직은 그대로 방치하면 흔히 자연발생적으로, 군대식 피라미드꼴로 조직되기가 일쑤여서 그 때문에 실권이 극소수의 사람들의 손에 집중될 가망이 많다는 것을 잊어서는 안됩니다. 따라서 미래 사회의 중심 문제는 권력 분배의 문제입니다. 초국가적인 학제적 기관이라던 전지구적 규모의 계획화도, 일지방적(一地方的) 규모의 계획화도 입안할 수 있다고 생각합니다. 이러한 기관은 여론이 이를 신뢰하고 지지하는 한, 정치적 결정에 참가하기 위해 필요한 영향력을 가지게 될 것입니다. 그러한 기관만이, 이대로 나간다면 우리가 필연적으로 맞게 될 패배를 막을 수 있으리라 봅니다. 이를테면, 베트남 전쟁에 투입하는 돈과 인력이면 동남 아시아를 번영하는 지역으로 바꿀 수 있다든가, 중동(中東)에의 무기 인도로 낭비되는 수십 억의 돈이면 어떤 지역의

형용할 수 없는 곤궁을 어느 정도 해소시킬 수도 있으리라는 생각
을 관철한 수도 있으리라고 봅니다.

　L　'선생님은 유토피아의 한복판에 계신다'라고 남들이 말하겠
군요.

　피히트　앞으로 수십 년간에 걸쳐서 발생할지도 모르는 숱한 위
기를 직면하게 되면 '유토피아를 향하는 용기'를 가져야만 합니
다. 이것은 내 저서의 독일어 표제이기도 합니다만……. 그러나
사실에 있어서 유토피아의 문제니 뭐니 하고 태평한 말만 늘어놓
을 수는 없는 노릇이 아니겠습니까? 아인슈타인은 그 점을 뚜렷이
간파하고 있었습니다. '원자력의 해방은 우리의 사고방식을 제외
한 모든 것을 바꾸어 버렸다. 우리는 현재 이와 같이 전례가 없는
카타스트로피의 위험을 무릅쓰고 있다. 인류가 살아남으려면, 인
류는 새로운 방식으로 스스로의 본질적 제문제를 생각해야만 될
것이다'라고. 그것은 20세기의 과학은 시급한 정치적 문제와 관계
를 맺지 않고서는 할 수 없는 일입니다. 이를테면, 제3세계의 수
많은 사람들을 말라리아에 의한 재화로부터 구제함을 종래와 마찬
가지로 계속하는 것은 절대로 불가능합니다. 구제란 그들을 빤히
눈앞에 보면서도 아사(餓死)에 몰아넣는 결과가 되기 때문입니다.
농약이 야기하고 있는 세계적인 약해(藥害)를 걱정하지 않고서 과
학과 화학공업에서 무제한으로 농약을 계속 제조하도록 하는 것은
절대로 불가능합니다.

　일부의 약학(藥學)에서 우리를 통틀어 집단적 정신병으로 만들어
버리려고 하는 행복감 촉진제(幸福感促進劑)의 제조를 계속해서 허
가할 수는 없는 노릇입니다. 우리 도시가 스스로의 팽창 아래서
질식상태에 빠지게 한다거나, 물이나 맑은 공기가 귀중품이 되도
록 하는 따위는 허용할 수 없습니다. 세계평화를 공포 분위기 속
에다 언제까지나 방치해 둘 수는 없습니다. 세계평화의 유지에 대

해서는 바이체커의 연구팀도 테크놀로지의 진전으로 말미암아 적어도 7년마다 그것이 재검토되고 있음을 밝히고 있습니다. 기근을 예측하려고 하지 않는 일, 바꾸어 말한다면 우리의 자손들을 지금부터 죽게 내버려 두는 사태를 우리 지구상에 그대로 있게 둘 수는 없는 노릇입니다.

　L　정치가에게는 과학자와의 사이에, 말하자면 권력간의 사이에서 행해지는 그러한 협력에 대한 준비가 있다고 생각하십니까?

　피히트　학자, 실험과학연구소, 일반 연구소는 오늘날 이제까지의 역사 가운데서 최대의 힘을 꾸준히 간직하고 있습니다. 이 힘을 자신의 손으로 관리하는 건 그들의 의무입니다. 그것을 달성하기 위한 수단의 하나는 그들 학자나 연구기관 등이 각자의 연구를 백일하에 추진할 수 있도록 강력히 요구하는 데 있다고 생각합니다. 연구의 비밀을 폐지함은 그들의 독립된 실질적 보증이 될 것입니다. 군사기밀에 대해서는 말씀하시지 마십시오. 중국인이 원자폭탄을 제조하는 것을 아무도 저지하지 못했습니다. 즉, 첩보부는 양측에서 완전히 기능을 발휘하고 있습니다. 다시금 인정해 두어야 할 일은, 정치상의 책임자들은 설사 후안무치일망정, 오로지 현실주의자일망정, 고도로 문명화된 제국이 세운 바벨탑이 불원간 무너지는 꼴을 보게 되리라고 위험을 당한다면, 이들 독립된 학제적(學際的)인 연구진의 조언을 무시할 수 없다는 것입니다. 이를테면 서독에서는 실제로 하이네만 대통령이 취임연설 가운데서, 세계평화의 문제를 다루는 예측연구 —— 특히 바이체커와 그의 팀이 종사하고 있는 그것 —— 를 진지한 표정으로 언급한 바 있고, 빌리 브란트 수상은 그에 대해서 정신적·물질적 지원을 아끼지 않고 있습니다.

　L　선생님은 학자들의 연대의식에도 크게 기대하고 계시는 줄 알고 있습니다만.

피히트　그들도 다른 사람들과 같은 인간입니다. 즉, 이익이나 경쟁의식이 그들을 자주 분열시킵니다. 그렇지만 그들은 고도의 지식을 가진 사람들이고, 유달리 국제감각에 예민합니다. 그들이 제4의 권력이라고 법적으로 정해지는 날이 오게 되면, 그들의 의사통일의 앞에서 전통적 삼권(三權)은 제멋대로 행동을 할 수 없게 됩니다. 학자들의 스트라이크 따위를 상상해 보십시오. 누가 그들을 대신해서 일을 맡을 수 있겠습니까? 물론 군대로는 되지 않는 이야기입니다. 철도원이나 우체국원의 동맹파업의 경우에는 군대를 가지고서도 당할 수 있겠지만. 오늘날 미국에서는 펜타곤은 과학자들의 배반과 거부에 부딪쳐, 이미 몇 가지 군사계획을 단념하지 않을 수 없게 된 모양입니다.

ㄴ　그러한 연대의식은 이데올로기의 울타리를 뛰어넘을 수 있다고 생각하십니까?

피히트　소련의 원자물리학자 안드레이 사하로프는 브레즈네프에게 연구 및 표현의 자유에 관해 공개질문장을 써 보낸 적이 있습니다만, 그는 결코 고립된 입장이 아닙니다. 소련이나 중국의 수십 명의 학자들이 아마 혼자서 비밀리에 생각하고 있는 바를 그는 뚜렷이 표명할 만한 용기가 있었을 뿐입니다. 소련에 있어서도 물리학자는 미국이나 중국의 동업자들과 같은 연구에 종사하고 있습니다. 과학시대의 문화는 그 본질에 있어서는 하나의 세계적 문화입니다.

ㄴ　선생님은 어떠한 개인적 경로를 더듬어서 우리가 안고 있는 제문제에 대한 그런 전지구적 레벨에서 본 견해에 도달하게 되셨는지요?

피히트　조국 독일과 대학의 정신적 황폐에 몹시 가슴 아프게 생각하면서, 내가 아직 독일에서 학창생활을 보내고 있었던 19세 때, 어떤 사건이 나의 인생을 결정짓고 말았습니다. 1939년 초 무렵의 어느 날 밤, 죽마지우인 물리학자 카알 프리드리히 폰 바이체커가 베를린에 있는 나를 찾아왔습니다. 그는 창백한 얼굴로 부들부들 떨고 있었습니다. 그리고 내게, 어쩌면 내일이라도 원자폭탄이 제조될지도 모른다, 그렇게 되면 히틀러와 같은 광신자가 언젠가는 제멋대로 사용하게 될 것이 분명하다고 일러주었습니다. 그 날 내가 느낀 쇼크가 아마 내가 곰곰이 생각하고 반성한 계기가 되었다고 생각합니다.

　L　젊은이들은 우리를 위협하고 있는 갖가지 위험을 그들 나름대로 자각하고 있다고 생각하십니까?

　피히트　젊은이들은 지불해야 될 대가의 중대성을 예민하게 의식하고 있습니다. 나는 그러한 청년들에게 비상한 연대(連帶)를 느끼고 있습니다. 실제로 그들은 아무도 뚜렷이 표명하지 않은 의문을 자신에게 물으며, 시대에 뒤떨어지고 반동적인 자세를 지키는 모든 사람들에게 반항합니다. 그러나 나는 그들이 제창하는 '낭만적인' 해결법에는 별로 찬성하고 싶지 않습니다. 그들은 대개 지식이 부족하고, 세상 물정을 모르며, 게다가 루소에 물들어 있습니다. 예컨대, 히피들은 고대 그리스인들이 이미 알고 있었던 것조차 까맣게 모르고 있습니다. 무슨 뜻이냐 하면, 인간은 인공적인 세계 속에서 살지 않을 수 없는, 그리고 그 세계에서는 자연은 거꾸로 되돌릴 수 없도록 바뀌어 버렸다는 말입니다. 우리의 사회는 물론 불완전하다는 말 한 마디로 받아들일 만큼 간단하지는 않습니다. 그러나 폭력에 의한 근본적인 파괴를 떠들어댐으로써, 굶주린 인류의 존속이 달려 있는 과학기술의 수단마저도 그들에 의해 파괴되어 버릴 위험이 있음을 일부 과격파에서는 모르고 있습니다. 이같은 무정부 상태를 초래하는 경향은 기술공업적(技術工業的) 발달에 뒤져 남겨진 사회집단의 제요구와, 참으로 학대를 받는 사람들의 절망에 의해 배양되고 있습니다. 나는 이따금 '마르

크스는 오늘날 살아 있다면 무엇을 생각했을까'하고 생각해 보기
도 합니다. 이것은 어쩌면 매혹적인 설문(說問)이 될지도 모릅니
다. 내가 늘 하는 말입니다만, 만일 사람들이 마르크스를 철학자로
서 진실로 받아들인다면, '마르크스주의자'가 될 리가 없습니다.

  └  결국 선생님이 보시는 바로는 히피라든가 과격한 이의신청
집단이란, 말하자면 '갓난아이를 목욕물과 함께' 내동댕이쳐버리
는 짓과 같다는 셈이군요.

  피히트  어느 청년들의 퇴행적(退行的) 측면, 대지(大地)에의 회
귀, 네오프리미티브〔新原始〕공동체에의 퇴각 따위는 우리의 가장
심각한 문제의 현실적 해결이 되지는 않습니다. 좌우 과격파의 퇴
행적 비합리적 여러 경향의 발생은 우리의 기술사회가 분비하고
있는 사상의 결핍 때문이 아닐까 싶습니다. 엑스 라 샤펠에서 수
많은 연구자가 참석하여, 1천 5백여 명의 학생과 토론회를 가졌을
때의 일입니다만, 그 학생들의 몇 사람이 내게 이렇게 말했습니다.
'당신은 자본주의의 앞잡이다. 당신은 우리를 공포감에 의해 조종
하려고 음모를 꾸미고 있다.' 나는 그들에게 말해 주었습니다. '반
동은 너희들 쪽이다! 피할 수 없는 대혼란은, 나도 그것은 반드시
온다고 생각하고 있지만, 너희들이 일으키려고 하는 생각보다 훨씬
근본적인 일이다. 너희들은 아직도 19세기에 사로잡혀 있다. 필경
너희들은 세계는 변했구나, 하고 의식해 본 적이 없지 않은가. 너
희들이 꿈꾸고 있는 혁명 따위는, 너희들을 기다리고 있는 문제에
비한다면 유치원생의 유희와 같은 것이다'라고 말입니다.

  └  그렇다면, 선생님은 온갖 입장의 과격파를 냉담하게 거부하
시는 셈인가요?

  피히트  현실을 직시하려고 들지 않는 보수파도 역시 마찬가지
입니다. 그들은 그들의 에고이즘과 그들의 힘이라고 하는 벽의 그
늘에서, 부유한 나라들은 자신들의 생활수준과 여가를 어디까지나

끌어올릴 수 있다고 생각하는 사람들입니다. 같은 시기에 발전도 상의 여러 나라에서는 생활수준이 저하일로를 더듬어 내려가고 있는데 말입니다.

L　앞으로는 우리의 사회는 스스로의 여가를 어떻게 사용해야 좋을지 모르게 되리라는 낙관적 예측이 있습니다만, 선생님의 말씀에 따르면, 실제로는 그러한 예측으로부터는 우리들은 훨씬 먼 거리에 자리잡고 있는 셈이군요.

피히트　나는 오히려 굶주린 나라들의 생존을 위한 싸움은 공업화된 제국에 일정한 영향을 미치게 되리라 보고 있습니다. 앞으로 수십 년 이내에 증대하는 압박으로 말미암아 지구상의 모든 나라들에 있어서는 온갖 사회적 계층의 극도의 능률과 능력이 요구될 것입니다. 현재로는 아직 온갖 사회적 안정성을 야금야금 좀먹어 들어가는 격렬한 경쟁이라든가, 제변화의 성급한 오도(誤導)로 말미암아 우리의 생활상태를 밑바닥에서 뒤흔들 수 있는 영구혁명을 예고하기에는 모빌리티〔移動性〕가 너무나 약합니다만……. 그러나 얼마 후에는 어떠한 경제적 지위도, 어떠한 사회적 지위도, 결국은 이같은 변동의 활동적 힘에는 도저히 대항하지 못하게 되리라 봅니다. 과학기술의 진보는 생산력의 끊임없는 변동을 일으키겠죠. 게다가 또 육체적인 능력 뿐만 아니라, 지적(知的) 능력을 더욱더 절실하게 요구하게 될 것입니다. 과학기술시대의 사회는 '정보화' 사회가 되지 않을 수 없습니다. 지위를 잃지 않으려는 사람, 자신의 사회적 지위를 지키려고 하는 사람은 자신의 대부분의 시간과 에너지를 새로운 기능의 획득이라든가 정신적·사회적 · 정치적 시야를 넓히기 위해 소비하지 않을 수 없겠지요. 그것은 말하자면, 온갖 의미에서 초심자가 되지 않을 수 없다는 이야기와 같습니다. 그리고, 이같은 상황 앞에는 다음과 같은 배경이 있습니다. 즉, 그러한 자기개혁이 이루어지지 않는다면, 우리에게 선

견지명이 없었기에 제3세계의 몇백만 명이 넘는 사람들을 불가피하게 세계적인 내란으로 끌어들이는 파국에 이르게 되리라는 배경입니다.

　ㄴ　그 외에 다른 가정(假定)은 없을까요?

　**피히트**　있고말고요. 제노사이드[集團殺害]가 바로 그것입니다. 굶주린 사람들을 아사하도록 내버려 둔다거나 핵무기에 의해 그들을 학살하는 따위의 일이 벌어질지도 모릅니다. 그러나 그렇게 되었을 경우, 다른 사람들에 대한 제노사이드는 거기에 손을 대는 사람들에게 있어서도 정신적·물질적 자살행위라는 사실을 사람들은 언젠가는 깨닫게 될 것입니다. 이러한 규모로 스스로의 정신적 기반을 파괴하는 인간은 앞으로 존재할 수도 없거니와 무엇을 만들어낼 수도 없게 됩니다. 외부에서 대량살인을 범한다는 것은 우리 자신의 문명의 내부에서 그것을 범하는 일이기도 합니다. '짐승'은 한번 고삐를 늦추어 주기만 하면 어디까지 돌진할지 모르는 노릇입니다. 나치독일은 이 진리를 세상에 공개하기 위해 끔찍한 특권을 손에 쥐었던 실례가 됩니다.

　ㄴ　선생님의 진단이 내려진 다음에, '회복의 기회는 어디에 있을까요'라고 질문을 하게 되면?

　**피히트**　온갖 레벨에 있어서 사태는 이미 움직이고 있다고 생각합니다. 아주 확실한 본능을 가지고, 여론은 —— 그리고 특히 청년층이 —— 착수하고 있는 일들을 지지하고 있습니다. 유럽의 창조가 요즘에 와서 크게 전진했다고 볼 수 있는 점도 실은 이 같은 움직임의 일환을 증명하고 있습니다. 유럽공동체란 전세계적으로 내셔널리즘의 편협을 타파할 수 있는 초국가적 협력의 모델의 바탕이 된다고 생각합니다. 그렇다고는 하지만, 유럽은 다른 종류의 배타주의를 만들어내면 안 되리라 봅니다. 유럽은 다른 문명이나 다른 문화를 잘 관찰하여, 그 중에서 오늘의 유럽에서는 도저히 생각해 낼 수 없는 해결법이나 생활양식을 발견하는 것이 바람직하다고 생각합니다. 아프리카 문화, 힌두 문화, 중국 문화에의 주의깊은 접근으로 말미암아 틀림없이 얻어질 인스피레이션의 원천(源泉)을 생각해 보십시오. 자신을 외부에서 관찰해 봄으로써 유럽은 스스로의 장점과 단점을 더욱 명확하게 알 수 있게 되리라 봅니다. 또 한 가지 적극적인 요소는 분명히 전략공격무기의 폐지에 관한 협의를 위해 미·소 양 정부 사이에 이루어진 최근의 합의입니다. 이러한 대화가 만일 결론을 발견하게 된다면, 우리는 우리에게 불안을 주고 있는 여러 문제의 해결을 가능케 하는 평화에 한걸음 크게 다가서게 됩니다. 또 한편으로는 로마 교황의, 반향을 불러일으킨 최근 몇 차례의 성명으로 말미암아 많은 양심이 동원되었습니다. 바오로 6세는 여전히 무신론(無神論)의 마르크스주의를 비난하고 있기는 하지만, 가톨릭교회의 역사상 처음으로 자본주의의 무정부주의적 자유주의와 소비사회의 인간조작을 함께 배척했습니다. 게다가 교황은 유토피아 지향의 새로운 좌익에 공감을 가지고도 있습니다.

  L   서독의 환경문제 책임자로서, 선생님은 '엄격한 점검'이 행정 레벨에서도 착수되기 시작하고 있는 걸로 느끼고 계시는지요?

  피히트   나의 현재의 직무상, 나는 어떤 중대한 사실을 자각하고 있는 사람들이나 여러 정부와 교섭을 가지고 있습니다. 그 사실이란 즉 우리의 경제가 규제없이 팽창하면 이 경제의 바탕까지도 뒤흔들게 될지도 모른다는 사실입니다. 이야기를 간단히 줄이기 위해 이렇게 말씀드리지요. 스스로의 하부구조, 즉 도로, 병원, 학교, 오염방지대책, 도시계획 등등에 돈을 내놓을 수 없는 팽창은, 생산을 웃도는 양의 에너지를 소비함과 같다는 말입니다. 그러한 팽창은 어느 한계까지 이르면 위험할 만큼 환경을 악화시키면서 그 자체는 실조(失調)하게 마련입니다. 이것은 미국의 유명한 경제학자 갈브레이드[16]가 뮌헨에서 행해진 최근의 학회에 제시한 결론입니다만, 이 결론은 매사추세츠 주 공과대학[MIT]의 연구에 영향을 준 결론이기도 합니다. 최근에 알게 된 일입니다만, 일본 정부의 손에 의해 팽창하지 않고 자발적으로 완만한 경제 모델연구를 목적으로 하는 전문가 위원회가 결성되었습니다. 일본에있어서 필요한 생활환경을 확보하여 일본 열도(列島)에서의 생활을 불가능케 하는 생물권 파괴로부터 지키기 위해서는 이 길밖에없다고 하는 경제입니다. 요컨대, 인간이 방독마스크를 쓰고 일터에 나가야만 했던 최초의 나라인 일본은, 이미 생산해야 될 부(富)의 양을 위해서가 아니라, 사람들의 생활의 질(質)을 위해 싸울 것을 생각하게 된 최초의 나라이기도 합니다. 여기에 놀랄 만한 참신성(斬新性)이 있습니다.

ㄴ  그렇다면 선생님의 경고에도 불구하고, 선생님은 미래에 절망해버린 인간과는 아주 거리가 먼 존재라고 볼 수 있겠군요.

피히트  '인간은 반드시 어리석은 짓을 하게 마련이므로, 어리석은 짓을 하고 있지 않다는 것은 무엇인가 다른 우둔(愚鈍)으로써어리석은 짓을 저지르고 있음이 틀림없다'라는 파스칼의 말을 알고 있겠지요. 나는 이 말을 가장 낙천적인 뜻으로 받아들이고 있습니다만, 이 말을 내 저서의 명구(銘句)로 삼지 않았음을 후회하고 있습니다. 인간 속에는 자기 자신의 우둔함을 극복할 수 있는어리석은 자질(資質)이 있습니다. 그것은 아마 인간의 조건에 유래하겠지요. 인간은 그 생물학적 구조로 볼 때, 온갖 확률의 법칙에대한 끊임없는 싸움에 있어서 스스로를 강화하지 않을 수 없도록되어 있습니다. 우리의 역사는 그 투쟁으로부터 발생합니다. 온갖종류의 패배를 뚫고 나감으로써 역사는 우리를 높은 수준의 문화

---

16) Galbraith, John Kenneth (1908~ ) : 미국의 자유주의적 정치경제학자.

와 정치기구에 도달케 했습니다. 그것은 가치관, 책임관, 나아가
서는 이성(異性)과 자유의 바탕 그 자체가 되고 있는 윤리(倫理)의
덕분입니다. 표면적으로는 도저히 극복할 수 없는 장애에 직면하
여 인간은 최악의 카타스트로피를 극복하고 이 지구상에 발을 딛
고 머무를 수 있게 되었습니다. 그곳이 바로 낙관론이라고 일컫는
나의 마지막 잘못이 뿌리를 뻗고 있는 곳이기도 합니다.


대담자 약력

1913년 7월 9일 스트라스부르에서 출생. 고전언어학 및 철학을 수학한 뒤,
    베를린 과학아카데미의 교부(敎父)위원회의 협력 과학자가 됨.
1940년 ~ 1942년 빌클레호프에서 그리스어와 라틴어 교수로 재직,
1942년 ~ 1956년 빌클레호프 학원장(學院長)을 역임. 또 당시 독일 중앙연
    구소의 원조에 의해 설립된 플라톤학파 고문서관(古文書館)의 주창자
    및 관장이기도 했음.
1953년 ~ 1963년 10년간 독일교육 · 문화위원을 담당.
1965년이후 하이델베르크대학 신학부(神學部)에서 종교철학 강의.

행동생물학의 창시자

# 콘라트 로렌츠

Konrad Lorenz

동물심리학과 공격 본능에 관한 콘라트 로렌츠 교수의 여러 저서는 전세계에 걸쳐 그의 이름을 떨쳤다. 동시대의 모든 연구자들 중에서 그는 '행동생물학'의 진보에 가장 결정적인 공헌을 한 사람이다. 그는 행동생물학(ethology)의 이름 밑에 그 방법을 결정적으로 확립하고 그 학문에 처음으로 실증과학으로서의 내용을 부여하였고, 선구자로서 가능한 모든 응용분야를 개척했다.

**렉스프레스** 선생님이 창시한 행동생물학이라는 과학을 정의해 주시지 않겠습니까?

**로렌츠** 행동생물학은 행동을 비교·연구하는 과학입니다. 그것은 별로 새로운 학문은 아닙니다. 그것은 단지 다윈 이래의 전생물학의 방법을 행동의 연구에 적용한 데 불과합니다.

ㄴ 행동이란 생물학적 현상입니까?

**로렌츠** 결국은 그렇게 됩니다. 살아있는 것만이 행동하고 죽은 것은 행동하지 않기 때문이죠.

ㄴ 어째서 행동생물학은 현상의 기술(技術)에 그토록 커다란 중요성을 부여합니까?

**로렌츠** 왜냐 하면 과학은 모두 물리학이나 화학마저도 우선 관찰에서 시작되기 때문입니다. 오늘날 기술(技術)은 미국 심리학에서는 아직 다소 경멸시되고 있지만 그것은 어리석은 일입니다. 과학의 대상이 복잡할수록 기술의 단계는 점점 더 중요해집니다. 한 마리의 단순한 아메바일지라도 태양계보다 훨씬 더 복잡합니다. 몇백만 배나 더 복잡합니다. 그러므로 관찰이나 기술에 더 세심한 주의를 기울이지 않으면 안 됩니다. 사실 이 세계에 존재하는 가장 복잡한 시스템은 인간의 사회적 행동이요, 여기에 덧붙인다면 이른바 고등동물의 행동도 이에 속합니다.

ㄴ 동물의 행동을 연구하면 인간의 행동이 해명됩니까? .

**로렌츠** 감히 말한다면 행동생물학은 인간의 자연의 법칙에는 따르지 않는 초자연적인 존재인 것을 가정하는 철학이나 종교나 이데올로기의 색안경을 쓰지 않고 인간에 대한 연구·관찰이 가능케 됩니다. 만일 당신이 동물에 정통하다면, 당신은 당신 자신에 대해서도 더 잘 알고 있는 셈이죠. 당신의 부인이 자녀에게 젖을 물리고 있는 모습을 본다면 당신은 우리들 인간도 포유동물이라는 것에 의심을 품지 않겠지요. 이 진실은 오늘날 유럽 사람들만이 이해하고 있지 않는 것처럼 보입니다. 그러나 아시다시피 어떠한 어린이도 이 일은 분명히 이해하고 있습니다. 지난 주 내 조카의 아들이 그의 아버지에게 말했습니다. '아빠 테이블 밑에 누군가가 거닐고 있어요.' 조카는 거기서 아들이 환각이라도, 보고 있는가 하고 잘 보았더니 한 마리의 개미가 눈에 띄었습니다. 아이들에게 있어서 한 마리의 개미는 '누군가'입니다. 나 역시 내가 한낱 동물이라는 사실을 의심해 본 적은 한 번도 없었습니다.

L 선생님은 행동생물학자들이 동물과 인간의 행동 양식이 다름을 과소평가하고 있고 동물로써 인간을 설명하려 한다고 이따금 비난하고 있는 사실을 알고 계십니까?

로렌츠 그것은 우스꽝스러운 일입니다. 그 차이를 과소평가하고 있는 쪽은 인류학자들입니다. 그들 중 어느 누구도 인간의 누적적 (累積的) 전통, 다시 말하면 문화가 어떤 점에서 다른 어떤 생물에게도 존재하지 않는 전혀 새로운 점인가를 모르고 있습니다. 우리는 침팬지에게서 사고작용의 맹아(萌芽)가 보임을 알고 있습니다. 그러나 어떤 능력이 동물에게는 고립해서 존재하고 있는 데 비해 인간에게만 결합된 형태로 존재하고 있습니다. 즉, 인간에게 있어서만이 그런 능력이 하나의 새로운 기능에 통합되어 있고 이런 기능만이 지식의 축적을 가능케 합니다. 왜냐 하면 누적적 전통을 만들어내기 위해서는 이런 모든 능력이 필요하기 때문입니다.

L 동물도 전통을 갖고 있습니까?

로렌츠 네, 갖고 있습니다. 그러나 누적적이 아닙니다. 예를 들면, 까마귀의 일종인 코크마르 까마귀에게는 지식의 전통이 있습니다. 어버이의 반응이 어린 코크마르 까마귀에게 고양이나 매나 담비가 무엇인지를 가르칩니다. 쥐는 독에 대한 지식을 전합니다. 원숭이에 있어서는 여러 가지 조리법까지도 전합니다. 이를테면 감자를 이러러한 식으로 썼어야 한다고. 그들 중의 어떤 놈이 해수(海水)로 감자에 짠맛을 들이는 방법을 발견하면 그는 그것을 양친이나 동료, 그리고 그들 전체에게 가르칩니다. 이것은 훌륭한 전통입니다. 그러나 그것은 항상 대상물의 존재에 종속하고 있는 전통입니다. 문법을 가진 언어 자체도 인간만이 소유하고 있는 능력은 아닙니다. 당신은 미국에서 부부가 다같이 심리학자인 가드너 부처가 벙어리들의 몸짓을 통하여 어린 침팬지 한 마리에게 말을 가르친 사실을 알고 계시죠. 그것은 침팬지에 있어서는 우리가 입으로 행하는 운동보다도 훨씬 습득하기가 쉽습니다. 그리고 정말로 이 침팬지는 문법적인 언어를 이해하는 데 성공했습니다. 그는 새로운 문장을 만들어냅니다. 예를 들면 그는 '자네, 자네는 나와 함께 숲으로 가세'라는 말을 할 수 있습니다. 정말 그는 이러한 말을 할 수 있을지도 모릅니다. 나의 여자친구인 생물학자는 이 침팬지를 만났는데 최근 그녀는 다음과 같이 전해왔습니다. 즉, 그 침팬지는 자기의 의사가 잘 전해지지 않고 있다고 느끼는 아이들처럼 매우 수다스러워지고 끊임없이 그의 몸짓을 되풀이하고 있었다고 말입니다. 그는 이해해 주기를 바랄 경우에는 집요하게 같은 짓을 여러번 되풀이하곤 합니다. 만일 당신이 대개 어느쪽에 내기를 걸겠느냐고 묻는다면, 나는 역시 잘 되어가지 않는쪽에 내기를 걸 것이며 결국 그 내기에 지고 말 것입니다.

　L　그렇다면 선생님의 생각으로는 동물은 인간과 별로 다름이 없다는 말입니까?

　로렌츠　노자는 다음과 같이 말했습니다. '인간 안에는 아직까

46

지도 모든 동물이 존재하고 있다'고. 그러나 인간 모두가 동물 안에 있다고 한다면 아마 진실은 아닐 것입니다. 왜냐 하면 인간은 동물 안에는 없기 때문입니다. 만일 당신이 '인간은 원숭이다. 털이 없는 원숭이다'라고 한다면 그것은 전적으로 진실입니다. 그러나 당신이 '인간은 원숭이에 지나지 않는다고 한다면 그것은 이미 거짓입니다. 그래서 나는 내 친구인 데즈먼드 모리스[1]의 저서《발가숭이의 원숭이》라는 표제를 좋아하지 않습니다. 그 이유는 원숭이에게 수식어를 붙여 인간을 나타낸다면 '누적적 전통을 지닌 원숭이'라고 말해야만 하기 때문입니다. 실로 누적적 전통을 갖는 것보다도 인간에게 특징적인 것은 없기 때문이니까요. 발가숭이의 동물은 많이 있습니다. 코끼리는 인간 이상으로 발가숭이이며 하마도 그렇습니다. 발가숭이의 설치류(齧齒類)도 많이 있습니다. 원숭이가 발가숭이가 아닌 것은 우연한 일입니다. 그것은 특징도 아무것도 아닙니다. 중요한 점은 어느 날 갑자기 한 마리의 작은 원숭이가 사물을 생각하고 개념적 사고를 형성하거나 말을 발명하기 시작했다는 사실, 그리고 이 개념적 사고와 전통이 서서히 오늘날 문화의 모든 기적을 가능케 하고 있는 거대한 체계 속에 통합되었다는 사실입니다. 행동생물학은 문화 현상의 참다운 지식과 참된 평가를 우리에게 보여줍니다. 만일 누적적인 전통을 결여한 종(種)이 어떻게 행세하고 있는가를 생물학에 의해서 이해하지 않는다면 우리들은 인간의 문화적 행위의 유니크한 본질을 파악할 수 없습니다. 언어의 출현은 환경과는 무관한 전통의 유지를 가능케 했습니다. 문화와 함께 하나의 전혀 새로운 현상이 이 세상에 탄생했습니다. 즉, 그것은 무한하게 전달될 수 있는 한에 있어서의 사고, 진실, 지식의 잠재적 불멸성입니다. 그것은 다음 세대에 유

---

1) Morris Desmond (1928~   ) : 영국의 동물학자.

전적으로 전해지는 잠재적 불멸성에 비견할 만한 것입니다. 어떤 민족, 어떤 인종은 언젠가는 멸망할 수 있습니다만 문화는 도서관 속에 남아 다른 민족, 나아가서는 다른 혹성이 그것을 발견하고 그것을 활용한다는 형태로 존속할 수도 있습니다. 거기에 정신의 참된 불멸성이 있습니다. 그러나 그와 반대로 인간이 살아남아 있는데 문화가 사멸하는 경우도 있습니다. 그리고 오늘날 무서운 것은 이 사실입니다. 왜냐 하면 이 누적적인 거대한 지식의 증대와 확장을 가능하게 하기 위해서는 두뇌와 서적과 전통이 필요하기 때문입니다. 문화는 인간을 초월하는 이념은 아닙니다. 그것은 인간 자신입니다. 나는 폭넓은 청중을 갖고 있던 장 자크 루소와 같은 철학자는 인간의 사상에 막대한 손해를 끼칠 수 있을지도 모른다고 생각합니다.

  ㄴ  장 자크 루소가요? 이제 와서 왜 그렇습니까?

  **로렌츠**  그의 생각에 따르면 다음과 같이 됩니다. 인간은 문화를 박탈당하고 백치(白痴)처럼 되어버리고, 얘기할 수도 없고, 사회적 행동의 약간의 기본밖에 갖지 못하게 되고, 한꺼번에 백만 년 전으로 되돌아가고 맙니다. 오늘날 젊은이들은, 이미 낡아버려 무의미하게 된 사실을 잘 간파하고 있습니다. 그러나 그들이 놓치고 있는 것은 방대한 지식의 전당을 한 세대에서 세우기는 불가능하다는 점입니다. 위험은 많은 사람들이 일체를 지상에 내던지고, 여기에 필적하는 무엇을 재구축할 수 있으리라는 환상 아래, 제로에서 재출발하려고 바라고 있는 점입니다. 그러나 그때는, 되풀이 얘기하지만 크로마뇽인보다도 약 2백만 년 옛날로 되돌아가는 꼴이 됩니다. 왜냐 하면 크로마뇽인의 회화는 긴 전통의 귀결이며, 지식의 방대한 축적의 결과이기 때문입니다. 현재 문화, 즉 낡은 전통은 매우 급속히 노쇠하고 있습니다. 문화는 너무나 빨리 변환해 가고 있습니다. 생태학의 변모, 테크놀로지의 급속한 발달의 결과로서 행동의 전통적인 기준의 무효화가 더욱더 서둘러지고 있습니다.

　ㄴ 선생님은 전통을 매우 강조하고 계십니다. 그렇게 되면 언젠가는 전통주의자라는 비난을 받게 될지도 모르겠습니다.

　**로렌츠** 그런데 사람들이 다른 면에서 나를 오해하면 나는 공산주의자 또는 모택동주의자 나아가서는 민족주의자 또는 인종차별주의자, 심하게는 파시스트 또는 니힐리스트라고 불리게 되지요. 왜냐 하면, 나는 모든 것에 반대하고 모든 이데올로기, 지상에 존재하는 모든 정체(政體)에 반대하기 때문입니다. 다만 이미 존재하고 있지 않는 두브체크의 정체만은 제외하고 말입니다. 그것은 내가 찬동할 수 있었던 유일한 정체였습니다. 그러나 나는 젊은 사람들의 교육에 관해서도 매우 낙관주의자입니다. 나는 적의(敵意)를 가진 학생들로 가득 찬 계단교실에서 언제나 지금과 같은 말을 해왔습니다. 런던, 뉴욕, 스톡홀름, 그리고 가끔 흑인들을 앞에 둔 시카고에서의 강연에서 나는 그러한 모든 것을 얘기했고 굉장한 반향을 받았습니다. 나는 막스 플랑크 연구소를 떠나 강연자가 되는 편이 낫지 않을까 하고 자문할 정도였습니다.

　ㄴ 선생님의 강연을 구체적으로 말씀해 주십시오.

　**로렌츠** 나는 이렇게 말했습니다. '귀기울여 들으시기 바랍니다. 만일 당신들이 지금까지의 사상을 일소(一掃)한다 해도 당신들은 석기시대로 되돌아가게 되지는 않습니다. 왜냐 하면 당신들은 이미 이 시대에 살고 있기 때문입니다. 당신들이 되돌아가는 것은 석기시대보다 훨씬 이전의 상태입니다.' 나는 젊은이들과 마찬가지로 노인들도 초조하게 하고 모든 사람들로부터 미움을 받기를 기대하고 있다고 말하면서 강연을 시작하곤 했습니다.

　ㄴ 선생님은 자신이 헤르베르트 마르쿠제의 학설과는 지향점이 멀다고 생각하시지는 않습니까?

로렌츠  마르쿠제는 토대도 없이 무엇이나 다 세울 수 있다고
믿고 있는 공상적인 몽상가의 한 사람입니다. 그는 모든 것이 파
괴되더라도 모든 것이 자동적으로 다시 싹이 돋아난다고 믿고 있
습니다. 이것은 엄청난 오류입니다. 마르쿠제는 진화와 문화가 평
행해서 작용하고 서로 보완하는 메커니즘을 카알 마르크스와 엥겔
스와 마찬가지로 실제로는 이해하고 있지 않습니다. 또한 그들은
다음과 같은 오류를 범하고 있습니다. 마르크스는 보전해야 할 전
문화 유산을 몹시 의식하고 있었습니다. 그가 《자본론》에서 하고
있는 얘기는 모두 옳지만, 항상 본능을 잊고 있었던 점이 오류입
니다. 마르크스에 있어서는 세력 범위의 본능, 소유의 본능은 하
나의 문화 현상에 지나지 않았습니다. 마르쿠제 쪽은 문화의 본질
적 성격마저 이해하고 있지 않습니다.

ㄴ  그 전통적인 문화에 관해서는 젊은이들도 이의를 제기하고
있습니다만.

로렌츠  젊은이가 전통에 의문을 품는 것은 당연한 일입니다. 18
세, 19세라는 연령에서는 정상적인 젊은이라면 모두 혈족의 전통
에 대한 절대적인 복종을 잃기 시작합니다. 그것은 불가피한 일입
니다. 그것 없이는 문화와 전통이 너무나 경직화되고 너무나 정적
인 것이 되어 새로운 상황에 대한 적응이 너무나도 둔해질 것입니
다. 그러나 하나의 문화란 두 개의 메커니즘의 평형 위에 성립되
어 있습니다. 즉, 새로운 정보의 획득과 지식의 보존이라는 두 개
의 메커니즘입니다. 둘 다 필요합니다. 전통이란 지식 보존의 메
커니즘을 나타내고 있습니다.

ㄴ  말하자면 선생님의 생각은 전통과 변화, 보수주의와 이의신
청 사이에 균형이 필요하다는 얘기입니까?

로렌츠  성서의 아브라함 시대와 같이 안정된 조건 아래에서는
인간이 그의 환경에 완전히 적응해 가기 위해서는 별로 사물을 변

화시킬 필요가 없었습니다. 토마스 만[2]이 훌륭하게 표현하고 있듯이 아들은 자기가 아버지라고 생각해 버릴 만큼 자기와 아버지를 동일시하고 있었습니다. 아브라함이 3백5십 년 동안이나 살았다는 기록은 실은 단순히 성서의 시대에는 할아버지 · 아버지 · 자식이 대대로 모두 자기를 조상과 동일시하고 있었음을 표시하고 있는데 지나지 않습니다. 그들은 모두 자기는 아브라함이라고 믿고 있었습니다. 당시는 대단히 보수적이었음에 틀림없습니다. 오늘날에 있어서는 역사가 지속되고 테크놀로지가 가속되어 있기 때문에 환경에 적응해 가기 위해서는 더욱더 변화가 필요해지고 있습니다. 우리들의 조부모들에 있어서는 국가와 이상은 아직도 선이었습니다. 키플링[3]의 시대에는 사회행동의 이 규범은 그의 시대와 그의 조국에 있어서는 정당한 것이었습니다. 키플링을 우리 시대에 데리고 온다면 히틀러가 됩니다. 히틀러와 똑같은 제국주의자요 인종차별주의자입니다. 위대한 시인인 키플링이 불과 백 년 전에 젊은이들에게 추장(推獎)할 수 있었던 행동규범의 체계는 오늘날에 와서는 분명히 범죄적인 국가주의적 쇼비니즘을 불러일으킬 것이 틀림없습니다. 따라서 항상 언제 어디서라는 점을 묻지 않으면 안 됩니다. 1970년대에서는 전통의 유지로 인해서 야기되는 경화증(硬化症)보다도 전통의 전면적 소멸 쪽이 훨씬 두려운 존재가 될 것입니다.

　L　그 생각을 좀더 부연해 주시지 않겠습니까?

　**로렌츠**　나는 이 모든 사태를 의학용어로 고찰함이 옳은 길이라고 믿습니다. 나는 종종 내분비선의 예를 인용합니다. 유기체에는

---

2) 구약성서 《창세기》의 요셉 이야기를 소재로 한 그의 《요제프와 그 형제들》에 그 기술(記述)이 있다.

3) Kipling. Rudyard (1865~1910) : 영국의 소설가 · 시인.

서로 균형을 유지하고, 정도의 차이는 있지만 길항(拮抗)하고 있
는 몇 가지 기능이 항시 있습니다. 스위스의 외과의사인 노(老)
코흐[4]는 갑상선(甲狀腺)을 제거하고 바세도우씨병을 치유하려고 시
도했을 때 그는 갑상선 뿐만 아니라 칼슘의 신진 대사를 조절하고
있는 부갑상선(副甲狀腺)까지 제거해 버리고 말았습니다. 그러자
환자는 곧 죽었습니다. 그래서 코흐는 그 다음 수술 때는 부갑상
선을 그대로 두었습니다. 그랬더니 환자는 얼마 뒤에 점액수종(粘
液水腫)[5]이라는 병으로 죽었습니다. 그러나 이 환자가 점액수종의
징후를 나타냄으로써 점액수종이란 바세도우씨병의 반대의 경우라
는 사실을 코흐는 알게 되었습니다. 그 다음에 갑상선의 일부만을
제거함으로써 코흐는 완전하게 환자를 치유할 수 있었습니다. 이
것으로써 당신은 알 수 있겠지요. 여기에 하나의 내분비선이 있어
서 그것이 유기체 내에 존재할 때 아무런 위험 없이, 즉 유기체를
상하지 않고 그것을 제거할 수 있다는 생각은 실로 어리석은 일입
니다. 마찬가지로 사회에 있어서도 —— 이 초유기체의 경우에는
—— 개체의 경우보다도 훨씬 복잡한 상호작용이나 평형이 존재하
고 있습니다. 어떤 이름을 가진 단 하나의 사회 기능이 있다면 그
것은 불가결한 존재라고 단정하면 우선은 틀림이 없겠지요. 갑상
선은 좋은 것인가 나쁜 것인가를 묻는 일은 보수주의나 또는 젊은
이들의 이의 신청이 선이냐 악이냐 하는 물음과 같이 어리석은 짓
입니다. 그것들은 양쪽 다 필요합니다. 항시 균형이 문제가 됩니
다. 하나하나의 경우에 그 시점(時點)에 있어서, 그리고 지금 우리
들이 있는 이 장소에 있어서 환경이 무엇을 필요로 하고 있는가를

---

4) Koch, Robert (1843~1910) : 독일의 세균학자.

5) 점액수종(粘液水腫) :피부, 점막에 특유한 부종(浮腫) 변화를 수반하는 갑상선기능
   저하증.

묻지 않으면 안 됩니다. 유럽에서는 병인데 다른 곳에서는 건강한 것인지도 모릅니다. 예를 들면, 아프리카에서는 적혈구(赤血球)의 변형에 의해서 일어나는 어떤 종류의 빈혈만이 말라리아의 병원체에 저항할 수 있게 만듭니다.

ㄴ 말하자면, 생물학적 법칙과 사회적 법칙 사이에는 유사성이 있다는 얘깁니까?

로렌츠 사이버네틱스[6]의 조절 과정을 연구해 보면 양 극단 사이에 바람직한 가치를 유지하기 위해서는 상반(相反)되는 길항적(拮抗的)인 많은 기능이 필요함을 알게 될 것입니다. 그렇지 않으면 파국적인 착란(錯亂)에 빠집니다. 어떤 이상에 대한 충성, 어떤 동기에 대한 다소 호전적인 열광, 국가주의 등이 얼마라도 과장된다면 그들은 곧 위험한 야만인이 되고 양식을 가진 당신의 머리를 혼란시킬 것입니다.

ㄴ 당신의 의견에 의하면 전통과 어버이의 세대의 행동규범에 대한 이의신청은 특히 '부유한' 사회에서 나타나는 셈인데 그 이유는 무엇입니까?

로렌츠 그것에 관해서는 몇 가지 설명이 가능합니다. 세대 사이에 접촉이 없습니다. 예를 들면, 메마른 토지를 일구어 라마나 양(羊)을 기르지 않으면 안 되는 페루의 인디언 청년의 예를 들어 봅시다. 이 청년은 자연에 대한 일상의 투쟁 속에서는 그의 부친이 하고 있는 일은 살기 위해서는 절대로 필요한 일임을 잘 알고 있습니다. 부친이 정신 장애자가 아닌 한 그의 가르침에 따르지 않으면 안 됩니다. 다른 방식으로는 옥수수를 재배하거나 라마를 기를 수 없습니다. 뮌헨대학 교구의 자녀들에겐 부친이 하고 있는

---

6) Cybernetics : 미국의 수학자 N. 위너(1894~1964)가 통신공학 · 정보이론 · 학습이론 따위를 구사하여 물리현상 뿐만 아니라 생물현상 · 사회현상 따위를 통일적으로 다루는 과학으로서 제창했다.

일의 필연성을 믿을 기회가 전연 없는데 대하여, 페루의 인디언 쪽은 지난해에 키운 옥수수를 먹고 있습니다. 그러나 만일 나의 손자들이 수조(水槽) 앞에서 물고기를 관찰하고 있는 나를 보았다면 이 노인이 하고 있는 일도 훌륭한 일이라고 그들이 그 자리에서 이해한다고는 도저히 생각할 수 없습니다.

ㄴ 젊은이는 또한 사회에도, 특히 사회의 부정에 이의를 제기합니다. 그들은 그 책임을 부모의 세대에 지우려고는 하지 않겠습니까?

로렌츠 젊은이들은 '체제'가 범한 커다란 오류, 자연과 인간의 지나친 개발, 이 혹성의 균형의 교란이라는 오류를 확실히 간파하고 있다고 생각합니다. 이 고발은 자주 일어나고 또한 필요하며 더욱이 절대로 옳은 일입니다. 그러나 나는 부모 세대의 죄과는 그만큼 본질적인 역할을 하고 있다고는 생각하지 않습니다. 그것은 2차적인 합리화입니다. 왜냐 하면, 이 고발은 미국에 있어서도, 젊은 세대가 어버이의 세대를 고발하는 당연한 이유를 갖고 있는 독일에 있어서도, 똑같이 일어나고 있기 때문입니다. 그리고 독일의 젊은이에 의한 고발이 스웨덴, 프랑스 혹은 스위스의 젊은이의 그것보다 심하지는 않습니다. 그러므로 참된 죄상과 어버이에 대한 젊은이들의 고발 사이에는 상관관계는 없습니다. 진실한 동기는 훨씬 본능적이지요. 그러나 젊은이들의 공격에 대한 어버이 세대의 격렬한 반응을 보고 있으면 기성세대의 대표자들은 이따금 자기들에게 진정한 책임이 있다고 생각하고 있음을 알 수 있습니다. 그들은 자기도 모르게 복종과 죄의식의 몸짓으로 반응하고 있습니다. 이것 또한 정서적인 반응이지, 결코 이성적인 반응은 아닙니다. 만일 당신이 매우 사랑하고 있는 눈군가가 당신을 공격하면 당신의 뇌리에 최초로 떠오르는 생각은 '아아, 어쩌면 좋을까. 어쩌다가 나는 그에게 상처를 입혔을까'가 아닐까요. 그리고 그가 당신을 갑자기 싸늘한 표정, 아니 미움에 찬 표정으로 응시한다면 자기 속에서 죄상을 찾아내는 일이 당신의 최초의 반응이 되겠지요. 어버이는 자기들의 자식에 대한 사랑을 멈출 수는 없습니다. 그래서 그들이 만일 공격당하면 그 책임이 그들 자신에게 있다고 생각하는 경향이 있습니다. 그리고 이것은 그들이 할 수 있는 일 가운데 최악의 경우입니다. 왜냐 하면 청년들은 당연하게 이렇게 말합니다. '이봐, 마침내 고백하고 말았어'라고. 이러한 행동은 동물에게서도 볼 수 있습니다. 그것은 개를 보면 곧 알 수 있습니다. 만일 당신이 당신의 개를 발로 차면 개는 자기가 잘못했다고 생각해 버립니다. 내가 개를 갖고 생리학적인 실험을 절대로 하지 않겠다고 생각하는 이유는 그 때문입니다. 왜냐 하면, 개에게 고통을 주면 줄수록 개는 복종하고 잘못을 빌게 됩니다. 그리고 이것은 실로 싫은 일입니다. 개에게 생리학의 실험을 할 수 있는 인간은 인정이 없는 사람이거나 아니면 그러한 상황을 이해할 수 없는 사람임에 틀림이 없습니다. 어버이들에게 대해서도 같은 얘기를 할 수 있습니다. 그들은 꼭 두들겨 맞은 개와 같습니다. 교수들의 경우에도 사태는 같습니다.

　L　그렇다면 선생님은 부친의 권위가 땅에 떨어졌다고 생각하십니까?

　**로렌츠**　굳이 말한다면 인간에게 있어서는 자식들간의 증오와 지배적인 부친이 없다는 사실과의 사이에는 직접적인 상관 관계가 있습니다. 그러나 그의 지배는 반드시 폭력적인 지배가 될 필요는 없습니다. 나의 처가(妻家)에는 다섯 아이가 있었으나 증오는 없습니다. 나의 장인은 '집안에서 가장 권위 있는' 이론의 여지가 없는 확고한 가장(家長)이었습니다. 그러나 그의 비판에는 항시 매우 절도가 있습니다. 최악의 경우에도 그의 입에서 나오는 말은 '네가 그런 짓을 하다니 참 놀라운 일이다'라고 하는 것이 고작이었습니다. 그러나 그 말마저도 두려웠습니다. 오늘날 흔히 볼 수 있는 형제자매의 적의는 새로운 현상입니다. 특히 미국에서 그것을 볼 수 있습니다. 미국에서는 가정이라는 피라미드의 동일 레벨에 위치하는 아이들 사이에 진정한 증오가 정착하는 경향이 있습니다. '나는 네가 싫어'라는 말을 나는 아이들 사이에서 늘 들었습니다.

L  동물에게서도 그러한 점을 관찰할 수 있습니까?

로렌츠  예를 든다면, 늑대에 있어서는 '권위'가 없어지면 하위(下位) 늑대들 사이에 적의가 생깁니다. 그러면 곧 우열을 가리는 싸움이 시작됩니다.

L  선생님은 염세관, 부유한 나라들을 지배하고 있는 권태에 관해서 어떻게 생각하십니까? 그 근본 원인은 무엇인지, 그리고 그 결과는 어떻게 되겠는지요?

로렌츠  인생이란 늘 위험 앞에 놓여 있습니다. 그것은 유동적이며, 스스로 진행해 가는 하나의 프로세스입니다. 그 프로세스의 균형을 유지하는 것은 실로 우리들 자신에 달렸습니다. '풍요한 사회'에서도 뛰어넘어야 할 장애의 결여도 역시 욕구불만의 원인이 됩니다. 그리고 나는 장애의 완전한 결여는 뛰어넘기 어려운 장애보다 더 위험하다고 생각하고 있습니다. 예를 들면, 과학에 있어서 사람들은 항상 영혼과 육체와 같은 뛰어넘을 수 없는 장애에 직면하고 있습니다. 그러나 이것은 그렇게 나쁜 것은 아닙니다. 괴테는 말했습니다. '나는 불가능한 것을 희구하는 사람이 좋다'고. 인간에게는 고통과 쾌락의 균형을 잡는 일종의 장치가 있습니다. 가장 고도의 쾌락은 어떤 대가를 지불하지 않고는 얻을 수가 없습니다. 만일 당신이 모든 종류의 불쾌감을 털어버리겠다고 해서, 예를 들어 두통이나 공포를 없애기 위해 항상 정신안정제를 복용하고 있다면 당신은 동요(動搖)를 줄이고 완전한 권태에 통하는 일종의 회색의 밑그림과 같은 상태에 이릅니다.

L  동물은 쾌락과 불쾌감 사이에 균형을 유지하는 장치를 갖고 있습니까?

**로렌츠**  모든 동물은 성공과 실패를 통해서 배웁니다. 그것은 거기에 언제나 거래가 있기 때문입니다. 만일 늑대가 쾌락만을 알고 고통을 모른다고 하면 그 늑대는 영하 40도 이하의 기온을 좇아 극지(極地)의 밤에 먹이를 찾아나섰을 것입니다. 그리고 그 다리에 동상을 입게 됩니다. 그것은 너무나 비싼 대가입니다. 대가와 구해진 물건과의 균형이 깨뜨려집니다. 카리브의 가치는 도저히 동상을 입은 다리와 바꿀 만한 가치가 아닙니다. 왜냐 하면 그렇게 되었을 경우, 늑대는 살아남을 기회가 전혀 없어지기 때문입니다. 인간에게도 그러한 장치가 있습니다. 목표가 상실됨에 따라 투입되는 노동과 노고의 양을 감소시켜가면 동요의 정도가 감소되는 대신에, 고뇌도 기쁨도 욕망도 절망도, 그리고 마지막에는 자부심이나 기쁨을 불러 일으키는 노동에 의한 성공이라는 장대한 환회에도 이미 무관심하게 되어버립니다. 왜냐 하면, 기쁨이란 반드시 관능적인 쾌락에만 결부되어 있지 않기 때문입니다. 즉, 쾌락은 단순한 소비적인 행위에 지나지 않으며, 기쁨은 창조적인 행위의 쾌락이기 때문입니다. 권태는 직접적인 만족의 필요를 야기합니다. 그러한 충동에 대해서는 미국의 심리학자들이 밝히고 있는데, 그것은 괴로움에의 거부, 탐구에의 거부 —— 예를 들면 어려운 장애를 극복하고 여성의 애정을 획득하는 거부 —— 입니다. 당신은 어떤 부류의 젊은이들이 하이드 파크에서 성교를 하고 있는 현장을 목격한 적이 있으신지요. 그들은 버리려고 생각만 하면 언제고 버릴 수 있는 봉봉(겉을 설탕으로 굳히고, 속은 과즙·위스키·브랜디 따위를 넣은 과자)을 빨고 있는 지루한 아이들의 기분전환 정도의 마음으로 그러한 행위를 합니다. 권태로운 젊은이들은 옳은 것을 상실한 세상에서 가장 가엾은 존재지요.

　L  장치가 고장이 나버렸습니까?

　**로렌츠**  그렇습니다. 그 장치는 인류의 생활이 극히 위험했던 시대에 진화했습니다. 당시에는 칼과 같은 이빨을 가진 사벨 타이거와 곰 따위가 있었습니다. 그 시대에는 겁을 낸다는 일이 가장 훌륭한 전술이었습니다. 신중해야 했습니다. 즉, 가능한 한 게을러야 했습니다. 먹을 것이 귀했으므로 한번 마스트돈을 쓰러뜨리면 크게 식욕을 발휘하여 잔뜩 먹어두어야만 했습니다. 살기 위해 지불해야 하는 대가가 너무도 비쌌던 이 시대에는 어떠한 대죄(大罪)도 미덕이었습니다. 그런데 그후 생명의 유지는 점점 용이해지고, 인간은 그다지 많은 대가를 지불하지 않고도 쾌락을 얻을 수 있는 교묘한 수단을 생각해냈습니다. 거기에서 장해(障害)의 결여에 의한 욕구불만, 즉 무기력이 생기고, 이러한 상태는 미(美)나 조화에 대한 가치판단의 결여와 같은 여러 가지 지력의 감퇴를 일으키게 되었습니다.

　L  모든 영역에 해당되는 말입니까?

　**로렌츠**  예술에 있어서든 자연에 있어서든 우리에게 미를 지각(知覺)하게 하는 기관(器官)은 감퇴하지 않도록 행사(行使)되고, 또한 양분을 부여할 필요가 있습니다. 당신이 근대적인 대도시를 보면 그 주변이 마치 암처럼 발전해 있음을 볼 수 있으리라 믿습니다. 거기에는 획일적이며, 차이도 없고, 아름다움도 없는 여러 가지 요소만이 눈에 띕니다. 이와 같이 변화도 없는 여러 요소의 누적, 이 정보의 단순화, 이 조화의 상실, 이것이야말로 문화의 악마이며 암입니다. 암과 비슷한 것은 또 있습니다. 나는 미·선·정의의 평가는 모두 같은 기관에 의해 이루어진다고 믿고 있으며, 미적 평가와 윤리적 평가를 분리할 수는 없다고 생각합니다. 사회적인 조화, 생태학적인 조화, 음악적인 조화는 공통의 기반을 갖고 있습니다. 그런데, 뉴욕과 뉴욕 사이에서 살고 있는 청년을 상 상해 보십시오. 그에게 어떠한 아름다움이 보일까요. 거기엔 한 그루의 나무도 없고, 눈에 띄는 것은 단지 가솔린 스탠드 뿐입니 다. 한 그루의 나무라도 있으면 광고의 간판을 숨길 수도 있을 것 입니다. 진보의 이념이란 숲을 '불도저로 마구 밀어붙이는 것'입 니다. 이 청년의 눈에 들어오는 모든 것은 인간의 손에 의해서 이 루어졌습니다. 파괴하고 다시 재생하고, 숲도 다시 또 살 수 있는 것 뿐입니다. 인간의 문화와 마찬가지로 숲도 지면에 닿도록 벌채 해 버리면 다시 나오지 않습니다. 이와 같은 사실은 사회적인 관 계에 대해서도 말할 수 있습니다. '새로운 벗을 사귀어라.' 그럼 옛 친구는 어떻게 됩니까. 미국에서는 자식이 보살피고 있는 늙은 부모는 이미 거의 볼 수 없게 되었습니다. 그들은 양로원에 들어 가고 맙니다. 여기에도 또한 퇴화(退化), 인간애의 감퇴의 위험을 볼 수 있습니다.

ㄴ  옛 규범의 너무 빠른 파괴가 여러 가지 괴물을 낳게 되겠지요.

**로렌츠**  괴물을 만들기는 쉽습니다. 그것은 일반적인 생각보다 훨씬 쉽습니다. 인간이 문화를 갖기 시작한 뒤에 비로소 인간의 대뇌반구(大腦半球)도 발달하게 되었습니다. 전통과의 유대가 없으 면 대뇌반구는 활동을 하지 않으면 위축될 위험마저 생깁니다. 언 어학자인 촘스키[7] ── 그는 천재입니다 ── 는 언어는 우선 커뮤 니케이션의 수단으로서 발달한 것이 아니라 개념적 사고의 논리적 수단으로서 발달했음을 주장하고 있습니다 전통적인 언어가 진화 하는 데는 몇천 년이나 걸립니다. 그러나 그 언어가 수 세대에서 상실되어 버리는 것도 가능합니다. 이미 오늘날 언어는 빈곤화했 으며 따라서 논리적으로 자기를 표현하는 능력도 빈약해졌습니다.

---

7) Chomsky, Noam Avram (1928~  ) : 미국의 언어학자.

왜냐 하면 언어는 문화 전체를 유지하는 요인이기 때문입니다. 언어가 없으면 문화는 마치 지붕이 없는 집과 같습니다. 돌연변이가 너무 자주 생겨 전통의 보존이 충분하지 않으면 동물에 있어서와 마찬가지로 인간에 있어서도 괴물이 나타나는 셈입니다. 유전자의 상실 내지는 전통의 상실에 의해서. 아시다시피, 동계교배(同系交配)를 거듭하거나 독물 혹은 방사선을 이용하면 매우 빨리 괴물이 만들어집니다. 오늘날 얼마간의 전통의 상실이 이미 반사회적인 괴물을 만들어내고 있습니다. 범죄자들의 나이가 해마다 어려지고 있습니다. 여러 가지 전통이 완전히 파괴되면 헤아릴 수 없는 폐해를 가져오게 됩니다. 예를 들면, 가족을 결합시키는 것은 도덕적인 규칙입니다. 만일 철저한 난교(亂交)를 주장하는 이론가들의 주장을 그대로 받아들인다면 도대체 아이들은 어떻게 되겠습니까. 아이들에게는 어버이뿐 아니라 조부모도 필요하며, 요컨대 하나의 가족이 필요하기 때문입니다. 이러한 모든 혼란은 인간이 나면서부터의 프로그램에는 예정되어 있지 않았습니다. 그리고 돌이킬 수 없는 두려움의 하나는 대도시에서 퇴폐의 위험이 분명히 나타나고 있기 때문입니다. 우선 아이들을 재교육시켜야 합니다. 나는 그들에게 자연의 미를 보여주는 것보다 더 효과적인 수단은 없다고 믿고 있습니다. 네덜란드에서 개최된 '사회학회의'의 멤버였던 한 친구는 오늘날의 인류에게 부과된 여러 가지 문제 가운데서 기본적으로 인구 과잉에 유래하지 않은 것은 하나도 없다고 주장했습니다. 그리고 이들의 문제는 교육에 따를 수밖에는 해결할 길이 없다고 주장하고 있었습니다. 나는 지금껏 낙관주의자입니다. 희망의 작은 빛이 여기저기 빛나고, 많은 사람들이 오염이라든가, 인구 과잉, 그밖에 우리들의 미래의 커다란 위험을 깨닫게 해 주리라 믿습니다. 그렇다면 두려움은 구원의 계기를 마련해 주는 기폭제(起爆劑)라 할 것입니다.

L 선생님의 의견에 따르면 오늘날 현대 사회의 탈선은 인간의 공격 본능인 셈인데, 동물의 경우처럼 그것은 생존이나 도태에 도움이 되지 않을까요?

로렌츠 우선 어떤 본능에도 탈선할 가능성이 있다고 말할 수 있습니다. 몇 가지 성본능의 비교·연구에 의해서 심각한 탈선이 매우 자주 동일한 사회적·문화적·기술공학적·생태학적인 원인에 의해서 야기되고 있음이 밝혀지고 있습니다. 그러나 인간의 사회적 행동의 모든 '기능 착오'의 밑바닥에 있는 문제는 대개 인구 과잉입니다. 그러므로 현대 문명의 최대의 위험은 집단적 공격성입니다. 공격성 플러스 수폭(水爆)입니다. 몇천, 몇백만 명의 인간이 모였을 때 공격성은 심각한 탈선을 시작합니다.

L 어떠한 이유에서입니까?

로렌츠 이유는 많지요. 이데올로기에 의한 교육도 집단적 공격성의 가장 심각한 탈선을 일으킬 수 있는 문화적 요소의 하나입니다. 어떤 교의(敎義)를 확신할 수 있는 힘은 그 교의에 참가하고 있는 인간의 수의 자승(自乘)의 힘으로 증대합니다. 그것은 기하급수적이지요. 인간을 집합시키는 요소가 우인관계라든가 개인적인 지인(知人)과는 다른 추상적인 심벌의 체계로 변할 때, 사람들은 본질적으로 종교전쟁과 같은 위험을 범하게 됩니다. 어떤 교의에 충분한 수의 가맹자가 있으면 그 교의에 순응치 않는 자는 이단자로 간주되며 소사(燒死)되거나 숙청됩니다. 광신자라면 누구에게나 갖추어져 있는 하나의 특징으로서 들 수 있는 하나는 그들이 모두 간략주의자라는 점입니다. 왜냐 하면, 대중을 가르칠 경우, 교의가 너무 복잡해서는 안 되기 때문입니다. 한편에선 인간이란 이와 같은 것이라고 하며, 다른 한편에서는 또한 다른 것이라고 한다면 이것만으로도 이미 지나치게 복잡합니다. 라우드스피커는 뉘앙스를 전혀 전할 수가 없습니다. 그런 이유로 대중을 교화하는 경쟁에서는 과학자들은 불리한 입장에 있습니다. 왜냐 하면, 진실은 단순하지 않기 때문입니다. 공격성이 증대하는 또 다른 이유는 실로 간단하며, 그것은 대도시에서는 인간들이 너무나 옹색하기 때문입니다. 뉴욕의 커다란 버스 터미널에서의 사람들의 공격적인 행동을 언젠가 필름에 담아 둘 필요가 있을지도 모릅니다. 여기서도 또한 열쇠가 되는 요인은 인구 과잉입니다.

　L　이런 점에서 동물과의 유사성을 볼 수 있습니까?

　로렌츠　있습니다. 같은 원인이 같은 결과를 낳습니다. 이것은 야생 상태에 있는 원숭이 사회에서 연구되었습니다. 정상적인 상태에서는 이 원숭이의 사회를 지배하고 있는 보스들은 서로 최고의 우정관계에 있습니다. 그러나 이와 같은 사회를 울타리 안에 가두어버리면 전멤버가 신경질적이 되고, 초조해지고 공격적이 됩니다. 그렇게 되면, 보스들의 우정도 차츰 감소돼 갑니다. 그리고 그들의 적의가 최고조에 달하면 새로운 형의 보스가 출현하게 되는데 그것은 매우 횡포하며 비사회적인 개체입니다. 그는 권력을 잡지만 이것은 바로 공포, 불안과 같은 신경증적인 상황이 인간 사회에 나타날 경우에도 일어나는 일입니다. 강제수용소의 간수들은 거의가 늘 직업적인 범죄자였습니다. 나는 그 증거를 갖고 있습니다. 그러나 대중을 어떤 교의에 교화시키는 데는 아직 희망의 여지가 남아 있다고 나는 믿고 있습니다. 왜냐 하면, 교육에 의해서 문화적 요인에 영향을 줄 수 있기 때문입니다. 반대로 너무나 많은 이웃이 지나치게 많이 가까이 있음으로써 야기된 공격적인 반응은 문화와는 아무런 관계도 없고, 또한 아무런 영향도 받지 않습니다. 공간의 요구, 세력권의 요구는 선천적으로 인간에게 구비되어 있는 요인입니다. 인간들이 너무나 혼잡하게 살고 있으면 선의가 소멸되어 버리는 것이 관찰에 의해 증명되고 있습니다. 인간은 전면적으로는 조건을 붙일 수가 없습니다.

62

ㄴ 그러면 파블로프와 그의 조건반사에 관한 업적은 어떻게 생각하십니까?

**로렌츠** 모든 것을 조건반사로만 보고 있습니다. 종교라고도 할 수 있습니다. 하나의 학설로 모든 것을 설명하려는 일은, 특히 그것이 단순주의일 경우는 더욱 큰 오류를 범하는 원인이 됩니다.

ㄴ 그러면 파블로프의 여러 가지 발견을 가장 간단히 설명한다면 어떻게 될까요?

**로렌츠** 그것은 조건반사가 사실상 모든 행동의 유일한 열쇠와 같은 요소라고 주장하는 것입니다. 오늘날 아직도 많은 미국의 행동주의 심리학자[8]들은 행동에는 생득적(生得的)인 것은 하나도 존재하지 않는다고 생각하고 있습니다. 인간은 환경의 산물에 불과하다는 이 학설은 내게는 매우 어이없는 것으로 생각됩니다. 왜냐하면, 인간의 두뇌가 유전 속에서 고정되는 성질을 하나도 갖고 있지 않다고 믿기란 매우 이상하기 때문입니다. 우리들의 육체의 모든 구성, 모든 구조는 유전적으로 프로그램이 되어 있지 않을까요. 왜 신경 조직만은 육체의 나머지 부분을 지배하고 있는 법칙에 대해서 예외가 됩니까? 실로 우스운 사고방식입니다. 그런데 이것이 현대의 학설입니다.

ㄴ 그것은 모순이군요.

**로렌츠** 오늘날에는 인간의 행동에 관한 하나의 생물학적 접근이 현재 세계에서 지배적인 하나의 학설과 정면으로 충돌하고 있습니다. 그 학설이란 '조건반사'를 단순화한 것으로, 자기의 적대자들을 멸망시키기 위해 온갖 수단을 쓰고 있습니다. 이것과 싸우려면 돈키호테가 되지 않으면 안 됩니다. 이 학설을 나는 '사이비

---

8) 행동주의 심리학자 : 심리학을 마음의 과학, 의식의 분석이라고 보는 견해에 반대하여 그것을 행동의 과학으로 보려는 학자.

민주적' 학설이라고 부르고 있으나 그 뿌리는 깊고 더욱이 위험하기까지 합니다. 왜냐 하면, 인간은 환경의 산물에 불과하다는 그 학설이 모든 사람들에겐 기분 좋기 때문입니다. 그리고 이와 같이 '평등화'된 시민은 불의의 기습을 하는 일이 없는 시민을 갖고자 원하고 있는 전체주의 체제의 보스들에게 있어서도 또한 순종하고 획일주의적인 소비자를 갖고 자원하는 미국 자본주의에 있어서도 환영받을 존재입니다.

L  실제로 미국의 몇몇 대학에서는 행동생물학의 현재의 결론에 저항하는 많은 정통파 교수들의 매우 심한 저항이 있습니다. 그렇다면 이러한 저항은 이데올로기적인 이유에서입니까?

로렌츠  조건반사 이외의 모든 것에 대한 행동주의자들이 나타내는 정신적·정서적인 저항을 프로이트식으로 관찰해 보면, 그 배후에 현대의 모든 정치적 교의의 이데올로기를 발견할 수 있으리라고 나는 생각합니다. 인간 관리라거나 대중의 지배는 인간에게는 생득적인, 말하자면 유전적인 프로그램은 없다고 하는 잘못된 가정 위에 기초를 두고 있습니다. 왜냐 하면, 인간사회에 있어서의 분업은 능력의 차이를 전제로 하는 사회의 멤버의 차이, 즉 부등성(不等性)을 그 기반으로 하고 있기 때문입니다. 오늘날 조작이 가능하고 교환이 가능한 여러 요소에서 구성되고 있는 사회를 세우려는 시도가 도처에서 일어나고 있습니다. 그러한 사회는 소련의 이데올로기적 차별정책과 미국의 독점기업가들에게 있어서는 최량의 세계입니다. A. 헉슬리의 《멋진 신세계》를 다시 한번 읽어 보세요. 그것은 있을 수 있는 미래의 놀라운 모습입니다. 거기에는 대중을 농락하는 완벽한 관리자의 모습이 묘사되고 있습니다. 대중을 '관리'하려고 생각하는 사람은 모두 자동적으로 평등주의의 교의, 즉 조건반사 만능의 신봉자가 됩니다. 행동생물학을 적대시하는 사람들은 누차 우리들을 반민주적이다, 즉 인종차별주라고 비난합니다. 그들은 자기들 자신의 학설을 민주주의적인 허울로 둘러싸고 있습니다. 이 현상은 미국의 작가 필립 와일리[9]에 의해서 분석되었습니다. 와일리는 유사 민주적인 학설을 진실을 허위로 오도(誤導)하고 그것을 근거로 하고 있다고 말하고 있습니다. 모든 인간이 자유로 뻗어가는 가능성을 균등하게 가져야 한다는 말은 사실 진실입니다. 그러니 누가 이것을 의심하겠습니까. 그래서 이 이론(異論)의 여지가 없는 진실을 조금 비꼬아, 모든 인간이 같은 발전의 가능성을 갖고 있다면 모든 인간은 평등하다고 말하고 있습니다. 이것은 사실이 아닙니다. 절대적인 잘못입니다. 왜냐 하면, 인간은 사물을 생각하기 시작하는 순간부터 불평등하기 때문입니다. 그러나 사람들은 인간의 그러한 평등성이야말로 집단생활의 열쇠이며, 필요불가결한 조건이라고 믿는 체하고 있습니다. 엄청난 잘못이죠. 대중을 조작하는 사람들에 있어서는 파블로프의 개들은 이상적인 시민입니다.

ㄴ 그러나 인간은 파블로프의 개가 아닙니다.

로렌츠 사실은 개들이라고 다 그러지는 않습니다. 쥐는 더욱더 그렇습니다. 페테르스부르크에서 파블로프의 제자였던 신경학(神經學)의 저명한 전문가인 하워드 리델이 매우 진기한 이야기를 내게 들려주었습니다. 리델은 메트로놈이 가속(加速)되면 타액을 분비하는 개를 갖고 있었습니다. 그는 '만일 내가 저 개를 지지대(支持臺)에서 놓아준다면 어떤 일이 일어날까' 하고 자신에게 물어보았습니다. 왜냐 하면, 조건반사를 어디까지나 신봉하기 위해서는 개를 묶어 놓고 타액선만이 활동할 수 있도록 해두어야 하기 때문이죠. 이 점에 주목해 주시기 바랍니다. 그래서 리델은 그 개를 놓아주었습니다. 개가 무엇을 했다고 생각하십니까. 메트로놈이

9) Philip Wylie (1902~1971) : 미국의 SF작가·문명 비평가.

가속되지 않는데 그 개는 메트로놈이 있는 곳으로 뛰어가서 코로 그것을 누르고 꼬리를 흔들며 심하게 타액을 분비하면서 메트로놈이 속도를 가할 것을 요구했습니다. 미리 조건을 붙인 것은 단순히 먹이를 구하는 반응이었던 것입니다. 개는 메트로놈이 자기 식사의 원인이라는 가설을 만들어버린 셈입니다. 위대한 파블로프는 격노하여 리델에게 이 체험을 남에게 이야기하지 말라고 명령했습니다. 실제로 여기서 일어난 일의 복잡함과 그 설명의 단순함을 생각해 보세요. 조건반사는 분명히 존재합니다. 그러나 그것이 행동의 유일한 요소는 아닙니다. 만일 프로이트와 파블로프와 같은 위대한 천재들이 무슨 일에 실패를 했다고 한다면, 그것은 그들이 제자들에게 믿고 의심하지 말라고 교육한 것입니다.

　L　프로이트에 대해서는 어떠한 태도를 취하고 계십니까?

　**로렌츠**　나는 매우 단순화해서 말씀드리자면, 프로이트는 조건 반사의 학설이 그 절정에 있었던 시대에, 환경에는 의존하지 않는 영원의 본능, 즉 성(性)으로부터 유래하는 충동을 발견했습니다. 그가 만일 이것에만 몰두했었다면 노벨상 세 개쯤 받기에는 충분했을 것입니다. 그러나 그는 자기의 발견을 모든 본능에 일반화시켜 버렸습니다. 그의 기본적인 오류는 아마도 공격성을 삶의 적대자로 만들어버린 때문일 겁니다. 그는 그 일로 약간 법석을 떨었습니다.

　L　선생님은 언제 자기의 연구가 갖는 정치적인 인플리케이션을 아시게 되었습니까?

　**로렌츠**　솔직히 말씀드리면 불과 수년 전의 일입니다. 얼마 전에 우리들에게 반대하는 사람들은 행동생물학에서 오는 위험을 알았습니다. 행동생물학의 결론은 극히 간단해서, 요컨대 인간은 인간에게 바라는 바 모두를 실천할 수는 없습니다. 그리고 인간은 —— 적어도 나는 그렇게 기대하고 있습니다만 —— 조건지워지는

데에 대해 대항할 것입니다. 그렇지만 또 다른 현상도 일어날 가
능성이 있습니다. 그것은 오늘날 서(西)에도 동(東)에도 공통적으
로 볼 수 있듯이 '에스태브리쉬먼트'가 순응주의자를, 소위 버릇
이 좋은 파블로프의 개만을 선택한다는 위험입니다. 이의를 말하
는 학생에게 불리한 선택, 결코 반항하지 않고 오로지 '학습하는'
학생에게 유리한 선택, 이것이야말로 내가 염려하는 문제입니다.
그렇게 되면 순응주의자들만이 전진하여 모든 유리한 지위를 차지
하게 될 것입니다. 이러한 선택은 아시는 바와 같이 극히 급속히
진행되고 있습니다만, 그것은 인류에 있어서 매우 위험한 일입니
다. 왜냐 하면, 나는 오늘날 이미 지적 엘리트에 대한 일종의 적
대의식이 나타나고 있음을 불안하게 생각하기 때문입니다. 그와
같은 징후는 이의를 말하는 많은 학생들 가운데도 인정됩니다. 어
떤 인간을 평균 이상의 지적이 되는 것을 금하는 평등주의는 문화
적 발전 전체의 죽음을 뜻합니다. 나도 건설적인 제계획을 세우는
일보다는 여러 가지 결점을 고발하는 편이 훨씬 쉽다는 점을 알고
있습니다. 그러나 아시다시피, 이 지구상에는 가장 총명한 자가
남을 지배하고 있습니다. 그것은 원숭이, 특히 성성이가 그렇습니
다. 통치자는 가장 강한 자도 아니고, 무장하고 있는 자도 아니
며, 또 군국주의자도 아닙니다. 그것은 오히려 과학자, 현명한 자
입니다. 왜냐 하면, 성성이에게 있어서는 결정을 내리는 것은 경
험을 쌓은 참된 장로들이기 때문입니다. 이제까지 우리 인간의 과
학자들은 자기들의 책임에 대해 충분히 양심적이었다고는 할 수
없었습니다. 즉, 국가를 어떻게 통치하고, 또 어떻게 두 개의 민
족, 두 개의 적대하는 이데올로기 간의 협동을 어떻게 확립해 갈
수 있는가 하는 우리들의 존재는 20세기에 있어서는 폭력적인 혁
명에 의해서가 아니라, 탐구와 상상력을 요하는 일에 의해서 해결
되어야만 합니다.

L 오늘날보다 수준이 높은 타입의 인간을 상상하고 계십니까?

**로렌츠** 그런 것은 필요하다고도 생각지 않습니다. 나는 여러 제도, 지구상에 있는 우리의 국가, 모든 순수하고 제도적인 조직이 매우 어리석어 보이기에 오늘날과 같은 수준에 도달한 인간이라면 실행되고 있는 일보다도 훨씬 지적인 일을 할 수 있으리라 믿습니다. 이의를 내세우고 있는 학생들이 전적으로 옳다는 이유는 이 때문입니다.

L 결국, 선생님은 그들에 대해 어떻게 생각하고 계십니까?

**로렌츠** 당신께 이미 말씀드린 것처럼 젊은이들은 오늘날 자기의 역할을 다하고 있습니다. 그러나 내가 만났던 젊은이의 신청자들에게서 볼 수 있는 가장 염려스러운 특징의 하나는 유머 감각이 거의 완전히 결여되어 있다는 점입니다. 그들은 극히 독선적이어서 자기들만이 도덕적인 인간이며, 자기들 이전에 그러한 인간은 전혀 없었다고 확신하고 있을 정도입니다. 그들이 조금이라도 코믹한 감각을 갖고 있다면 더욱 더 지적일 수 있다고 생각합니다. 조금이라도 자기풍자를 할 수 있는 인간에게는 진짜 과대망상은 있을 수 없습니다. 무솔리니나 히틀러와 같은 사람도 자기를 다소라도 비판적인 태도로 바라볼 수 있었다면 우스워서 견딜 수 없었을 것입니다. 유머는 민주주의적인 사회에서 불가결의 기능을 갖고 있습니다.

L 선생님의 개인적인 우주관을 말씀해 주시겠습니까?

**로렌츠** 그것은 매우 어려운 일입니다. 만일 당신이 내게 일원론자냐 이원론자냐고 묻는다면 나는 당신에게 '무슨 말씀이십니까. 그런 것은 알 수 없습니다'라고 대답할 것입니다. 만일 내가 일몰의 아름다움과 같은 우리를 둘러싸고 있는 무기(無機)적인 자연을 정서적으로 바라볼 경우, 나는 자신을 일원론자라고 생각할 것입니다. 그런 때는 나는 전우주를 지배하는 갖가지 우주법칙이

68

라는 것이 있어서 생명의 법칙도 그러한 법칙 가운데 특수한 예에 불과하다고 확신하고 있습니다. 그러나 무기적인 세계의 영원한 힘에 대한 유기적인 생명의 너무나도 헛되고 상하기 쉬운 투쟁을 보고 있으면, 이 투쟁에 대한 나의 비전은 가라파고스제도(諸島)에서 찍은 어떤 사진과 비슷하게 보일 겁니다. 용암의 거대한 분류 (分流)가 그대로 얼어붙은 흐름의 한가운데 손바닥만한 크기의 구멍이 하나 있고, 이 작은 구멍에서 한 조그만 사보텐이 아름다운 꽃을 피우고 있는 광경입니다. 나는 이와 같은 상념(想念)을 일부러 막연한 채로 가슴에 담아 두고 있습니다. 과학자에게는 단지 하나의 이데올로기밖에 없습니다. 그리고 그 이데올로기란 이데올로기를 갖고 있지 않다는 뜻입니다. 신에 대해서는 어떤지 말씀드린다면, 각 종파의 신앙으로 나를 방해하는 것은 목사들이 신과 너무나 친밀한 관계에 있다는 사실입니다. 나로서는 늘 신과 그토록 친밀하다는 것은 모독입니다. 신은 일개의 개인이 아닙니다. 만일 신이 존재한다면 신은 어디에나 있고 아마도 내 속에도 있을 것입니다. 중세의 위대한 신비주의자들은 내가 지금 느끼고 있는 느낌과 매우 비슷한 점을 표명하고 있습니다.

　ㄴ　언젠가 선생님은 과학은 때때로 매혹당함으로써 시작된다고 말씀하셨지요?

**로렌츠**　이를 평가할 수 있다는 것은 생물적 자연을 연구하기 위한 조건의 하나입니다. 왜냐 하면, 만일 당신이 동물들의 아름다움을 즐겁다고 느끼지 않는다면 단지 그들의 행동의 제법칙을 발견하기까지의 긴 시간 동안 그들을 바라보고 있을 인내력마저 가질 수 없을 것입니다. 작년에 우리들은 어떤 앙케트를 생각해 내어 현대의 대생물학자 백 명에게 그것을 보냈습니다. 어떤 대답이 왔으리라고 생각하십니까? 그들은 모두 10세 이전에, 즉 5,6세 사이에 동물을 좋아하기 시작했습니다. 나는 다섯 살 때 올빼미에 매혹되었습니다. 다분히 그것은 내가 어린 시절을 보낸 아르텐베르크의 우리집 유리문에 올빼미가 집을 짓고 있었기 때문일 것입니다. 올빼미는 저녁 7시가 되어도 억지로 재우는 일이 없는 것도 내가 올빼미에게 끌린 이유의 하나이기도 합니다. 오리들도 나의 흥미를 끌었습니다. 오리들은 물 속에 있으며, 언제나 물 속에서 노는 것을 허락받고 있었습니다. 나는 나의 동물들의 아름다움, 그 행동의 신비에 매혹되어 그들에게 마음을 빼앗겨버렸습니다. 게다가 나는 어린시절에 두 작가에게 강한 인상을 받았습니다. 키플링과 셀마 라게를뢰프[10]입니다. 어느날 라게를뢰프를 읽은 뒤 도나우 강기슭에서 한 떼의 기러기가 내 머리 위로 날아간 것을 기억합니다. 그때 나는 심한 향수를 느꼈습니다. 나도 한 마리의 기러기가 되어 그들과 함께 날아가고 싶었습니다. 그러나 나는 기러기들이 내 주변에 있다는 사실만으로 만족했습니다.

ㄴ 선생님이 맨 처음에 키운 동물은 무엇입니까?

**로렌츠** 도롱뇽입니다. 내가 다섯 살 때였습니다. 아직 학교에 다니지 않을 때였습니다. 나의 양친께서 숲속을 산책하시다가 도롱뇽을 잡아 선물로 갖다주었습니다. 양친은 나에게 5일간만 그것을 키운 뒤에는 다시 놓아줄 것을 약속케 했습니다. 분명히 나는 그 약속을 지켰습니다. 그런데 내가 키우고 있었던 4일 동안에 그 도롱뇽은 마흔네 마리의 새끼를 낳았습니다. 마흔네 마리나 되는 도롱뇽 새끼를 위해서는 수조(水槽)를 하나 사지 않을 수 없었습니다. 이것이 나의 최초의 수조가 되었습니다. 우리들은 열두 마리의 도롱뇽을 변태(變態)할 때까지 키웠습니다. 물론 나는 그 후에도 그들을 키울 수가 있었습니다. 그 뒤 아르덴베르크의 우리 토지는 도롱뇽으로 가득 찼습니다

10) Selma Ottilia Lovisa Lagerlöf (1858~1940) : 스웨덴의 여류작가.

　L　마지막 질문이 되겠습니다만, 선생님은 최근의 저작 가운데서 인간의 공격성을 정당화했다고 비난을 받으셨는데 선생님은 그 비난이 타당하다는 생각을 가지고 계십니까?

　**로렌츠**　나는 그들 자신의 공격성이 그들에게 이 책의 참뜻을 전혀 이해시키지 못한 것이 아닌가 생각하고 있습니다. 공격성을 변명하는 것이 폭력의 옹호와 관계가 있을까요. 그러나 나는 정확히 반론하려고 생각했습니다. 나는 폭력이나 전쟁은 정상적인 본능의 탈선임을 설명하려고 시도하여 4백 99페이지나 썼습니다.

　나는 인간 속에 내재하는 여러 가지 힘의 존재를 밝히려고 시도했습니다만, 사실 인간이 그것을 제어하기 위해서는 반드시 그러한 힘의 존재를 알지 않으면 안 됩니다.

　자기가 타는 말을 몰라도 되겠습니까? 나는 이성(異性)이 공격성을 이길 수도 있다고 말했습니다. 나는 갖가지의 본능, 말하자면 '갖가지 본능의 의회'에 있어서의 거의 민주적인 상호작용에 대해서도 이야기했습니다.

　L　선생님 자신이 대상이 된 그 공격성을 선생님은 어떻게 설명하시렵니까?

　**로렌츠**　그 책은 인간의 미신적인 자부심과 충돌하고 있습니다. 인간이 자연 밖에 있고 자연과 대립된 존재라는 생각은 서구의 가장 위대한 철학자들의 입장이기도 합니다만, 그러한 생각을 믿고 있는 사람들을 초조하게 만들고 있습니다. 원숭이의 후예인 것을 부끄러워하는 순진한 사람들도 나에게 반대합니다. 공론가(空論家)의 무리들도 마찬가지입니다. 요컨대, 그들은 내가 염세적이고, 모순되고, 알 수 없는 책을 쓰고, 또 그 책이 베스트셀러가 된 데에 저자 자신마저 놀라고 있을 정도라고 말하며 나를 비난했습니다. 그러나 분명히 그 책을 이해해 주는 사람들도 있습니다. 나를 기쁘게 하는 것은 청년들이 내가 말하고자 했던 점을 매우 분명히

파악해 주고 있다는 사실입니다. 나를 믿어주기를 바라지만, 언젠
가는 나의 말이 모두 거의 진부하게 생각될 것입니다. 다윈은 그
당시에는 전혀 이해되지 못했습니다. 오늘날 누군가가 만일 나를
이해해 주고 있다면 그것은 오로지 내가 천재가 아니란 점을 증명
하고 있는 셈입니다.


대담자 약력

1903년 빈에서 태어남. 의학·철학·동물학을 전공하였고 의학 및 철학박
　　사가 된 뒤 1928년 빈 대학 해부학연구소의 조수가 됨 .
1937년 빈 대학의 비교해부학 및 동물심리학 강사로 임명되었음.
1940년~1942년 쾨니히스베르크 대학의 심리학 교수를 지냈음.
1942년 소집영장을 받고 군에 입대.
1944년~1948년 소련에서 억류생활을 했음. 석방된 뒤 1945년에서 1951년
　　에 걸쳐 빈에 있는 ‘비교인류학연구소’의 소장직을 맡음.
1951년~1954년 ‘막스 플랑크재단’의 비교행동생물학 부문의 지도자가 됨.
　　당시 그는 2년에 걸친 미국 강연 여행을 했음.
1954년부터 제비젠에 있는 ‘막스 플랑크연구소’의 부소장에 임명되었고,
　　1961년부터는 그 소장직을 맡아보고 있음.
　　　현재 그는 유네스코 회원이며 꽤 많은 과학 관계 학회의 명예회원
　　이기도 함. 그는 1970년에 유네스코 과학정보의 카링가상을 수상했
　　고, 같은 해 그의 저서 《공격》으로 티노 델 두가세계상을 받았음.
　　또 1973년에는 노벨 의학·생리학상을 수상했음.
주요 저서: 《솔로몬의 반지》,《겨울의 뒷면》,《행동은 진화하는가》 등.

젊은이의 정신적 지주

# 헤르베르트 마르쿠제

Herbert Marcuse

오랫동안 진가를 인정받지 못했던 헤르베르트 마르쿠제는, 세계 도처에서 많은 사람들이 그의 이론을 원용(援用)함으로써 갑자기 무대의 전면에 나타나게 되었다.

그는 빌헬름 라이히[1]와 함께 사회주의와 자본주의를 불문하고 이른바 산업사회와 그 이데올로기를 근본적으로 비평하였고, 또한 정신분석과 마르크스주의를 결합한 최초의 사상가이다. 인간존재가 일찍이 볼 수 없었을 정도로 심각한 소외(疎外)에 빠져 있는 일차원적 사회[2]에 그는 새로운 유토피아의 필요성을 대치시키고 있다. 그와 같은 유토피아는 곧 혁명적인 실천 속에 흡수되고, 욕망과 현실은 마침내 화해해서 일체가 되기를 바라게 된다.

---

1) Wilhelm Reich (1897 ~ 1957) : 오스트리아의 정신분석학자.
2) 마르쿠제가 현대의 고도 산업화사회의 성격에 대하여 명명한 명칭.

  **렉스프레스**  6개월 전만 해도 선생님의 이름이 프랑스에서는 거의 알려져 있지 않았습니다. 그런데 배를린에서 일어난 학생들의 반란에 관련되자 갑자기 클로즈업되었습니다. 이어 미국 학생들의 데모에 관련돼서 또다시 선생님의 이름이 입에 오르내리게 되었습니다. 그리고 5월의 데모에도 말려들었습니다. 이리하여 갑자기 선생님의 최근 저서는 베스트셀러에 오르게 되었습니다. 선생님 자신은 학생들의 세계적 반란을 어떻게 생각하십니까?

  **마르쿠제**  그 대답은 간단합니다. 나는 '성난 학생들'의 움직임에 연대감을 갖고 있습니다. 그러나 나는 결코 그들의 대변자는 아닙니다. 그들의 그런 직함을 부여하고, 나를 꽤 잘 팔리는 상품으로 만든 것은 신문과 광고입니다. 나는 내 이름과 사진이 특히 체 게바라[3]와 드브레[4], 두브체크[5] 등과 함께 나란히 게재되는 것을 반대합니다. 이분들이 보다 인간적인 사회를 지향하는 투쟁 속에서 자기네들의 생명을 진정으로, 그리고 항상 위험 앞에 드러내 놓고 있는 데 반하여, 나는 자신의 말이나 사상을 통해서만 이러한 투쟁에 참여하고 있기 때문입니다. 나와 그들은 근본적으로 다릅니다.

---

3) Che Guevara, Ernest (1928 ~ 1967) : 아르헨티나 출신의 직업적인 혁명가.

4) Debray, Regis (1940 ~   ) : 프랑스의 철학자 · 작가.

5) Dubcek, Alexander (1921~   ) : 체코슬로바키아의 정치가. 39년 공산당에 입당, 70년 당에서 추방되었다.

ㄴ 결국 선생님의 말은 학생의 행동을 선취(先取)한 셈이군요

마르쿠제  그래요? 내 책을 정말로 읽어준 학생은 극히 소수인 줄만 알았는데…….

ㄴ 사실 그렇습니다. 특히 프랑스에서는 그렇다고 생각합니다. 게다가 자기네들의 반란(反亂)을 이론적으로 뒷받침한 학생은 아주 적었습니다. 때문에 선생님이 그들의 이론가라고 간주해도 무방하지 않을까요?

마르쿠제  만일 그렇다면 나는 매우 기쁘게 생각합니다. 그러나 문제가 되는 것은, 나의 이론이 어떤 점에서 학생들의 호응을 얻게 되었는가 하는 점입니다. 나는 내 책 속에서 사회비평(社會批評)을 시도했는데, 그것은 단지 자본주의 사회에 대해서만은 아닙니다. 나는 모든 이데올로기를 일체 피하는 용어(用語)를 구사하여 그 책을 저술했습니다. 사회주의 이데올로기와 마찬가지로 마르크스주의의 이데올로기도 피한 셈입니다. 나는 그 평론(評論) 속에서 현대사회가 그 모든 면에서 억압적이라는 것, 즉 생활면에서의 안락도 번영도, 소위 말하는 정치적·정신적인 자유조차도 압제적인 목적을 위해서 이용되고 있다는 것을 보여주려고 하였습니다. 나는 전면적인 거부, 학생들의 말을, 이 사회에 대한 항구적인 부인(否認)을 전제로 하는 변혁(變革)이 필요함을, 그리고 그 변혁은 단지 재료를 바꾸는 일뿐만 아니라, 도리어 인간을 그 태도, 본능, 목적, 가치에 있어서 전면적으로 변혁하는 편이 더욱 중요하다는 것을 보여주려고 했습니다.

나는 나의 저서와 학생들의 세계적인 운동이 일체가 된 것은 바로 그 점이라고 확신하고 있습니다.

ㄴ 그러면 학생들의 운동이 선생님으로 말미암아 일방적으로 계발(啓發)되었다고는 생각하시지 않는군요.

마르쿠제  학생운동의 본질적인 특징의 하나는 서구문명(西歐文

明)의 위대한 여러 가지를 발전시킨 모든 거장(巨匠)들을 통해서 추상적인 형태로 그들에게 가르친 그대로 현실에 적용하려 하는 것입니다. 이를테면, 기존의 권리에 대한 자연의 권리의 우위(優位), 폭정(暴政)에 대한, 나아가서는 부당한 일체의 권력에 대한 양도할 수 없는 반항의 권리 등, 이러한 위대한 제원리가 어째서 실행에 옮겨지지 않고 이념(理念)에만 머물러 있는지 그들은 전혀 모르고 있어요. 그리고 그들이 하려고 하는 것은 바로 그같은 제원리를 실행에 옮기는 일입니다.

　ㄴ　선생님은 기본적으로는 기존의 인도주의적 운동에 문제가 있다고 보십니까?

　마르쿠제　그들은 그 용어(用語)에 자기들을 대치시키고 있습니다. 그 이유는 인도주의(人道主義)가 그들에게 있어서는 부르주아적·개인적인 가치이기 때문입니다. 인도주의란 파멸적인 이 현실의 중심부에 있는 하나의 철학에 지나지 않습니다. 그들의 정신에 있어서는 이미 소수의 사람들의 철학에 사로잡히는 것이 문제가 아니라, 사회 전체의 근본적인 변혁을 야기시키는 것이 문제입니다. 그래서 그들은 '인도주의'라는 용어를 받아들이지 않습니다.

　ㄴ　선생님은 선생님 자신이 그 파괴를 제안하셨고 지금에 와서는 최선 내지는 최악의 형태로 미국에만 존재하는 '풍요한 사회'[6] 로부터 프랑스에 살고 있는 우리들이 좀 멀리 떨어져 있음을 모르시지는 않겠지요.

　마르쿠제　나는 내 비평을 미국사회에 집중시켰다고 해서 비난을 받았습니다. 미국사회를 대상으로 했음이 분명합니다. 나 자신도 그렇게 말했습니다. 그러나 그렇게 한 것은 내가 미국을 다른 나라들보다도 잘 알고 있기 때문이라는 이유만은 아닙니다. 오히

6) 갈브레이드에 의해 씌어진 용어로, 현대의 고도 산업화사회를 가리킴.

려 미국사회가 다른 자본주의 여러 나라, 나아가서는 분명히 사회
주의 여러 나라에 대해서조차 모델이 되지 않을까 염려하고 또 그
렇게 되는 것을 두려워했기 때문입니다. 나는 그러한 방향으로 나
아가는 일을 피할 수 있다고도 믿고 있습니다. 그러나 그렇게 하
려면 다시 한번 기본적인 변혁, 즉 오늘날 조건부가 되어버린 인
간들의 요구와 동경(憧憬)의 내용이 전면적으로 단절(斷絶)되어야
한다는 전제가 필요하다고 봅니다.

ㄴ 단절이라고 말씀하셨는데, 그것은 요컨대 혁명(革命)을 뜻합
니까?

마르쿠제 그렇습니다.

ㄴ 산업사회 속에 혁명적인 약동이 존재한다고 보십니까?

마르쿠제 잘 아시다시피, 학생운동 속에는 매우 강력한 무정부
주의적 요소가 있습니다. 그것은 매우 강한 것입니다. 그리고 그
것이야말로 실로 새로운 것입니다.

ㄴ 새롭다고요! 무정부주의가?

마르쿠제 20세기의 운동 속에서는 그것은 새롭다고 생각합니
다. 지금의 단계에서는 결국 새롭습니다. 바꾸어 말해서 그것이
새롭다 함은 학생들이 다음과 같은 사실을 확인했기 때문이기도
합니다. 즉, 전통적인 정치조직이 경직화(硬直化), 화석화(化石化)
하여 그것이 명백히 혁명적인 약동을 진압시켜 버렸다는 사실입니
다. 그런 까닭에 반항이 자연발생적으로 나타나는 것은 전통적인
조직의 테두리 밖에서입니다. 그렇다고 자연발생만으로는 충분치
않으며, 똑같이 하나의 조직이 필요하게 됩니다. 그러나 그것은
매우 유연성(柔軟性)이 있는 새로운 형(型)의 조직이며 엄격한 원
리를 강요하지 않고 운동이나 개인의 발의(發意)에 영향받기 쉬운
조직입니다. 오래된 당파나 정치집단의 '영수(領袖)'와 같은 자가
없는 조직입니다. 그 점이 대단히 중요합니다. 오늘날의 전통적인

조직의 지도자들은 선전광고의 소산(所産)입니다. 현대 청년들의
운동에 있어서는 이를테면 볼셰비키혁명 때에 있었던 그런 지도자
들이 없습니다.

ㄴ  결국 그것은 반(反)레닌주의가 되겠군요.

마르쿠제  그렇습니다. 코온 벤디트[7]는 이러한 바탕 위에 서서
다시 마르크스 레닌주의를 심하게 비판하였습니다.

ㄴ  그 말씀은 선생님이 성취되기를 바라는 혁명을 성공으로 이
끌기 위해서, 선생님의 무정부주의(無政府主義)를 신뢰해야 한다는
것을 뜻합니까?

마르쿠제  그렇지는 않습니다. 나는 다만, 이 무정부주의적인
요소가 매우 힘차고, 그리고 매우 진보적인 힘이라고 믿고 있습니
다. 그리고 이 요소를 보다 광범위한, 또 보다 구조화된 과정의
제요인(諸要因)의 하나로서 지켜야 한다고 생각합니다.

ㄴ  하지만 선생님 자신은 무정부주의와는 반대의 입장에 서 있
지는 않는지요?

마르쿠제  아마 그럴지도 모릅니다. 그러나 나는 왜 그렇게 되
는가를 알고자 하는 것입니다.

ㄴ  그것은 선생님의 작품이 변증법적(辨證法的)이기 때문이 아닐
까요? 그것은 질서정연하게 구성된 작품입니다. 그래도 자기 자신
을 무정부주의자라고 생각하십니까?

마르쿠제  아닙니다. 나는 무정부주의자는 아닙니다. 왜냐 하
면, 아무런 조직도 없이 어떠한 혁명적인 움직임에도 어떠한 효과
적인 방해에도 대항하여 전체로서 동원되고 조직화되어 있는 사회
와 어떻게 해서 싸울 수가 있을까는 나에게는 상상조차 할 수 없
는 일이며, 이와 같은 사회, 즉 군사력이나 경찰력 등에서 볼 수

---

7) Cohn-Bendit, Daniel : 독일의 학생운동가. 프랑스 5월혁명의 지도자의 한 사람.

있는 집중적인 힘과 어떻게 싸우는 것인지도 나는 모릅니다. 잘
될 리가 없으니까요.

ㄴ  예, 잘 되지 않겠지요. 공산주의자들은 이른바 '좌익주의(左
翼主義)'에 관한 레닌의 분석을 선생님에게 인용해 보이겠지만, 그
에 따르면 그것은 자본주의의 공포를 눈앞에 두고 광기에 찬 프티
부르[小市民]의 의사 표시……, 혁명적으로 보이지만 불안정하고
불모(不毛)로서, 급속히 복종이나 무관심으로 변하여 유행하는 이
것저것의 부르주아적 경향에 격분하는 것을 특징으로 하는 태도입
니다.

**마르쿠제**  나는 그것에 동의할 수 없습니다. 오늘날의 좌익주의
는 레닌시대와 같이 혁명당(革命黨)에의 소시민의 반응은 전혀 아
닙니다. '공산당'이 되어버리고 이미 레닌의 당은 아니며, 사회민
주당과 같은 존재에 불과하게 된 그 질서를 가진 당에 대한 혁명
적 소수파의 반응이야말로 오늘의 좌익주의입니다.

ㄴ  무정부주의도 잘 진척되지 않고 공산당도 이미 혁명적이 아
니라고 한다면, 선생님은 결국 억압(抑壓)만 강해지는 피상적인 무
질서 이외에 그 무엇을 학생의 소동에서 기대하십니까?

**마르쿠제**  아무리 전투적인 반항이라도 더욱더 강화되는 억압에
직면하게 됩니다. 그렇다고 해서 그러한 상황은 이제까지 한번도
반항을 중단하는 이유로는 되지 않았습니다. 그렇지 않으면 어떠
한 진보도 불가능했겠지요.

ㄴ  네, 그렇지요. 그러나 선생님은 혁명에서 생겨나오리라는
'진보'라는 개념을 좀더 자세히 검토할 필요가 있다고는 생각지
않고 있는 것이 아닙니까. 선생님은 근대사회의 시민들에게 무겁
게 덮쳐 누르는 음험한 구속(拘束)을 고발하고 있습니다. 그러나
혁명도 결국 일련의 속박(束縛)을 다른 계열의 속박으로 바꾸어 놓
는 데 불과한 것이 아닐까요?

**마르쿠제**  그렇게 되는 것은 명백합니다. 그러나 진보적인 속박과 반동적인 속박이 있습니다. 이를테면, 인간의 원시적인 공격성, 파괴본능, 죽음을 구하는 본능에 부과되는 속박, 이와 같은 원시적인 공격성을 생명의 개량이나 보호에 유익한 공격성으로 바꾼다고 하는 일은 가장 자유로운 사회에 있어서도 필요한 속박입니다. 거기에서는 공업(工業)이 대기를 오염시키거나 '백인시민위원회(白人市民委員會)'가 인종차별을 확대하거나 무기를 소유함은 허용되지 않겠지요. 이러한 일은 오늘날의 미국에 있어서 현재 행해지고 있지만 요컨대 가장 자유로운 사회에 있어서도 속박은 분명히 남겠지요. 그러나 거기에서의 속박은 어디까지나 진보적인 것이 됩니다.

**ㄴ**  선생님이 환기시키는 속박은 꽤 진부합니다. 게다가 무기(武器)의 소지는 프랑스에서는 금지되고 있습니다. 미국에서도 무기의 소지는 과거의 유물(遺物)에 지나지 않으며 특별히 '풍요한 사회'가 만들어진 것은 아닙니다. 여기에서 우리에게도 관계 있는 표현의 자유의 문제를 다루고자 합니다. 선생님이 찬양하는 자유사회에서는 표현의 자유는 소멸되고 말지 않을까요?

**마르쿠제**  나는 나치스의 운동처럼 명백하게 공격적이고 위험한 운동에까지 보도(報道)의 자유를 확대할 필요가 없다고 쓴 일이 있습니다. 그러나 이러한 특별한 경우를 제외하고 나는 표현의 자유에 반대하지는 않습니다.

**ㄴ**  가령 인종차별 사상, 국가주의 사상, 식민지주의 사상이 확대될 경우에도 그렇습니까?

**마르쿠제**  그렇게 되면 나의 대답은 '노우'입니다. 나는 인종차별 운동, 반(反)유태 운동 등에 자유로운 표현을 허용하려고는 생각하지 않습니다. 터무니없는 일입니다. 오늘날에는 말과 행동 사이의 거리는 너무도 짧으며, 또 가까우므로. 적어도 미국사회, 내

가 알고 있는 미국사회에서는 말입니다. 당신은 홈즈 판사[8]의 유
명한 말을 알고 있겠지요. 그것은 '직접적인 위험이라는 유일한
경우에만 시민의 권리를 빼앗을 수가 있다'고 할 수 있습니다. 이
직접의 위험이 오늘날에는 도처에 존재하고 있습니다.

L  그 공식을 학생들에게 허용시킬 수는 없을까요? 혁명가들에
게는 어떻습니까. 또 공산주의자들에게는……

**마르쿠제**  현재 그렇게 되고 있어요. 그리고 나의 대답은 언제
나 같습니다. 뛰어난 마르크스주의의 이론가들에 의해서 생각되고
있는 공산주의는 그 본질 자체가 공격적이고 파괴적이라고는 생각
하지 않습니다.

L  공산주의는 어떤 역사상황하에서는 그렇게 되지 않았던가요?
러시아의 정책(政策) 속에는 1956년에는 헝가리에 관해서[9], 근년에
는 체코슬로바키아에 관해서[10] 뭔가 공격적이고 파괴적인 것은 없
었던가요?

**마르쿠제**  말씀하신 그대로입니다. 그러나 그것은 공산주의는
아닙니다. 그것은 스탈린주의입니다. 나는 물론 스탈린주의에는
가능한 한 온갖 구속을 부과할 것입니다. 그러나 여하튼 그것은
공산주의는 아닙니다.

L  선생님이 공산주의의 괴리상(乖離相)을 그 이상에 비추어 비
난하는 이상으로 민주주의의 이념에 비추어 미국의 괴리상을 비난
하는 것은 무슨 이유에서 입니까?

**마르쿠제**  나는 공산주의 나라들에 대해서도 마찬가지로 그러한
괴리를 비난하고 있습니다. 그러나 나는 독점자본주의의 여러 제

---

8) Holmes, Oliver Wendell (1841~1935) : 미국의 법학자·판사.
9) 1956년 10월의 헝가리 사건을 가리킴.
10) 1968년의 체코슬로바키아 사건을 가리킴.

도와 문화 전체는 민주적인 사회주의의 발전에 불리해지리라고 믿습니다.

ㄴ 그리고 언젠가 우리들은 이상적인 공산사회를 이 눈으로 볼 수 있다고 생각하시는군요?

**마르쿠제** 여하튼 이상적인 사회의 가능성을 명시하고 있는 이론이 있는 셈입니다. 마르크스주의의 이론에는 모든 가능성이 내포되어 있습니다. 여하간에 그러한 이론이 엄연히 존재하고 있습니다. 그리고 그것에 입각하여 쿠바가 있습니다. 중국이 있습니다. 볼셰비키혁명의 영웅시대의 공산주의 정책이 있습니다.

ㄴ 선생님은 공산주의사회가 그 뜻에 반하여 비난을 받을 만한 일을 하고 있다고 말씀하시는 것입니까? 러시아는 마음에도 없이 체코슬로바키아에 침입했다고 하십니까?

**마르쿠제** 공산주의의 이상을 가지면서도 그렇습니다. 러시아에도 그 책임이 전혀 없지도 않습니다. 체코슬로바키아 침입은 사회주의의 역사상에서도 가장 비난받아야 할 행위의 하나입니다. 그것은 자본주의와의 정치적·경제적인 경쟁에 있어서 러시아가 훨씬 이전부터 행하고 있는 힘의 정책의 졸렬한 표현입니다. 공산주의 여러 나라에서 일어나고 있는 많은 비난해야 할 사항은, 그들 여러 나라에 있어서 빈궁(貧窮)이 한층 지배적일 때에, 자본주의와의 경쟁적·경합적 공존(共存)을 행하고 있는 결과라고 나는 생각합니다.

ㄴ 지금 말씀하신 걸로 보면 선생님은 무언가 중요한 일에 언급하시고 계십니다. 빈궁은 구속적인 어느 조직에 의하지 않고는 감소된다고는 생각하지 않습니다. 그러므로 우리들은 새삼 속박은 필요하다고 나는 생각하게 됩니다.

**마르쿠제** 그렇습니다. 그러나 거기에도 또한 진보적인 속박만이 있을 수 있는 것입니다. 빈궁이 특권자들의 사치와 낭비, 향락과 공존하고 있는 나라를 지적해 보십시오. 빈곤, 비참, 불평 등을 제거하기 위해서는 이와 같은 낭비를 억제할 필요가 있습니다. 그것은 필요한 속박입니다.

ㄴ 불행히도 낭비의 억제로는 경제적인 성과는 얻을 수 없지요. 빈궁을 제거하는 것은 낭비의 억제가 아니라 바로 생산입니다.

**마르쿠제** 바로 그렇습니다. 그러나 이를테면, 쿠바에서 확실히 존재하고 있는 속박은 자본주의 경제하에서 무겁게 덮쳐누르는 속박과 같지는 않습니다.

ㄴ 쿠바는 러시아로부터 끊임없이 석유를 공급받아 살림을 꾸리고 있는 나라이므로 성공한 사회주의경제의 대단히 좋은 표본이라고는 볼 수 없지요. 만약 러시아가 15일간만 석유 공급을 중단한다고 하면…….

**마르쿠제** 글쎄요, 그 결과는 나도 모르겠습니다. 그러나 러시아에 대한 그러한 종속상태(從屬狀態) 하에서도 쿠바는 크게 발전을 했습니다.

ㄴ 과거에 비하면 확실히 그렇습니다. 선생님은 그 곳에 가보셨습니까?

**마르쿠제** 아닙니다. 내가 쿠바에 가는 것을 미국인들이 허락하지 않습니다.

ㄴ 왜 미국 민주주의의 테두리 속에서의 모든 발전에 절망하고 있습니까?

**마르쿠제** 당신은 진정코 미국에 있어서 민주주의가 발전하고 있다고 생각하십니까?

ㄴ 《분노의 포도》[11]의 시대에 비하면 발전하고 있습니다.

**마르쿠제** 나는 그 반대라고 생각합니다. 여러 가지 선거와 거

---

11) 1930년대, 제1차대전 후의 미국 불황을 다룬 존 스타인벡의 소설.

대한 정치기구에 의해서 만들어지는 미합중국 대통령 선거의 후보자들을 보십시오. 이들 후보자들의 상호간의 차이를 누가 발견할 수 있습니까. 그것이 민주주의라고 한다면, 민주주의란 단순한 연극에 불과한 거지요. 민중은 아무 말도 하지 않고 또 그들에게 무언가를 요청하지도 않았습니다.

ㄴ 정말 그렇군요. 그러나 동시에 많은 젊은 미국인들은 최근 몇 개월간 베트남 전쟁에 반대하고 흑인차별에 반대하는 행동을 취했고 정치의 영역에서 행동할 결의를 보여주었습니다.

마르쿠제 이 운동은 점차 효과를 거두고 있는 억압에 조우(遭遇)하고 있습니다.

ㄴ 그래서 선생님은 사람들이 미국사회의 결정적인 봉쇄(封鎖)에 참가하는 것을 주시하고 계십니까?

마르쿠제 그것에 대한 대답은 약간 복잡합니다. 미국에도 민주주의로 향한 진보의 가능성은 있습니다. 그러나 다만 차츰 전투적이며 차츰 급진적인 운동을 통해서 그것이 가능하게 됩니다. 기존의 과정의 한계 속에서는 전혀 불가능합니다. 그러한 과정은 하나의 유희이며 미국의 학생들은 이미 이같은 유희에 흥미를 잃고 있습니다. 그들은 이른바 민주적인 과정 따위를 신뢰하지는 않습니다.

ㄴ 선생님은 미국에 있어서의 혁명의 가능성을 믿고 있습니까?

마르쿠제 거의 믿지 않고 있습니다.

ㄴ 그 이유는 무엇입니까?

마르쿠제 학생층과 노동자들 사이에 협력이 없기 때문입니다. 5월과 6월(1968년)에 프랑스에서 볼 수 있었던 그 정도의 것도 없습니다.

ㄴ 그럼 학생들의 역할은 무엇이라고 생각하십니까?

마르쿠제 침묵을 지키고 있는 대중의 요구와 희망을 명백히 대

86

변할 수 있는 것은 전투적인 소수자들입니다. 그러나 대중 자체는 혁명적이 못 됩니다. 아주 딴판인걸요. 더군다나 누구 한 사람 혁명에 대해서 말하는 자도 없습니다. 학생들은 그 점을 잘 알고 있습니다.

  ㄴ 그러면 그들은 단지 계시자(啓示者)로서의 역할만을 하고 있는 것일까요?

  **마르쿠제** 그렇습니다. 계시자로서 말입니다. 그것은 매우 흥미 있는 일입니다. 학생들은 미국과 마찬가지로 프랑스에서도 참으로 대변인으로서의 역할을 다하고 있다고 말할 수 있습니다

  ㄴ 그들이 노동자 계급과의 접촉을 찾아낼 수가 없다면 미국과 독일과 프랑스에 있어서는 누가 혁명을 일으킬까요?

  **마르쿠제** 여러 가지 말들이 있지만, 나는 상상도 할 수 없습니다. 나는 노동자계급이 없는 혁명 따위는 상상할 수가 없습니다.

  ㄴ 적어도 혁명적 관점에서 본다면 권태감(倦怠感)이 감싸고 있지만, 그것은 노동자계급이 '풍요한 사회'를 파괴하는 것보다는 오히려 그러한 사회에 도달하는 것을 바라고 있는 현상이라고 생각합니다. 노동자계급이 그러한 희망과 평행해서 어떤 몇 가지의 국면을 변경할 것을 원하고 있다 하더라도, 결국에는 프랑스에서는 이상 말씀드릴 바와 같이 됩니다. 다른 나라에서는 다를까요?

  **마르쿠제** 당신은 프랑스에서는 노동자계급이 현재는 체제(體制)에 편성되어 있지 않지만, 되도록이면 그렇게 되기를 바라고 있다고 말씀하셨습니다. 미국에서는 이미 체제에 편성되어 있어, 점차 그렇게 되기를 노동자계급은 바라고 있습니다. 이것은 바로 혁명이 목표로 하고 있는 일은 무엇보다도 현재 기성사회의 공격적이고 억압적인 요구와 희구(希求)는 질적으로 다른 요구와 자질을 가진 새로운 형(型)의 인간의 출현임을 뜻하고 있습니다. 오늘날에는 노동자 계급의 대부분이 지배자 계급과 요구와 희구를 공유(共

有)하고 있는 그 사실입니다. 때문에 여러 요구의 현대적 내용과의 단절(斷絶) 없이는 혁명을 생각하고 묘사할 수 없다는 것도 진실입니다.

L  그렇게 되면 혁명은 당장에 내일 중에라도 일어날지도 모른다고 생각하시지는 않고 계시군요. 결국 인간의 변혁화(變革化)보다도 권력을 탈취하는 쪽이 용이하겠지요. 그런데 공격적 욕구라는 말로써 선생님은 무슨 말을 하고자 합니까?

마르쿠제  이를테면, 생활을 위해서 경합적 투쟁을 계속하는 욕구, 2년마다 새 차를 사고 싶다는 욕구, 새 텔레비전을 사고 싶다는 욕구, 하루에 대여섯 시간은 텔레비전을 보고 싶다는 욕구입니다. 그러한 것은 대부분의 민중에게 있어서 근원적인 욕구로 되어 있습니다. 그리고 이것이야말로 공격적이고 억압적인 욕구입니다.

L  텔레비전을 시청하는 일이 공격적인 욕구입니까? 순진하게 생각한다면 오히려 수동적이라고 말할 수 있을 텐데요.

마르쿠제  당신은 미국의 텔레비전 프로그램을 알고 있습니까? '액션물' 뿐입니다. 게다가 그것은 여전히 소비를 자극하기 위한 것으로서, 그와 같은 소비에 의해 개인은 생산에 관한 자본주의적인 장치에 종속되지요.

L  텔레비전의 용도는 그것만이 아니라고 생각하는데요.

마르쿠제  물론입니다. 그러한 일은 텔레비전 자체가, 자동차가, 또 기술 일반이 모두 잘못되어서가 아닙니다. 그것은 기술적 진보를 악용하고 있는데서 생기는 잘못입니다. 그러므로 텔레비전을 민중의 재교육에 활용하는 것마저 마찬가지로 가능한 셈입니다.

L  선생님은 어떠한 방향에서 그것을 바라고 있습니다. 민중에게는 차도, 텔레비전도, 냉장고도 필요치 않다는 점을 설득하기 위해서입니까?

마르쿠제  그렇습니다. 만약 이들 상품이 그러한 물건에 자기네

들 쪽에서 자진해서 손을 내민다고 하는 예속상태(隷屬狀態)로부터
사람들을 해방시키는 일을 방해한다면 말입니다.

　Ｌ　그러한 일을 한다면 차나 냉장고 따위를 제작하고 있는 공장
에서 일하고 있는 사람들을 곤경에 빠지게 하는 결과가 되지 않을
까요? 그러면 결국 그러한 공장은 폐쇄돼버리지 않을까요?

　**마르쿠제**　한두 주일 동안은 그렇게 되겠지요. 그렇게 되면 모
두 시골로 내려가면 됩니다. 그렇게 하면 빈곤의 제거, 불평등의
제거를 지향하는 진정한 노동이 시작됩니다. 소비사회 속에서 완
수되는 낭비경향의 노동 대신에 말입니다. 미국에 있어서는 이를
테면, 제너럴 모터즈와 포드가 단 한 사람의 인간을 위한 개인용
의 차를 생산하는 대신에, 공공의 수송기관이 더욱 인간적으로 되
기 위해서 그러한 용도에 제공되는 차를 생산하게 됩니다.

　Ｌ　노동자계급에게 자기네들의 봉급을 줄이거나 차에 타는 것을
그만두거나 소비를 축소시키기 위한 혁명을 일으키도록 설득하려
면, 많은 텔레비전 방송이 필요하게 되겠지요. 그 사이에 사태가
다른 방향으로 향해서 갈 우려조차 있습니다. 경제적 곤란에 타격
을 받은 사람들이 잠재적인 파시스트적인 세력으로 흘러갈 우려조
차 있는 것입니다. 파시즘은 항상 경제위기에서 생겼으니까요.

　**마르쿠제**　말씀하신 그대로입니다. 혁명의 진행은 항상 경제위
기와 손을 잡고 그러한 위기 속에서 시작됩니다. 그러나 이와 같
은 위기는 두 가지의 가능성을 제공합니다. 대중이 극히 전제적이
고 억압적인 제도에로 향하는 소위 네오 파시스트적 가능성과, 그
와는 반대의 가능성, 즉 대중이 이와 같은 위기를 피할 수 있는
자유사회를 건설하는 좋은 찬스를 포착하는 가능성입니다. 두 가
지의 가능성이 항상 있습니다. 그러므로 전자가 실현되지 않도록
세심한 주의를 기울여 후자를 기대하고, 대중교육을 통해서 후자
의 실현의 노력을 중단해서는 안 됩니다. 더욱이 말로만 아니라

행동으로써 그렇게 하지 않으면 안 됩니다.

ㄴ 당장 그와 같은 행동이 유난히 심해질 경우에 역효과를 가져오리라는 염려는 하지 않습니까? 그리고 사회가 자기방어를 위해서 점차 억압적으로 나오지 않을까 하는 걱정은 하지 않습니까?

마르쿠제 유감스럽게도 그렇게 될 가능성은 매우 큽니다. 그러나 그것은 행동을 포기하는 이유는 되지 않습니다. 저항(抵抗)을 증대시키고 그것을 강화하지 않으면 안 됩니다. 금후에도 여전히 특권계급이 기본적인 변화를 계속 저해하게 되겠지요.

ㄴ 프랑스에 있어서 젊은이들에게 대해 그와 같은 저항을 노골화시키는 것은 특권계급이 아닙니다. 그것은 중산계급과 노동자계급의 일부입니다. 특권계급은 그러한 불만을 기화로 삼아 만족하고 있습니다.

마르쿠제 당신은 전투적인 혁명운동이 반동(反動)을 낳게 하는 원인이 된다고 나에게 말하고 싶은 거지요. 독일에서는 네오 나치즘이 학생들의 행동의 결과라고 말하고 있습니다.

ㄴ 프랑스에서의 선거의 결과는 공포를 불러일으킬 5월의 운동에 대한 이 나라의 대다수 사람들의 대답입니다.

마르쿠제 하지만, 그 공포를 극복해야만 합니다.

ㄴ 선생님은 폭력에 의한 공포를 극복할 수 있다고 보십니까?

마르쿠제 솔직히 말해서 폭력이란 가장 약한 사람에게 있어서는 대단히 위험한 것입니다. 그러나 우선 그 용어에 대하여 서로 이해하지 않으면 안 됩니다. 언제나 폭력이 화제에 서로 다른 기능을 가진 서로 다른 종류의 폭력이 있음을 망각하고 있습니다. 폭력에는 공격의 폭력과 방어(防禦)의 폭력이 있습니다. 첫째 경찰력·군사력 또는 쿠 쿠럭스 클랜[12]의 폭력이 있습니다. 한편 이들

12) 1915년, 미국의 프로테스탄트의 앵글로 색슨계 백인에 의해 결성된 비밀결사.

폭력의 공격적인 표시에 대립하는 폭력도 있습니다. 학생들은 그 것을 분명히 입에 올리고 있었습니다. 그들은 사회의 폭력, 합법 적인 폭력, 제도화된 폭력에 대항합니다. 그들의 폭력은 방어의 폭력입니다. 그들은 그렇게 말하고 있으며, 나도 그것은 진실이라 고 생각합니다. 일종의 정치언어학(政治言語學)의 덕택으로 경찰력 은 폭력이라고는 결코 불리지 않으며, 베트남에서의 특수한 군대 의 행동도 결코 폭력이라고는 불리지 않습니다. 그러나 경찰에 대 하여 신변을 지키거나, 차를 소각시키거나 나무를 잘라 넘어뜨리 거나 하는 학생들의 행동은 매우 간단히 폭력이라고 불립니다. 그 것은 기성사회로 인해서 무기로 이용되고 있는 정치언어학의 전형 적인 예입니다. 프랑스에서는 불타고 있는 차 주변에서 사람들이 대소동을 벌이고는 있었으나, 조금도 동요하는 일은 없습니다. 그 보다 더 많은 자동차가 매일 노상에서 파괴되고 있으니까요. 프랑 스뿐만 아니라 그 밖에 어디에서도 마찬가지입니다. 교통사고에 따른 사상자의 수는 미국에서는 연간 5만 명입니다.

ㄴ 프랑스에서는 1만 3천 명부터 1만 4천 명 사이입니다.

**마르쿠제** 그러나 그러한 것은 일체 무시해 버립니다. 그러면 서도 자동차가 소각되면 가공할 일이라 생각하고 재산에 대한 최대 의 범죄라고 간주됩니다. 교통사고 같은 문제는 전혀 관심을 두지 않아요.

ㄴ 그런 현상을 어떻게 설명하시겠습니까?

**마르쿠제** 자동차사고 쪽은 생산공장에서의 기능에 영향이 있기 때문입니다. 그것은 사회에 있어 이용가치가 있습니다.

ㄴ 그렇지만, 사람들은 서로 살상(殺傷)해서 거기에서 이익을 끌 어내고 있는 것은 아닙니다. 선생님은 어찌하여 사회를 구성하고 있는 사람들로부터 사회 그 자체를 분리하십니까? 사회란 몰래 모 여 '사람들이 노상에서 서로 살상하여 많은 차가 팔리도록 반드시

대책을 강구하자' 등등을 의논하고 있는 인간의 집단은 아닙니다. 사회란 모든 사람들을 두고 하는 말이며, 모든 사람들의 동의 위에 성립되고 있지요. 선생님은 선생님 자신이 차를 가지고 그것을 몰며…….

**마르쿠제**  그러나 그것에는 그럴 만한 이유가 있습니다. 이 사회는 현단계로서는 생존을 위한 일상의 투쟁에서 끊임없이 생기는 욕구불만을 무리하게 억누르기 때문에, 우리들의 공격 본능을 별개의 형태에서 충분히 발산시키지 않으면 안 되기 때문입니다. 하루 8시간 공장에서 일하고, 비인간적이며 지각(知覺)을 잃게 하는 노동을 하고 있는 서민이 주말에 자기보다 훨씬 힘센 큰 기계, 즉 차의 좌석에 앉아 있으면, 사람은 그렇게 하지 않으면 사회로 돌려지는 자신의 공격성을 모조리 발산시킬 수가 없는 셈입니다. 더욱이 그것은 절대로 필요합니다. 이렇게 해서 공격성을 스피드와 자동차의 에너지에로 승화시키지 않으면, 이 공격성은 지배적인 권력 쪽으로 향하게 됩니다.

ㄴ  이러한 공격성이 있기 때문에 주말의 교통혼란은 아랑곳없이 차가 질주하는 것이군요.

**마르쿠제**  그렇게 간단히 단정할 수는 없습니다. 반항의 봉화(烽火)를 올리고, '우리들은 독일계 유태인과 같다', 즉 피억압자라는 의식으로 외치고 있는 쪽은 학생들 뿐이니까요.

ㄴ  이 확산된 억압이 학생들에게 한층 뚜렷하게 감지(感知)되어 그들에 의해서 공식화되는 것은 무슨 이유라고 생각하십니까? 적어도 공업화된 여러 나라에서 동요되고 있는 것처럼 보이는 혁명의 불길이 그들의 손으로 옮겨가는 이유는 무엇일까요?

**마르쿠제**  그것은 그들이 체제(體制) 속에 편성되어 있지 않기 때문입니다. 이것은 대단히 흥미깊은 하나의 문제점입니다. 이를테면, 미국에서는 한편에 있어서는 사회과학·인문과학의 학생들과

92

교수들, 다른 한편에 있어서는 자연과학의 무리들이 있는데, 이 양자의 사이에는 큰 행동의 차이가 있습니다. 다수파는 전자(前者)입니다. 프랑스에서는 사태(事態)는 같지 않다고 생각하는데요.

ㄴ 그런 일은 없습니다.

**마르쿠제** 사회과학, 인문과학을 공부하고 있는 사이에 그들은 많은 점을 배웠습니다. 권력이나 지배의 성질, 여러 사상(事象)의 배후에 있는 폭력의 존재 등에 대해서 말입니다. 그들은 또 갖가지의 사회에서 무엇이 행해지고 있는가를 자유로운 입장에서 깨달았습니다. 이와 같은 자각(自覺)은 대다수의 민중에게는 전혀 불가능한 일로, 그들은 말하자면 사회적인 기구의 내부에 있는 셈입니다. 학생들은 희망만 한다면 프랑스 대혁명 이전의 인텔리겐차들 속의 전문가와 같은 역할을 할 수 있습니다.

ㄴ 선생님은 토크빌[13]이 1789년의 혁명에 있어서의 작가들의 역할을 고발한 것을 알고 있겠지요. 그들이 바로 정치생활의 울타리 밖에 있고 정치생활의 경험도 없는데, 제멋대로의 혁명의 도식(圖式)을 만들어냈기 때문입니다.

**마르쿠제** 그것은 또한 크게 나온 거지요. 나는 토크빌에게 대답하겠습니다. 학생들이나 지식인들이 선두에 선 것은, 바로 그들이 오늘날 정치라고 불리는 것에 대한 경험이 없기 때문이라고 나는 말하고 싶습니다. 오늘날에는 정치경험이란 부정한 수단을 쓰고, 그리고 동시에 피비린내나는 유희의 경험에 불과합니다.

ㄴ 정치는 언제나 국왕들이나 국가원수들이 피차간에 연출한 피비린내나는 유희였습니다. 민중들은 그 게임에 개입할 수 있다고 하는 환상(幻想)을 품게 하고 있는 것으로, 그 점이 가짜라고 말씀하고 싶으신 거지요.

---

13) Tocqueville, Alexis Charles Henri Clerelde (1805~1859) : 프랑스의 정치가 · 역사가.

**마르쿠제**  그렇습니다. 누가 진실로 정치에 참여하고 있습니까? 누가 개입하고 있습니까? 결정은 그것이 중대할 때에는 항상 매우 소수자들의 결정입니다. 베트남 전쟁을 예로 들어봅시다. 누가 그 결정에 참여하였습니까. 나보고 말하라면 10명 정도의 무리들입니다. 결정이 내려진 뒤에 국민의 지지를 간청하게 되고, 그리고 그 지지를 얻게 되는데, 베트남의 경우에는 의회는 그 결정마저 할 수가 없었습니다. 여하튼 민중은 그 결정에 참여하고 있지 않습니다. 우리들도 참여하고 있지 않습니다. 다만 이의적(二義的)인 결정에 참여하고 있을 뿐입니다. 만약 내일이라도 미국 정부가 그 전쟁을 그만둔다면 —— 미국 정부인들 언젠가는 그것은 중단하지 않을 수 없을 테니까 —— 그것은 그 나름대로 여론에 따라 그렇게 되는 게 아닐까요. 여론에 의한 저항에 대해서는 어떻게 생각하십니까?

**마르쿠제**  틀림없이 그대로라고 생각합니다만, 그럼 도대체 그 여론은 누가 만들었습니까?

ㄴ  미국의 텔레비전이겠지요.

**마르쿠제**  그게 아닙니다. 터무니없는 말입니다. 그것은 우선 학생들입니다. 그 반항은 각지의 대학에서 시작되었습니다.

ㄴ  선생님은 그 반항이 힘을 갖지 않는 범위에서 묵인되고 있다는 글을 쓰셨는데, 이야기에는 좀 모순이 있는 것 같군요.

**마르쿠제**  그러한 반항은 미국에 있어서의 정치의 방향을 바꾸는 힘을 다분히 갖게 되겠지요. 그러나 체제(體制) 그 자체를 바꾸지는 못할 것입니다. 사회의 구조는 언제까지나 변하지 않는다고 생각합니다.

ㄴ  폭력에 오염되어 있는 이 사회를 파괴하려고 시도하기 위해서는 그 폭력에 대항하는 별도의 폭력이 합리적이기도 하고 바람직하다고 당신은 생각하고 있습니다. 그렇다면 평화리에 민주주의

의 테두리 속에서 억압이 없는 더욱 자유로운 사회로의 진출은 불
가능하다고 판단하고 있는 셈이군요.

마르쿠제  학생들도 이렇게 말했습니다. '혁명은 언제나 그 싸
움의 상대인 폭력 이상으로 폭력적이다' 라고. 나는 그들이 말한
그대로라고 생각합니다.

L  그러나 그래도 선생님은 《에로스와 문명》 속에서 당신이 광
범위하게 언급하고 있는 프로이트의 판단에 반하여, 자유사회를
창조하는 일이 가능하다고 판단하고 있습니다. 그것은 주목할 만
한 낙천주의를 나타낸 말이 아닐까요?

마르쿠제  나는 인류의 역사 속에서 자유사회를 창조하기 위해
필요한 수단이 이제까지 존재한 일은 한 번도 없었다고 믿고 있으
므로, 그것으로서 나는 낙천주의자입니다. 그러나 나는 기성사회,
특히 자본주의 사회가 그 전체에 있어서 이러한 가능성에 적대하
도록 조직되고 동원되고 있다고 믿고 있으므로, 또한 염세주의자
이기도 합니다.

L  아마 인간이 그와 같은 자유를 두려워하고 있는 까닭이 아닐
까요?

마르쿠제  확실히 많은 사람들이 그러한 자유를 두려워하고 있
습니다. 그들이 그것을 두려워하게끔 조건지워져 있습니다. 그들
은 피차간에 말을 주고받고 있습니다. 이를테면 1주일에 5시간만
일하면 충분하다고 하면, 이 자유를 인간은 대체 어떻게 취급할까
하고 말입니다.

L  그것은 자본주의와는 관계없는 조건부인데요. 전유태=그리스
도교 문명은 노동에 기초를 두고 있으며, 그 문명은 노동의 소산
이니까요.

마르쿠제  그것은 진실이면서도 또한 진실이 아닙니다. 봉건사
회를 보십시오. 그것은 틀림없이 기독교 사회인데, 거기에서는 반

대로 노동은 가치가 아니었습니다.

ㄴ 노예와 하층민들이 있었기 때문이지요. 그것은 봉건영주들에게는 대단히 편리했습니다.

마르쿠제 노예는 있었지만 가치의 체계가 전혀 달랐습니다. 문화는 그 체계(體系) 속에서 창조되었습니다. 부르주아 문화는 없습니다. 진정한 부르주아 문화란 모두 반(反)부르주아지입니다.

ㄴ 요컨대 노예 대신에 기계를 가지고 봉건사회로 되돌아가지 않으면 안 될까요?

마르쿠제 노예 대신에 기계를 갖지 않으면 안 되지만, 봉건제도로 돌아가지 않습니다. 내가 이상으로 삼는 사회에서는 노동은 종식되고, 동시에 자본주의도 종말을 고하게 됩니다. 마르크스는 다음과 같은 유명한 구절에서 그 점을 이해하고 있었습니다. 즉, 기술적인 진보, 오토메이션과 더불어 인간은 생산수단에서 분리되고 물적 생산에서 해방되어, 다만 자유로운 주체로서 행동하게 되며, 그 뒤는 기계의 물적인 생산력의 향상을 기할 뿐이라고 그는 말하고 있습니다. 그것은 동시에 교환가치(交換價値)에 기초를 두는 경제의 종언(終焉)이 되겠지요. 생산물은 이미 상품으로서 한푼의 가치도 없게 되므로 상품이란 현대 사회에 달라붙어 떨어지지 않는 괴물입니다.

ㄴ 노동과 노력을 억압적인 가치로 보고 있습니까?

마르쿠제 그것들이 지향하는 대상에 따라 다릅니다. 노력은 그 자체가 억압적인 것은 아닙니다. 예술과 창조적 행동, 그리고 연애에 있어서의 노력 등은…….

ㄴ 강제가 없이도 노동이 이루어집니까?

마르쿠제 물론입니다. 강제당하지 않는 한 나는 노동도 합니다.

ㄴ 당신은 스스로를 자유인이라고 생각하십니까?

마르쿠제 나 말입니까? 나는 이 사회에서는 어느 누구도 자유로운 사람은 한 사람도 없다고 생각합니다.

　ㄴ 정신분석을 하신 일이 있습니까?

　마르쿠제　한 번도 없습니다. 나에게 그것이 필요하다고 생긱하십니까?

　ㄴ 필요할지도 모릅니다. 그러나 그것이 문제가 되지는 않습니다. 이상하게 생각되는 것은 선생님이 선생님의 개인적 자유를 행사할 때에, 선생님 자신이 봉착하는 구속은 일체 외면하고, 문명 사회의 피할 길 없는 억압적인 성격에 관한 고찰과 프로이트의 작품에 아주 오랫동안 노력을 기울여온 점입니다.

　마르쿠제　나는 이론면에서만 프로이트를 논했습니다. 치료면에서는 논하지 않았습니다.

　ㄴ 선생님이 유럽 문명을 전혀 믿으려 하지 않음은 미국 문명의 적극적인 측면, 즉 선생님이 인간해방에 있어서 가장 기본적이라고 말씀하시고 있는 기술적 발전을 유럽이 자기것으로 하면서도, 그런 주제에 미국 문명에 대한 반동(反動)으로서 그들 고유의 가치를 창조하고 있기 때문입니까?

　마르쿠제　오늘날 유럽 문명에 대한 것은 거의 불가능합니다. 분명히 서구 문명에 대한 것조차 불가능합니다. 동양 문명과 서구 문명은 동화(同化)의 도(度)를 부단히 증대시키고 있다고 나는 생각합니다. 그리고 오늘의 유럽 문명은 이미 많은 미국 문명을 흡수했습니다. 여기 미국의 영향으로부터 이탈된 유럽 문명을 상상하는 일은 불가능하다고 생각합니다. 아마 지적문화(知的文化)의 매우 고립된 약간의 영역, 이를테면 시가(詩歌) 등을 제외하고는…….

　ㄴ 그러면 선생님은 유럽 문명이 이미 소멸되어 버렸다고 믿고 있는 셈이군요. 나아가서는 우리들이 미국인이 되어버렸다고요.

　마르쿠제　소멸했다고 말해서는 안 됩니다. 변모하는 거죠. 인류의 복지를 위해서 미국 문명의 가능성을 활용할 수 있는 셈입니다. 일상생활을 용이하게 하고 그것을 더욱 경쾌하게 하는 모든 것은 이용하지 않으면 안 됩니다. 그러니까 오늘이라도 당장 대기오염을 피할 수가 있겠지요. 여러 가지 수단이 있죠.

　L　예술이란 원래 거부(拒否)이며 이의신청(異議申請)이라고 보는데, 당신은 자신이 꿈꾸고 있는 자유사회(自由社會)에 있어서 예술에 어떠한 역할을 부여하고 있습니까?

　마르쿠제　나는 예언자(豫言者)는 아닙니다. 그러나 '풍요한 사회'에서는 예술이란 흥미 깊은 하나의 현상입니다. 한편으로 그것은 기성사회를 거부하고 불평합니다. 다른 한편으론 그것은 시장에 공급되어 판매됩니다. 오늘날에는 그것이 아무리 전위적(前衛的)이라 하더라도, 매매되지 않는 예술양식 등은 단 하나도 없었습니다. 그 점은 적어도 예술의 기능이 애매함을 뜻합니다. 예술의 종언(終焉)이라는 말을 하셨습니다. 그리고 실제로 예술가들 사이에도, 예술은 오늘날 아무런 기능도 발휘하고 있지 않다고 하는 의견이 있습니다. 미술관, 연주회, 부잣집의 응접실을 장식하는 액자, 그림 등이 있는데, 예술은 이미 원래의 기능을 발휘하지 못하고 있습니다. 그러나 예술은 현실의 본질적인 일부분이 되고자 하며, 현실을 변혁코자 하고 있습니다. 이를테면, 반항하는 학생들에 의해서 벽에 그려질 그림을 보십시오. 그것은 내겐 분명히 저 5월의 가장 흥미진진한 광경이었습니다. 바로 마르크스와 앙드레 브르통[14]의 합체(合體)입니다. 권력에 대하여 상상력을 작용시키는 것은 모름지기 혁명적입니다. 상상력이 가장 진전한 이념과 가치를 현실에 번안(飜案)하려고 하는 것은 새로운 혁명적인 일입니다. 그것은 사람들이 중요한 무언가를 배웠음을 증명하며, 더욱

---

14) Andre Breton (1896~1966) : 프랑스의 시인. 초현실주의 운동의 주창자.

이 진실은 비단 합리성 속에 있을 뿐 아니라, 공상적인 것 속에도 더욱 분명히 보다 많이 존재함을 증명하고 있습니다.

ㄴ 공상적인 것은 인간의 자유가 항상 완벽하며 여하한 것도 그것을 억제하는 데 성공하지 못했던 유일한 토양입니다. 몽상(夢想)이 그것을 증언하고 있습니다.

**마르쿠제** 그렇습니다. 때문에 나는 학생들의 반역(反逆)은 그 직접적인 결과가 무엇이든, 현대사회의 발전 속에서는 참된 전환점이라고 생각합니다.

ㄴ 그들이 가공성(架空性)을 현실 속에 끼워넣기 때문입니까?

**마르쿠제** 그렇습니다. 내가 매우 좋아하는 벽의 낙서가 하나 있었습니다. '현실주의자라 할지라도 불가능한 일을 구하라' 라는. 또 다음과 같은 낙서도 있습니다. '주의하시오, 벽에 귀가 있소.' 그것은 현실주의자의 것입니다.

ㄴ 선생님은 독일로 되돌아가고 싶은 생각은 없습니까?

**마르쿠제** 그럴 생각은 없습니다. 내가 귀국하는 건 거기서 강연을 하기 위해서뿐입니다. 그러나 나는 독일의 학생들을 대단히 사랑하고 있습니다. 그들은 멋이 있지요.

ㄴ 그들은 노동자계급과의 접촉을 찾아내는 데에 다른 나라들의 학생들보다도 성공하였습니까?

**마르쿠제** 그렇지는 못합니다. 그들의 노동자계급과의 협력은 한층 더 불안했습니다.

ㄴ 미국에서 선생님이 쿠 쿠럭스 클랜으로부터 몇 번 협박을 받았다는데 정말입니까?

**마르쿠제** 협박장에는 쿠 쿠럭스 클랜이라고 서명되어 있었으나, 나는 그들의 술책이라고는 믿지 않습니다.

ㄴ 이들의 협박의 결과, 당신이 자택에서 나왔다는 사실은?

**마르쿠제** 사실입니다. 공포상태를 조성하지는 않았으나 나는 일단 자택을 나왔었지요. 솔직히 말해서, 나는 특별히 무섭지는 않았습니다. 나의 학생들이 와서 나를 지키기 위해 자기네들의 차로 집을 둘러쌌습니다. 위험이 임박해 있다는 그들의 생각은 어떤 의미에서는 옳았습니다.

ㄴ 현재 선생님은 갑자기 각광(脚光)을 받아 유명하게 되었는데, 미국에 있어서의 선생님의 생활은 앞으로도 계속될 수 있다고 생각하십니까?

마르쿠제 전혀 확신은 없습니다. 대학에서는 만사가 순조롭습니다. 그러나 대학이라는 곳은 언제나 오아시스인걸요.

ㄴ 현실에서 본 미국의 대학은 예컨대 프랑스의 대학의 모델이 될 수 있다고 생각하십니까?

마르쿠제 미국의 대학이라고 한마디로 말하자면, 여러 가지로 구별을 하지 않으면 안 됩니다. 대규모의 대학은 언제라도 자유로운 사상과, 꽤 확고한 교육에 있어서의 안주(安住)의 땅입니다. 이를테면 내가 있는 대학, 샌디에이고의 캘리포니아 대학 등이 그렇습니다. 거기는 분명히 미국에서는 가장 반동적인 지역으로, 큰 군사기지가 있으며 이른바 방위산업(防衛産業)의 중심지이며 퇴역한 대령과 장군들이 몇 사람 있습니다. 나는 대학이나 행정당국이나 나의 동료들과 아무런 분규도 일으키지 않고 있습니다. 그러나 지역사회와 시(市)의 선량한 부르주아 등이 사는 곳에서는 여러 가지로 성가신 문제가 제기되고 있습니다. 학생들과는 아무런 문제도 없습니다. 교수와 학생과의 관계는 그곳이나 독일보다도 훨씬 긴밀하다고 나는 생각합니다.

ㄴ 제도면에서는 어떻습니까?

마르쿠제 그 의미에서는 당신도 아시다시피 미국엔 참으로 평등주의(平等主義)의 전통이 있습니다. 유럽에서 볼 수 있는 교수의 그러한 후광(後光) 등은 없습니다. 그것에 대치되는 점은 미국류

100

(流)의 물질주의입니다. 교수는 연구하여 여러 가지의 사항을 터득하며, 그리고 그것들을 가르치는 봉급생활자입니다. 그것은 아버지에게도 비길 만한 신비적인 인물은 결코 아닙니다. 그러한 일은 전혀 없습니다. 또 그의 정치적인 입장은 대학 내에서의 위계제(位階制)에 있어서의 그의 지위에 따라 정해집니다. 종신(終身)의 지위에 이르면 추방하는 일은 실제로 불가능하게 됩니다. 나는 어느 편인가 하면, 나의 지위는 불안정한 편입니다. 그리고 나는 대학에 있어서의 나의 지위를 확보할 수 있는가, 없는가를 아는 일에 매우 관심을 가지고 있습니다.

ㄴ 선생님의 말은 매우 의미가 있습니다. 표현의 자유가 이미 미국에 존재하지 않는다면, 그것은 어디에도 이미 존재하지 않을 겁니다. 어쩌면 영국에는 존재할는지는 몰라도.

마르쿠제 그렇습니다. 영국은 아마 자유로운 최후의 나라의 하나로서 남겠지요. 획일주의를 좋아하지 않는 지식인들에게는 대중의 민주주의는 바람직하지 않지요.

ㄴ 우리는 그러한 획일주의적인 상태에 도달하고 있습니다. 선생님은 종종 엘리트들에 의한 플라톤적 독재(獨裁)[15]를 수립하고 싶어한다고 비난을 받았는데, 그것은 정당한가요?

마르쿠제 존 스튜어트 밀[16]의 저서 속에 대단히 흥미깊은 문구가 있습니다. 물론 그것은 정확하게는, 독재제도를 대변하고 있지는 않지만, 그는 문명사회에 있어서는 교육을 받지 않는 대중의 감정, 태도, 개념과 싸우기 위해서 교육을 받은 사람들이 특권을 가질 필요가 있다고 말하고 있습니다. 나는 플라톤적인 독재제(獨裁制)를 확립하지 않으면 안 된다는 따위의 말을 한 적은 한 번도

15) 플라톤 사상의 한 측면으로서 알려져 있는 철학자의 통치를 요구하는 이상국가의 구상.

16) John Stuart Mill (1806~1873) : 영국의 철학자·경제학자.

없습니다. 그런 일을 할 수 있는 철학자는 한 사람도 없습니다. 그러나 마음속에서 생각하고 있는 점을 말씀드린다면, 정치가나 경영자나 장군들의 독재, 혹은 또한 지식인들의 독재가 있겠지만, 일괄해서 이 이상 나쁜 점을 나는 모릅니다. 그러나 결국, 자유롭고 진정한 민주주의를 택할 수 없는 상태에서 선택이 허용된다고 한다면, 나는 지식인들의 독재 쪽이 아직도 좋다고 생각합니다. 그러나 불행히도 이와 같은 선택의 가능성은 현재로서는 없습니다.

ㄴ 우선 지식인들의 독재가 확립되지 않으면 안 되며, 이렇게 해서 대중을 교육시키고 개혁한다. 그 후에 먼 장래에 있어서 인간들이 변하고 민주주의와 자유가 지배하게 된다, 이런 안배(按配)로 되는지요?

마르쿠제 실은 독재가 아닙니다. 그러나 지식인의 역할이 더욱 중요해진다는 점은 사실입니다. 지식인들에 대하여 품고 있는 노동운동측의 원한이 오늘날 그와 같은 움직임이 저지되고 있는 이유의 하나가 되고 있다고 나는 생각합니다.

ㄴ 지식인들은 행동을 두려워하는 나머지 종종 잔혹해지는 점에서 본다면 지식인들의 독재란 꽤 불안한 거지요.

마르쿠제 정말로 그렇습니까? 역사상 유일하고 잔혹한 지식인의 예는 로베스피에르[17] 뿐이지요.

ㄴ 생 쥬스트[18]는?

마르쿠제 로베스피에르와 생 쥬스트의 잔혹함은 이를테면 아이히만[19]의 잔인성이나 관료기구화된 폭력과 비교하지 않으면 안 됩

---

17) Robespierre, Isidore de (1758 ~ 1794) : 프랑스 혁명기의 급진 정치가.

18) Saint-Just, Louis Antoine Leon de (1767~ 1794) : 프랑스 혁명기의 정치가.

19) Eichmann, Adolf (1906~1962) : 나치스의 친위대 대령. 2차대전 중 수백만 명의 유대인을 학살한 혐의로 이스라엘 비밀 경찰에 의해 체포되어, 1961년 12월 교수형을 선고받고 사형당함.

니다. 또 근대사회의 제도화된 폭력과도 비교해야 합니다. 나치스의 잔인성은 행정기술로서의 잔인성입니다. 지식인들에게는 그러한 면은 없습니다. 지식인들의 잔인성과 폭력은 항상 보다 직접적이며 보다 짧고 잔인성의 밀도가 보다 적습니다. 로베스피에르는 사람을 고문하지는 않았습니다. 고문은 프랑스 혁명의 본질적 국면의 하나는 아닙니다.

L 선생님은 지식인들에 정통하고 있습니다. 그들은 현실과 접촉하고 있지 않거나 혹은 거의 접촉하고 있지 않습니다. 선생님은 그들의 직접통치하에서 기능을 발휘하는 사회라는 점을 상상하고 있습니까? 이를테면 열차를 정각에 발차시킨다고 하는 문제에 대하여 어떻게 대처할까요. 혹은 또한 생산을 조직화한다는 문제에 대하여.

마르쿠제 당신이 말하는 현실이라는 언어가 현재 존재하고 있는 현실이라는 의미라면 말씀하는 그대로입니다. 그러나 지식인들에 있어서 현실과 기존의 현실과는 같지 않으며, 또 같아서는 안 됩니다. 진짜 지식인들의 상상력과 합리성으로부터는 많은 무엇을 기대할 수가 있습니다. 그런데 지식인들에 의한 독재란 여러 모로 선전은 되어도 이제까지 한 번도 존재한 일이 없습니다. 단 한 번도.

L 분명히 지식인이란 본질적으로는 개인주의자이기 때문이지요. 레닌은 그 점에 대해서도 언급하고 있습니다. 그런데 선생님은 어떤 독재를 좋아하십니까? 이를테면 러시아의 경우처럼 직접적으로 행사되는 것입니까, 그렇지 않으면 민주주의의 가면을 차용하는 그런 독재입니까?

마르쿠제 발전의 여러 경향에서 조성되는 일정한 상황을 고립시키지 않는 점이 절대로 필요합니다. 인간의 진보를 돕고 진정한 민주주의, 진정한 자유의 방향으로 인도할 수가 있는 사회적인 억압이 있습니다. 그것과는 반대의 일을 하는 억압도 있습니다. 나는 늘 말해왔지만 스탈린적 억압, 공산주의의 억압적 정치는 완전히 배격합니다. 그러나 공산주의제국의 사회주의적인 기초에는 진정한 의미에서의 자유주의화와, 최후에는 자유사회로 향하는 발전의 가능성이 있음을 시인하는데 주저하지는 않습니다.

ㄴ 문제는 목적에 대해서 너무 회의적이 되지 않는다는…….

**마르쿠제**  나는 두 가지 경우의 목적에 매우 회의적입니다.

ㄴ 선생님은 신(神)의 존재만 믿으면 인간은 자유롭게 될 수 있다고 생각하십니까?

**마르쿠제**  인간의 해방은 신이나 신의 부재(不在)와 관계가 없습니다. 인간해방의 장애물은 신의 이념이 아니고 신의 이념의 사용방식이었습니다.

ㄴ 그러나 왜 그런 사용방식을 썼을까요?

**마르쿠제**  처음부터 종교는 사회의 지도층과 결부되어 있었습니다. 기독교의 경우에는 처음부터 직접적은 아니지만, 그래도 꽤 일찍부터 그렇게 되어 있습니다.

ㄴ 요컨대, 사회의 지도층의 일부가 되지 않고서는 아무 일도 못하는지요. 그것이 선생님의 담화(談話)의 시니컬한 형식에 끄집어낼 수 있는 애석한 결론입니다. 나머지의 일체는 많건 적건 실패할 수밖에 없는 모험이라고 말씀하시는군요. 분명히 모험 쪽을 좋아할 것이고 그것을 필요로 할 것이며, 나아가서는 게바라가 되거나, 파리 또는 베를린에 있다고 몽상(夢想)조차 할 수 있습니다.

**마르쿠제**  게바라의 경우는 모험이 아니었습니다. 그것은 모험과 혁명적인 정치와의 동맹(同盟)이었지요. 만일 혁명에 모험주의의 요소가 내포돼 있지 않다면, 혁명 같은 건 한푼의 가치도 없습니다. 단지 조직, 즉 '프랑스노동총동맹(CGT)' 등의 노동조합, 사회민주주의, 에스태블리시먼트[기성체제] 같은 모험이란 언제나 그것들을 넘어서…….

ㄴ  선생님이 모험주의라고 일컫는 말을 다른 사람들은 로맨티시
즘이라고 부르고 있습니다만……..

**마르쿠제**  좋을 대로 부르십시오. 모험이란 주어진 현실의 피안
(彼岸)에의 초월성입니다. 주어진 현실의 테두리 안에 혁명을 가두
어두기를 이미 바라지 않는 사람들, 그러한 사람들의 행동을 모험
주의든 로맨티시즘이든 또 상상력이든, 마음내키는 대로 불러주십
시오. 그러나 그것은 어떠한 혁명에도 필요한 요소입니다.

ㄴ  물론이죠. 그러나 혁명을 일으키고자 생각하고 있는 나라들
의 상황의 구체적인 분석도 또한 완전히 무시할 수 있는 요소는
아니라고 생각합니다만. 물론 다만 몽상할 뿐만 아니라, 기필코
그것을 성공시키신다는 조건에 있어서이지요. 그리고 문제가 또
있습니다. 선생님은 쓰라리고 또 불쾌감을 느끼는 압제(壓制)로서,
현대사회가 우리들에게 부과하고 있는 고독과 침묵의 박탈을 고발
했더군요. 그것은 집단주의적 사회에도 마찬가지로 고유의 재난이
아닐까요?

**마르쿠제**  우선 집단주의적 사회라고 하는 개념을 포기하지 않
으면 안 됩니다. 많은 타입의 집단화(集團化)가 있습니다. 진정한
인간적 연대(連帶)에 기초를 둔 집단주의가 있습니다. 인간들에게
강제하는 독재적인 제도에 기초를 둔 집단주의도 있습니다. 자치
(自治)와 침묵과 고독의 파괴는 이른바 집단주의적 사회에 있어서
와 전혀 마찬가지로, 이른바 자유사회에서도 야기됩니다. 결정적
인 문제는 개인에게 부과되는 속박이 대중의 지배와 대중의 교육
에 대한 이해의 면에서, 즉 인간의 진보에 관한 이해의 면에서 부
과되는가 그렇지 않은가를 아는 일입니다.

ㄴ  진보주의자들의 반응이 어느 정도인가를 알게 되면 흥미진진
하겠지요. 설사 미소를 띠고 그러한 반응에 견디기만 하는 일이라
도 용서하세요. 우리들은 곧잘 서로 농담을 주고받으니까요.

　마르쿠제　나도 마찬가지입니다. 자유사회인 이상 침묵도 허용
되지 않으면 안 되며, 거기에 있어서 개인의 자유가 발전할 수 있
는 내적 및 외적인 공간도 필요하게 됩니다. 사회주의 사회에 개
인적 생활도 자치도 침묵도 없다고 한다면 좋겠습니까. 그 이유는
간단합니다. 그것은 사회주의사회에서는 없기 때문입니다. 또 그
렇게 되어 있지 않기 때문입니다.


대담자 약력


1898년 베를린에서 태어남. 그 곳에서 초등교육을 받고 1918년 사민당(社民
　　　黨)의 멤버가 되었는데, 카알 리푸크네히트와 로자 룩셈부르크의 살
　　　해 후 베를린을 떠남.
1927년 잡지《게젤샤프트》의 편집자가 됨. 다시 프라이부르크 임 브라이스
　　　가우대학에서 학업을 마치고, 동 대학에서 마르틴 하이데거의 지도
　　　하에 철학박사 논문《헤겔의 존재론과 사실성(史實性) 이론의 기초》
　　　를 제출함. 다시 당시의 테오도르 아도르노와 더불어 종교와 권위에
　　　대한 일련의 연구를 꾀하고, 이 협력은 장기에 걸쳐 지속되었음.
1933년 나치스가 권력을 탈취하자 스위스로 망명, 한때 아도르노와 잡지
　　　《사회연구》지를 주재함. 파리에 일시 체재한 후 미국으로 망명하였
　　　음, 전시중 전략정보부(OSS)를 위해 일함
1950년~1952년 컬럼비아대학 '러시아 연구소'의 사회학 강사로 출강.
1952년~1954년 특별연구원이 됨.
1954년~1965년 보스턴의 브란디즈 대학에서 정치학을 가르침. 이후 샌디
　　　에이고의 캘리포니아 대학 교수로 있다가 1978년에 사망.
주요저서:《이성(理性)과 혁명》,《삶과 죽음의 충동》,《문화와 사회》,《일
　　　차원적 인간》,《반혁명과 반란》등이 있다.

일렉트로닉스 문명의 예언자

# 마샬 맥루한

Marshall McLuhan

마샬 맥루한은 캐나다인으로 가톨릭 신자이며 대학교수이자 한 집안의 가장이기도 하다. 그는 또한 참신한 사고력으로 예리하게 사람의 의표(意表)를 꿰뚫는 인물이기도 하며, 지식인 사이에서는 항상 논의의 대상이 되고 있다.

1967년 당시, 유럽에서 아직 무명(無名)의 존재였던 그는, 동시에 미국에서도 거의 그 이름이 알려져 있지 않았다. 그러던 그가 오늘날에는 일렉트로닉스 문명의 예언자로 불리고 있다.

'맥루하니즘'은, 온갖 전달수단은 그 전달하는 메시지와는 별도로, 그 자체의 힘에 의해서 인간을 변혁한다는 사상에 기초하고 있다. 라디오 · 텔레비전 · 영화의 발달은 우리의 여러 감각의 활용과 구조에 혁명을 일으키고 있으며, 우리들은 곧 이 시청각적 환경에 의해서 완전히 규정되는 지경까지 이르고 있다.

렉스프레스  프랑스에서는 맥루한이라는 이름이 종종 미국 제국주의와 동의어(同義語)로 쓰여지고 있는 것을 아십니까?

맥루한  누가 그런 소리를 하고 있습니까?

L  좌익(左翼)의 지식인들입니다.

맥루한  맥루한=자본주의라는 방정식은 범주(範疇)로서는 쓸모가 없습니다. 나의 20세기 관점이 그들의 관점과 다르다는 의미에서 그들이 그렇게 말하고 있다면, 확실히 나는 그들과는 반대 입장을 취하고 있습니다. 나는 공산주의가 무서우리만큼 암담하다는 것과, 그 주장은 이미 오래 전에 유행에 뒤진 것이라는 이 두 가지 점을 제외한다면, 아무것도 반대하지 않습니다. 우리들 사회에는 이미 사회 계급은 없습니다. 그러한 것은 이미 존재하지 않습니다. 순간적 속도 같은 것을 문제삼는다면 사회 계급 따위는 없어져버립니다. 즉, 계급 제도(階級制度)는 사물이 있어야 할 곳에 있다는 사상에 의존합니다. 이 사상은 좋아하고 싫어하는 것과는 관계없이, 하나의 진실입니다. 마르크스주의자는 머리가 둔한걸요. 그들은 많은 사람들에게 감정적으로 안전판(安全瓣)을 가져다 주기는 하지만 무슨 일에 있어서도 아주 사소한 이해조차 하려 하지 않습니다. 나에게 있어서 흥미있는 점은 진정한 혁신입니다. 그리고 단지 그와 같은 혁신의 효과입니다. 나는 어떤 일이 이루어졌을 때, 우선 거기에서 무엇이 일어나고 있는가를 연구합니다. 대부분의 사람들은 아이들이 텔레비전에서 방영되는 테러행위를 시청하면, 아이들이 어떤 영향을 받을까 하고 생각하게 됩니다.

나는 그런 면엔 전혀 주의를 기울이지 않습니다. 내 연구의 대상은, 사람들이 왜 폭력을 필요로 하느냐 하는 것이며, 이 텔레비전의 프로그램과는 관계없는 일입니다. 나는 사물을 결과에서 원인으로 소급하면서 연구합니다. 우리들이 보통 하는 것처럼 원인에서 결과로 나아가지 않습니다. 마치 나는 '되감기' 수법으로 연구합니다.

L 우리들의 지적 습관의 반대방향으로 가는 셈이군요. 왜 그런 방식을 씁니까?

맥루한 한 과정(過程)의 감는 방식을 거꾸로 해 보면, 그 구조와 도식(圖式)이 명백해지기 때문입니다. 그러나 프로그램의 방송이나 수신(受信)을 연구해 본들, 송신측의 메시지나 시청자측에 주는 영향의 도식은 나오지 않습니다. 이런 방식을 내게 가르쳐준 매체는 광고입니다.

당연한 일이면서도 광고업계에서는 먼저 선전문구의 작성부터 시작하지 않고, 만들어내고 싶다고 생각하는 효과부터 연구하기 시작합니다. 원인은 결과를 찾아낸 다음에야 만들어지는 셈이죠. 이와 마찬가지로 경영문제를 해결하려고 할 때에도, 그 문제에 대해서 모르는 쪽부터 시작하고, 알고 있는 일부터 시작하지는 않습니다. 주위는 무지권(無知圈)입니다. 그것은 마치 물고기 주위에 있는 물과 같습니다. 그 물은 물고기가 일체 모르는 속에 있기 때문이죠. 상징파(象徵派)[1]는 일찍이 그것을 발견하였습니다. 그들은 시(詩)를 지으려면 시인이 기대하는 효과를 먼저 아는 데서부터 시작하지 않으면 안 된다고 말하였는데, 시인이 시어(詩語)를 선택하는 과정은 이렇게 해서 결정됩니다. 보들레르[2]에게 이 기법을 가르친 사람은 에드가 알렌 포우[3]입니다. 말라르메는 유행에 관한

1) 19세기 후반에 프랑스에서 일어나 전세계에 큰 영향을 끼친 예술운동.

잡지를 내고 있었지요. 작가들은 플로베르[4]와 같이 온갖 유행을 가장 통속적인 데에 이르기까지 조사하고 있었습니다. 내가 말하고자 하는 것은 나는 물고기가 무엇을 하는가를 연구하는게 아니라, 물고기의 환경, 물고기의 주위를 연구하는 데 불과하다는 것입니다.

L  그것은 바깥쪽에서라면 항상 보다 뚜렷이 보이기 때문이지요.

맥루한  .주위 환경은 언제나 눈에 들어오지 않기 때문입니다. 이를테면, 불어(佛語)는 당신이 그 속에 잠겨 있는 환경으로서, 당신 자신이 거기에 흠뻑 젖어 있기 때문에, 이 환경에 대해 많이 알지 못합니다. 그러나 영국인은 당신의 국어에 대하여 그 좋은 점을 당신 자신보다도 훨씬 많이 알고 있습니다. 왜냐 하면, 그는 당신이 말을 구사할 때 경이감을 느끼기 때문입니다. 그 영국인에게 있어서는 모든 게 플레이 백으로 리플레이(replay)에 속하는데 당신에게 있어서는 플레이(play)에 속하지요.

L  미디어(media)는 하나의 환경을 구성한다고 지적한 점은 선생님의 위대한 발견이지만, 선생님은 미디어를 어떻게 정의하십니까?

맥루한  행위(行爲)를 인위적으로 확대하는 것은 모두 미디어입니다. 이를테면 의복(衣服)은 확장, 확대입니다. 언어는 확대이며, 기억이라든가 코드화(化) 시스템을 수반하는 시간을 요하는 행위이며, 지각(知覺)을 포착하고, 그 지각에 길잡이를 부여하여 그것을 일정한 방향으로 인도하는 것입니다. 모든 표현 형식이 미디어입니다. 미디어의 내용이 바로 미디어의 사용자(使用者) 자체의 표현 양식을 드러낸다는 사실을 나는 최근에 알게 되었습니다. 프랑

2) Baudelaire, Charles (1821~1867) : 상징파가 대두하기 전 프랑스의 대표적 시인.

3) Poe, Edgar Allan (1809 ~ 1849) : 미국의 시인·작가.

4) Flaubert, Gustave (1821 ~ 1880) : 프랑스의 소설가.

스어를 말하는 사람이야말로 프랑스어의 내용이며, 텔레비전을 보는 사람이야말로 텔레비전의 내용입니다.

L 선생님의 착상은 대단히 흥미진진하지만, 매우 역설적이군요.

맥루한 뉴욕의 제너럴 일렉트릭사의 심리학자 허버트 클러브먼도 그렇게 생각하고 있었습니다. 그는 나의 생각을 신뢰하지 않았습니다. 그리고 그는 여러 가지 미디어의 내용이 중요한가 아닌가를 보기 위해 뇌파(腦波)를 이용했습니다. 그는 자기의 환자들을 실험재료로 써서 그들을 각종 미디어 밑에 두었습니다. 그리고 인쇄된 텍스트와 영화, 사진, 라디오, 텔레비전 등에 대한 뇌파 반응이 미디어의 종류가 바뀔 때마다 매우 중요한 변화를 나타낸다는 사실을 확인했습니다. 그러나 미디어가 보내는 프로그램의 종류와 반응과는 전혀 관계가 없었지요. 또 라디오의 소리가 크고 작은 것도 관계가 없었습니다. 뇌는 프로그램의 변화에는 전혀 반응하지 않았습니다. 뇌의 반응은 사용되는 미디어의 변화에 따라 변화한 데 불과했습니다. 클러브먼은 맥루한 이론을 반박할 수 있다고 생각하고 있었습니다. 그리고 그는 그 사실을 입증하기 위해서 많은 돈을 투자했습니다. 그런데 역설적으로, 내 이론이 백퍼센트 옳다는 사실을 최초로 증명하기에 이르렀습니다. 다만 '전파(傳播)의 매체인 미디어는 메시지'라고 내가 말할 때, 그것은 한 사회 전체에 미치는 그 미디어의 효과와 그 미디어가 세계 전체를 바꾸는 방식과 관련이 있습니다. 그렇기 때문에 메시지는 메시지의 개인적인 차원에서의 영향은 아닙니다.

L 특히 텔레비전에 국한했을 때, 사회에 대한 텔레비전의 효과는 무엇일까요?

맥루한 우리들은 보통 언어, 특히 대화에 의해서 눈에 보이는 세계에 대한 자기네들의 지각을 음성이나 구술형태(口述形態)로 번역하게 되는데, 텔레비전은 반대로 구술형태는 매우 단순하여 누구

에게도 알 수가 있습니다. 그러나 '제스처'의 덕택으로 그림자가
엷어지고 맙니다. 텔레비전이 출현한 이래, 젊은 사람들은 차츰 맥
락(脈絡)이 맞지 않는 말씨를 쓰게 되었습니다. 대체로 이런 상황
입니다. '나는 결국……그래……너……저놈과 같아서……나는
즉……' 텔레비전세대(世代)는 기껏 백 개 정도의 단어밖에 쓰지
않습니다. 이것이 텔레비전의 수많은 효과 중의 하나입니다.

  ㄴ   그렇군요. 그러나 그것은 정확하게는 텔레비전이 그들에게
보여주는 내용의 결과가 아닐까요?

  **맥루한**   아니오. 전혀 다릅니다. 당신이 텔레비전에서 영화 프
로를 틀면, 어떤 영화라도 상관없지만 그 영화는 시청자를 향해서
들러붙는 양 텔레비전을 통해서 옮겨지고 있는 것입니다. 영화관
에서는 당신은 스크린을 보는 것이지만, 텔레비전에서는 당신이
바로 스크린입니다. 광선이 브라운관을 통해서 당신 쪽으로 오기
때문이지요. 영화는 시각적이지만 텔레비전은 촉청각적(觸聽覺的)
입니다. 이것은 스테인드글라스의 효과에 비유할 수 있습니다. 당
신의 눈에 비치는 것은 스테인드글라스가 구성하는 화상(畫像)이
아니라, 그것을 꿰뚫고 오는 빛입니다. 혹은 빛이 당신을 향하여
돌진해오는 술라즈[5]의 회화(繪畵) 같은 것이라고 해도 좋겠지요.
다시 부연해서 말하자면, 우리들의 변화의 원인은 우리를 둘러싸
는 전기적(電氣的) 환경에 있습니다. 물에 뛰어들어 헤엄치기 시작
하면, 우리는 이미 아무런 조망(眺望)도 할 수 없고 완전히 주위의
환경에 둘러싸이고 맙니다. 전기적 환경이라도 역시 우리는 이미
조망도 못하고 목표도 없게 됩니다. 어디에라도 가고 싶다는 장소
에 언제나 이미 도달해 있기 때문이지요. 모든 것은 전신기(電信
機)와 더불어 시작되었습니다. 전신기를 전선(戰線)과 직결시킨 최

---

5) Soulages, Pierre (1919~ ) : 프랑스의 화가.

초의 인간은 에이브라함 링컨이며, 그것은 1870년의 일입니다. 그
당시 그는 미(美)합중국 대통령이며, 군대의 최고지휘관이었습니
다. 그가 전신으로 전선과 그를 결부시킨 것은 결정권이라는 점으
로 볼 때 혁명적이었습니다. 왜냐 하면, 국가 원수 스스로 소위
전투행위에 참가하고 있었기 때문이지요. 그는 전투에서 떠날 줄
모르고 시종 참가하여 치열한 싸움터 속에 있었던 것입니다. 오늘
날에는 당신이 도쿄(東京)에 전화를 걸면, 당신은 그곳에 있다고
할 수 있겠지요. 상대편은 이쪽에 있고 당신은 저쪽에 있는 셈입
니다. 이것은 꿈이 아니라 하나의 사실입니다. 그리고 그것은 영
혼적이며 육체를 떠난 것입니다. 정신이 눈깜짝할 사이에 도쿄를
향해서 떠나는 것입니다. 이미 육체도, 하드웨어도 없습니다. 소
프트웨어만 있을 따름입니다.

ㄴ  그러면 젊은이들이 어휘(語彙)를 잃고 있다는 주장은 어떻게
설명하시겠습니까?

**맥루한**  그것은 공간(空間)의 문제입니다. 서양이 수천 년 동안
알고 있는 합리주의(合理主義)는 일종의 분류법입니다. 이것은 분
류, 정리하여 원근관계(遠近關係)를 끌어내고 전체도(全體圖)를 그
립니다. 반대로 전기적 공간에서는 결정적으로 되는 것은 사물과
사물의 간격입니다. 전기적인 공간은 전체적입니다. 그것은 삼백
육십도로 열려 있어 소리가 메아리치는 청각적 공간과 같지요. 물
체와 개념을 거기에 국한시킬 수는 없게 됩니다. 그것은 마치 차
바퀴와 바퀴의 굴대와 같은 것이지요. 차바퀴가 돌아가기 위해서
는 차바퀴와 바퀴의 굴대를 약간 떼어놓는 틈새가 필요한데, 이
틈새가 너무 커서는 안 됩니다. 그렇지 않으면 차바퀴가 벗어나서
돌아가지 않게 됩니다. 텔레비전 세대(世代)에 일어나는 것은 바로
이런 점입니다. 젊은이들은 현재 모두 사냥꾼입니다. 그들은 신석
기시대를 빠져나와 구석기시대로 돌아가버렸습니다. 때문에 그들

은 구두를 신지 않고 맨발로 흙 위를 밟고 돌아다니기를 원했으며, 원시시대에 그리움을 갖고 소비사회와는 이미 관련을 맺고 싶어하지 않습니다. 이런 종류의 인간은 에스키모라든가, 브랑쿠지[6]와 베르그송[7]이 그러했듯이, 바로 자기의 손가락으로 듣고 느끼고 이해하는 비시각적(非視覺時) 인간입니다. 사냥꾼은 우리들보다도 훨씬 많이 지각(知覺)을 활용합니다. 왜냐 하면, 그는 자기의 주위를 완전히 읽지 않으면 안 되는 까닭입니다.

ㄴ  그 점은, 오히려 젊은이들은 그들을 압박하는 더 이상 참을 수 없는 텔레비전의 세계를 박차고 있는 것이 아닐까요?

맥루한  그들이 저항하고 있는 것은 당연합니다. 로큰롤과 재즈는 산업적 환경의 귀에 거슬리는 것으로, 비이성적(非理性的)인 소리를 음악적 용어로 번역한 것 이외의 아무것도 아닙니다. 그러한 음(音)은 인간성이 있게 하는 한 방법입니다. 그들은 산업적 소음을, 그것과 더불어 존재할 수 있도록 그들이 알고 있는 음악적인 말로 고쳐서 해석하려고 합니다. 그러나 가장 중요한 것은, 그들이 원시적 생활로 되돌아가 그 생활 속에서 그들의 인생이 전혀 무(無)로 돌아간다는 점이며, 또 그들이 이미 어떤 종류의 주체성도 갖지 않게 된다는 점입니다. 그들은 자기의 주체성을 배척합니다. 그들은 아무것도 되지 않습니다. 앞에서 나는 의복을 미디어라고 말했습니다. 미니스커트를 예로 들어봅시다. 미니스커트가 유행하기 전에 훌라후프라는 아이디어 상품이 있었지요. 플라스틱으로 만든 둥근 테였는데, 사람들은 이것을 허리에 두르고 뱅뱅 돌렸습니다. 그들은 이 둥근 테를 아이들이 하는 것처럼 길거리에서 돌리지는 않았습니다. 사실 아무도 훌라후프를 돌리지 않았지

6) Brancusi, Constantin (1876 ~ 1957) : 에코르 드 파리에 속해 있던 루마니아의 조각가.
7) Bergson, Henri (1859 ~ 1941) : 프랑스의 철학자.

요. 그런데 둥근 테 돌리기를 할 때에는 훌라후프를 마치 기계나 차바퀴처럼 다루지만, 그 둥근 테 속에 몸을 끼워 이것을 돌리게 되면, 그 둥근 테를 의복처럼 사용하게 됩니다. 차바퀴를 의복으로 고쳐 말한다는 건, 참으로 기발한 착상입니다. 그러나 훌라후프는 미니스커트 전에 출현했습니다. 이 미니스커트는 일종의 차바퀴와 같은 것입니다. 그런데 미니스커트는 부족생활을 영위하는 미개인 사회에서는 어디에서나 남자고 여자고 걸치고 있습니다.

ㄴ 그러나 그것이 의복일까요? 미니스커트는 오히려 의상(衣裳)이 아닐까요?

맥루한 분명히 그렇습니다. 미국에서는 이를테면 순경은 공무원 제복을 입고 있으면, 법규를 적용하여 위반단속을 하는 데 꼭 어울리는 '돼지'이며, 관리입니다. 그러나 교통단속의 백차(白車) 오토바이용의 의상을 걸치고 있으면 영웅이 됩니다. 더욱이 방풍(防風)안경이라도 쓰면 외눈박이 거인, 외눈박이 영웅이 됩니다. 그런데 의상은 우리들의 의상입니다. 혼자서는 의상을 만들 수 없습니다. 하나의 의상을 만들려면 많은 사람들의 묵시적 동의가 필요합니다. 따라서 미니스커트는 의상이며 가면(假面)입니다. 사람들은 이것을 몸에 걸치고, 말하자면 사회적 에너지를 일정한 방향으로 향하게 하고 코드화하고, 그렇게 구경거리로 되어가는 셈입니다. 미니스커트는 집단적 가면입니다. 서구세계에서는 우리들은 수 세기 동안, 집단적 가면을 갖고 있지 않았습니다.

ㄴ 그것은 선생님의 지론인 종합마을[綜合村]의 이론, 이미 전지구와 같은 규모의 거대한 한 부족을 형성하는 데 불과한 전인류에 관한 이론이지요?

맥루한 그렇습니다. 그러한 일이 가능하게 된 것도, 모름지기 전기(電氣) 덕택이며 텔레비전 덕택입니다. 젊은이들뿐만 아니라, 우리 모두가 관련이 있지요. 이제야말로 당신 자신으로서의 당신

최후의 날이 왔습니다. 당신은 이제 당신일 필요가 없습니다. 이 것은 해방이지만, 이 해방이 전면적이라면 그것은 죽음과 같습니다. 영혼의 재생설을 아시지요? 즉, 사람은 자신의 육체로부터 해방되어 지금 죽어도 재생한다는 뜻 말입니다. 더욱이 그때에는 별개의 것으로 될 수가 있습니다. 이것이 우리들의 현상입니다. 대부분의 사람들은 자기가 누구인가를 생각해내기 위해서 개를 기릅니다. 때문에 우리들의 사회에서는 개가 극히 소중합니다. 말하자면 조그만 강아지가 나를 알아주므로, 자기가 누구인가를 알게 된다는 말입니다. 나의 강아지는 나의 비밀을 지켜주는 파수꾼입니다. 이 강아지는 나의 냄새를 알고 있으므로, 이 조그만 개야말로 나의 주체성을 보증하는 셈입니다. 현대사회에서 사물을 인수하는 것은 강아지입니다.

L 선생님이 말하는 주체성의 상실이란, 거꾸로 말하면 어떤 연대의식의 표현이 아닐까요?

맥루한 당신이 연대의식이라고 말할 때에, 당신은 무엇에 근거를 둡니까? 그 근거는 문명(文明)밖에 될 수 없지 않겠습니까? 그런데 우리들은 분명히 거기에서 일탈해 버렸습니다. 왜냐 하면, 그 문명은 기술(記述)된 텍스트라든가 알파벳, 발음법과 같은 전문화된 여러 가지의 테크놀로지(과학기술) 위에 형성되어 있기 때문에. 게다가 나는, 어떻게 하면 이제까지의 이 문명을 전문화되어 있지 않은 전기적인 에너지(힘)에 대항시킬 수 있을까 하는 점에 전혀 분간이 되지 않습니다. 우리들에게 지금 있는 것은 구문명(舊文明)에서 새로운 부족으로 옮겨가는 과정의 인간의 무리입니다. 더욱이 이 인간의 무리는 혼잡투성이죠. 그러한 상태를 영어로 뭐라고 말하는지 아십니까? "the can of worms", 즉 '구더기 통조림'이라고 말합니다. 문제가 산더미처럼 쌓여, 그것들이 서로 얽혀 있을 때에 하는 말인데……우리들에게 지금 있는 것은 '구더기 통조림'입니다.

  L  선생님은 믿기 어려울 정도로 비관적이군요. 미디어의 사도
(使徒)답지 않고 오히려 뜻밖의 느낌이 드는군요.

  **맥루한**  나는 비관적도 낙관적도 아닙니다. 사물이란 그렇게 간
단히 해결되는 것은 아닙니다. 나는 다만 현재 일어나고 있는 일
을 이해하는 데에 강렬한 흥미를 느낄 따름입니다. 그렇다고 해서
현재 일어나고 있는 일에 만족하지도 않습니다. 우리들이 살고 있
는 시대에 있어서는, 틈바구니없이 지붕 기와모양으로 첩첩이 쌓
인 의식의 소유가 가능합니다. 이것은 인류의 계열(系列)에 한때
존재했던 것 중에서도 가장 형이상학적인 시기입니다. 그러나 이
사고는 이론적 형이상학은 아닙니다. 인간은 개념적인 사고를 중
단해 버렸습니다. 인간의 형이상학은 이후 지각적(知覺的)으로 될
것입니다. 내가 말하고자 하는 것은, 현대인은 직각(直覺)에 의지
하여 논리의 세계와 신비의 세계로 들어간다는 점입니다. 때문에
이미 누구에게도 철학을 가르쳐줄 필요는 없습니다. 사람들은 지
금 그것을 혈관 속에 가지고 있습니다. 내 생각으로는 역사 전체
를 통해서 가장 형이상학적인 시기에 우리는 살고 있습니다.

  L  선생님이 보는 세대간의 차이가 여기에 있다고 보십니까?

  **맥루한**  그렇습니다. 19세기의 하드웨어를 이끌고 있는, 시대에
뒤진 초전문화(超專門化)되어 소비재에 열중하고 있는 일단(一團)
과 청년들의 새로운 숨결과의 사이에 말입니다. 우리들은 과거 존
재했던 것 중에서 가장 분업화된 전문가의 집단에서 그 반대인 집
단으로 발을 옮겨놓은 것입니다. 그리고 무슨 일이 생겼는가를 보
십시오. 발을 비틀거리며 하드웨어를 벗어 던지면, 돌아오는 것은
오컬티즘입니다. 나는 어느 저서에서, 혁신(革新)이 일어나면 사람
은 항상 신변의 환경을 폐품화(廢品化)시키고 더욱더 낡은 환경을
찾아가게 마련이라고 쓴 적이 있습니다. 구텐베르크가 인쇄술을

발명하여 중세(中世)를 파괴했을 때, 그는 그리스 로마의 이교고대 (異敎古代)를 부활시켰습니다. 그것은 위대한 돌격이었으나 그는 중세를 파괴해 버렸습니다. 전기의 도래(到來)에 의해서 19세기의 하드웨어를 파괴해 버린 현재, 우리들은 내적 생활을 전부 표면에 되돌려버렸습니다. 그리고 우리들은 지금 내적 생활을 찾기 위한 영원한 여행을 하고 있는 셈입니다.

ㄴ  우리들은 종교적 태도의 새로운 전개(展開)에 봉착하고 있다는 뜻이군요.

**맥루한**  그렇지는 않습니다. 내가 하고자 하는 말은, 오히려 현재 일어나고 있는 현상은 종교를 넘어섰으며, 어떠한 신앙에도, 아니 어떠한 대상에도 의존하고 있지 않다는 점입니다. 이것은 전체적이며 직접적인 체험입니다. 현대의 젊은 사람들은 신앙을 갖고 있지 않으면서도 실로 종교적입니다.

ㄴ  그들에게는 종교는 있어도 신은 없지요.

**맥루한**  그들은 원하기만 한다면 신(神)을 섬길 수가 있는데, 그들은 그것을 필요로 하지 않습니다. '신은 죽었다'고 한 니체의 말을 아시겠지요. 죽어버린 쪽은 오히려 뉴튼이라고 나는 생각합니다. 그와 더불어 역학(力學)과 수학(數學)의 위대한 합리주의 세계가 소멸해 버렸으니까요. 그뿐입니다. 산업적 하드웨어가 사라졌으므로 뉴튼도 사라진 셈입니다.

ㄴ  분명히 그렇습니다. 그러나 신은 뉴튼보다 전에 있었지요.

**맥루한**  그렇습니다. 나는 명실공히 가톨릭적 세계관을 갖고 있습니다. 그렇지만 나는 오늘날의 세계에 있어서 일어나고 있는 일은 그것과는 관계가 없음을 인정하지 않을 수 없습니다. 모두가 유심론자(唯心論者)가 되기 위해서 우리들 세계가 기독교적 의미의 종교적인 세계가 될 필요는 없으니까요. 지상(地上)의 왕 루시페르[8]는 훌륭한 전기기사였거나, 이 귀찮은 세계의 통솔자이며 주인공이었다고 나는 이따금 생각했습니다. 루시페르는 비범한 지능을 지닌 천사였습니다. 그리고 우리가 현재 있는 상황이 바로 그와 같습니다. 순수한 정신주의란 악마적인 요소가 아닐까요? 나로서는 잘 모르겠는데, 그렇다고 누가 안다는 말입니까? 어쨌든 그것은 상황을 리드하니까요. 제임스 조이스는 《피네건즈 웨이크》[9]속에서 열 번의 뇌명(雷鳴)을 울리고 있습니다. 그것은 이야기 말부터 텔레비전까지입니다. 텔레비전은 열 번째의 뇌명인데 그때까지 농업혁명, 산업혁명, 라디오를 거치고 있습니다. 텔레비전까지 오면 마지막입니다. 사람은 벌써 그 이상은 더 나아갈 수 없습니다. 사람은 전세계적인 과정 속에 완전히 포함되어 있습니다. 그러나 매우 이상한 일인데, 조이스의 뇌명(雷鳴)이란 내적인 비전을 낳게 하는 여러 결과와 불온한 술렁거림을 나타내므로, 그 술렁거림은 각자의 혁신이 전사회에 퍼지듯 인간들 사이에 그들의 결과가 퍼져가는 동안 그치는 일은 없습니다.

　L　즉, 우리는 동시에 부단히 솟구치는 형이상학적 요구와 정신적인 허무에 직면하고 있다는 말씀이군요.

　맥루한　당신이 허무라고 말할 때, 당신은 암암리에 내용을 문제 삼고 있는 셈입니다. 더욱이 당신이 말하는 내용이란 매우 시각적이며 하드웨어적입니다. 반대로 중국문화에 있어서는 헤아릴 수 없는 신비, 그것이 허무입니다. 그릇의 바깥쪽이 아니라 안쪽입니다. 서양에서는 우리들은 인식론밖에 갖지 않고 있으며, 우리는 자기가 알고 있다고 생각하고 있습니다. 동양인은 바로 자기가 알지 못하는 점을 찾아내려고 노력합니다. 젊은 사람들은 확실히 병들어 있습니다. 한 예를 들겠습니다. 우리들의 한 친구의 딸이

---

8) Lucifer : 하늘에서 멀어진 대천사로 악마의 왕. 사탄과 동일시되고 있다.

9) Finnegan's : Wake : 조이스의 대표적 장편소설.

얼마 전에 처음으로 키스를 당했는데, 그 딸은 얼마 안 가서 그렇게 되리라고 예상하고 있었습니다. 거기서 한 친구에게 어떻게 하면 좋을까 물었습니다. 그러자 그 친구는 그녀에게, '그 사람 입속에 네가 침을 뱉는거야. 그는 네 입 속에 침을 뱉을걸' 하고 대답했다고 합니다. 젊은 사람들은 이처럼 사물을 인식합니다. 참으로 놀라운 이야기입니다. 그러나 한편, 어떤 사람들은 인식(認識)에서부터가 아니라 우선 무지(無知)에서부터 시작하는 동양적인 습관을 터득해가고 있습니다. 탐정소설에서도 마찬가지인데 탐정은 자기가 모르는 일에서부터 시작합니다.

  L  그렇지만, 우리들의 현대사회에는 하드웨어가 도처에 존속하고 있습니다. 자동차를 예로 든다면, 오토모빌〔자동차〕이라는 용어 자체도 완전히 19세기로 거슬러올라가게 되지요.

  맥루한  '오토(auto)'라는 어휘부터가 낡아빠진 거지요. 자동차는 장차 달세계를 달릴 만한 것이 될 겁니다. 이제부터 10년 후에는 자동차는 우리들 시가지에서는 자취를 감추게 될지도 모릅니다. 이런 사태가 반드시 올 겁니다. 최근 우리들은 토론토에서 이런 일을 발견했습니다. 나는 미국인이 영화나 연극 속에서 왜 광고를 허용하지 않는지 의아하게 생각하고 있었습니다. 텔레비전에서는 허용하고 있는데요. 때문에 이것은 매우 흥미있는 현상입니다. 미국인은 영화의 스크린에 광고가 나오는 날에는, 즉각 자리를 박차고 입장권 환불을 청구할 것입니다. 그런 답을 한 사람은 내가 아니라, 내 밑에서 박사과정을 밟고 있는 학생 중의 한 사람인데, 그는 이렇게 말했습니다. '그러니까 우리들 미국인은 사적(私的)으로 되기 위해서 집을 나가지요.' 유럽인은 사생활을 보호받기 위해 귀가하고, 공동생활을 하기 위해 집을 나갑니다. 미국인의 경우에는 그 반대입니다. 그들은 사생활을 영위하기 위해 집을 나가고, 귀가하자마자 공동생활을 영위합니다. 미국의 가정에서는 실제로 도어가 넓게 열려 있어서, 아이들이 모든 일을 좌우합니다. 특히 농담만 지껄이고 있는 아빠를. 그 결과 자동차가 미국인의 생활 속에서는 가장 특권이 있는 사적 영역이라고 말할 수 있습니다. 미국인은 자기가 다만 혼자라고 느낄 필요가 있을 때에는 자동차로 외출합니다. 공공수송기관의 이용을 피하는 이유는 그 때문입니다. 이것은 큰 문제죠. 이해할 수 있겠습니까?

L 유럽에서는 어떠한가요? 미국에서는 유럽보다도 미디어의 밀도가 높아서 그렇게 되는지요? 이 나라의 기술화(技術化)가 좀더 진보했기 때문일까요?

맥루한 아닙니다. 그것은 개척자가 전세계를 자기 소유로 삼겠다는 기분을 갖고 있던 시대에까지 거슬러올라갑니다. 옥외(屋外)란 사적(私的)인 공간이었습니다. 로빈슨 크루소와 같습니다. 북미(北美)에서는 사람은 밖에 나가면 세계가 내것처럼 느껴지지만 사방이 벽으로 둘러싸여 있으면 그렇게 되지는 않습니다. 유럽에서는 다르겠지요.

L 왜 그렇습니까?

맥루한 유럽은 훨씬 작기 때문이지요.

L 현대사회에 대한 미디어의 효과에 관해 선생님이 쓴 글을 보면, 선생님의 자세가 보수적임을 약간 과소평가하고 있지는 않는지요?

맥루한 나도 모르겠습니다. 꼭 그렇다고는 말할 수 없겠지요. 전부터 그랬다면 도중에 거기에서 떼어놓기는 어려운 일이니까요. 언어가 새로 쓰여질 때 그렇습니다. 만일, 레스토랑에서 계산을 해달라고 말하지 않고, 느닷없이 공제를 해달라고 말하면 혼란이 일어나겠지요. 언어에 새로운 패턴이 도입되면 종래의 언어는 어떻게 될까요? 예측하기 어렵지요. 우리들은 그러한 일을 하고 있고, 새로운 지각을 위해서 끊임없이 우리들 본래의 언어를 바꿉니다. 속어(俗語)란 실은 새로운 지각권(知覺圈)입니다. 어느 새로운 지각이 생기면 사람들에게는 새로운 표현이 필요하게 되어 그것을 만들어냅니다. 4,5년 전부터 미국에서 현저하게 쓰이고 있는 말이지만, 우리들은 늘 '바로 그것이 이루어지고 있는 곳'이라는 말투를 씁니다. 이것은 'it'라는 단어가 쓰여지고 있기 때문에, 형이상학적 의식의 영역에의 일대 도약이고 일대 침입입니다. 이 'it'가 미국에서는 새 단어입니다. 20년대에는 "I'll tell the worlds(나는 세상놈들에게 그렇게 말하리라)"는 속어적인 말투가 쓰였습니다. 이를테면, "I'll tell the cock-eyed worlds"(나는 별다른 것이 아닌 자들에게 그렇게 말해준다)'와 같이 씁니다. 그 당시는 라디오 시대였지만, 텔레비전 시대는 시원하고 함축성 있는 말투를 가진고 있는 셈입니다.

그것이 "Where it is at"입니다. '나는'이라는 말이 '그것이'라는 비인칭(非人稱), 즉 중성의 말로 대체되고 있습니다. 이것은 가능한 한 형이상학적입니다. 게다가 미국에서는 젊은이들이 이것을 빈번하게 사용합니다. 이것은 지각(知覺)에 매우 큰 변화가 일어났다는 증좌(證左)입니라. 'Slang(슬랭)'이라는 말은 원래는 '드레스'를 뜻하고 있었습니다. 즉, 이것은 의복과 관련이 있었지요. 그리고 언어로서는 물론 틀림없이 의복(衣服)입니다. 그러나 '슬랭'은 어떤 효과를 만들어내기 위해서 일시적으로 착용되는 새로운 의상입니다.

ㄴ  책이라든가 신문은 낡은 의상은 아닐까요? 그것들이 이제까지 존재하고 있다는 것은 구텐베르크의 은하계의 유물을 나타내고 있는 것이 아닐까요?

맥루한  우리들이 인쇄기와의 관계를 끊기는 거의 불가능하지 않을까요? 인쇄는 얼마든지 새로운 적용을 찾아낼 것입니다. 낡은 방법이 자취를 감추고 부단히 새로운 모습으로 나옵니다. 소리의

124

인쇄 같은 것은 어쨌든 경이적이지요. 뇌전도(腦電圖)에 의한 뇌파의 직접인쇄와 무엇이 틀립니까? 현재의 일간신문은 사건을 순간적으로 확실히 커버하는 통신사에 의해 굳혀지고 있는 점에서는 전기적(電氣的)이라고 할 수 있지요. 그들 신문의 어느 면이라도 좋으니 살펴보십시오. 그렇게 하면 그 페이지가 단편적인 기사임을 알게 되겠지요. 그 누구도 한 신문의 일부분을, 결코 다른 일부분을 이해하려고 읽지는 않습니다. 독자는 절대로 각양각색의 부분기사 사이에 서로 관련성을 찾거나 구하지도 않습니다. 그러나 지면(紙面)에서는 일체가 서로 반향(反響)하고 모두가 서로 공명(共鳴)하고 있습니다. 신문이란 진동을 일으켜 서로 겹쳐 있으므로, 말하자면 납작한 모자이크의 평면 위에 유발된 세계상(世界像)입니다. 그리고 그 상(像)의 유일한 일치점은 공통의 날짜 뿐입니다. 일간지의 제1면은 실제로 대개 나쁜 뉴스로 채워져 있으므로, 대부분이 언제나 딱딱하고 음울합니다. 어째서 그런 줄 아십니까? 그것은 광고 탓입니다. 광고는 그 광고가 내세우고 있는 모든 서비스에 의해서 항상 총괄적인 반가운 뉴스를 구성합니다. 때문에 들을 만한 뉴스를 팔고자 한다면 많은 나쁜 뉴스도 없어서는 안되지요. 이것은 사실이며 비꼬는 것이 아닙니다. 진실입니다. 나쁜 뉴스도 제공되지 않으면 사람들은 반가운 뉴스도 읽지 않게 됩니다. 그 이유의 하나는 그들이 불행한 사건을 알게 되면, 그들은 살아남은 자의 감동을 느끼게 된다는 겁니다. 즉, '나는 목숨을 구했다, 나는 여전히 여기에 존재하고 있다'는 사실을 확인하게 됩니다. 따라서 나쁜 뉴스를 읽을수록 그들은 기분이 좋아집니다.

　L　불행한 일이지만, 그러한 감정은 영원히 있는 것일까요? 아니면 매스미디어에만 결부되는지요?

　맥루한　매스미디어는 그것을 증폭시킵니다. 뉴스를 만드는 일은 본래의 뉴스보다 부피가 커진다는 것을 의미합니다. 그것은 통신사에 있어서의 뉴스 그 자체의 제작진은 그 뉴스를 전파시키는 미디어가 강력한 것처럼 거대하기 때문이지요. 그런 까닭에, 무엇이 새로운가 하면, 그것은 그만큼 많은 사건을 동시에 안다는 점입니다. 그 때문에 어떠한 분류의 시도도 소용이 없습니다. 이해하기 쉬운 점은 이제야말로, 이미 '패턴 레코그니션', 즉 도식(圖式)을 찾아내는 시도밖에 안 된다는 것이지요. 이러한 모든 요소가 새로운 모양의 또 하나의 은하계를 창조합니다. 그리고 일체에 걸쳐서 이와 같은 기묘한 현상을 볼 수가 있습니다. 왜냐 하면, 여기서 문제가 되는 것은 속도이기 때문입니다.

ㄴ  그러면 미디어를 컨트롤하는 사람들은 무엇을 할 수 있을까요?

**맥루한**  아무것도 못합니다. 알고 있겠지만 그들은 미디어를 컨트롤하고 있지 않으니까요. 그들은 대체 어떻게 좋은지 모르고 있지 않을까요? 현재와 같은 맹렬한 속도의 수준에서 피라미드의 정점에 있는 지도자로서는 이미 결정을 내릴 수가 없습니다. 그는 행위의 바깥쪽에 있습니다. 여러 가지 결정은 조직 속의 매우 낮은 계층에서 내려집니다. 지도자는 문제의 조직이 무엇이든간에, 이미 장식에 불과합니다. 이것은 버튼을 누르는 문제와 같은 경우에도 적용할 수 있습니다. 원자폭탄의 예를 아시겠지만, 미국의 대통령은 버튼을 누르기 위해서 그가 필요로 하는 조종장치와 정보에서 20초 이상 떨어진 곳에는 결코 있어서는 안 됩니다. 그러므로 대통령이 중국에 간다면, 그에게 필요한 일체의 것을 20초 이내의 곳에 그가 있을 수 있도록 준비를 갖추고, 만일의 경우에는 그가 버튼을 누를 수 있도록 해 두지 않으면 안됩니다. 여행하기에는 이것은 매우 불편한 방식입니다.

ㄴ  그러나 모든 결정권은 바로 대통령에게 있지 않겠습니까? 이것은 지시하는 것은 미디어라고 생각하는 당신의 주장과 모순되지

않을까요?

　맥루한　아닙니다. 그 이유는 대통령은 그가 언제 버튼을 눌러야 하는지를 진언(進言)해 주는 많은 사람을 필요로 하기 때문입니다. 뉴스가 신속할수록 밀도가 높을수록 결정이 지방분권적(地方分權的)으로 된다는 점은 이상스러운 일이지만. 전기로 이루어지는 것은 원주(圓周)로 향하는 원심성(遠心性)의 작용과 같습니다. 이러한 현상은, 현재 세계 모든 나라에서 일어나고 있습니다. 북아일랜드에서, 프랑스에서, 영국에서. 지방은 커다란 중앙조직의 테두리 속에 머무르기를 이미 바라지 않습니다. 이러한 탓으로 사람은 자동차 속에 있으면 전차 속에 있는 것보다도 훨씬 지방분권적이 되는 셈입니다. 철도는 레일에서 벗어날 수는 없으며, 승객을 내려주기 위해 역이나 각 선로의 접속지점을 통과하지 않으면 안 됩니다. 자동차는 그럴 필요가 없지요. 어딘가에 있는 본부에 소속될 필요조차 없고요.

　L　선생님은 미래를 어떻게 전망하고 있습니까?

　맥루한　미래는 지금 여기 있습니다. 아시겠어요? 이제부터 있음이 아니라는 뜻입니다. 이후 백 년 이내에 일어날 수 있는 일체가 이미 일어나 있습니다. 그것에 앞서 백 년 전에 이미 존재하고 있지 않았던 과거의 사상(事象) 등은 하나도 인용할 수 없습니다. 실제로 새로운 요소는 일체 과학에 있어서도, 무슨 일에 있어서도, 그것이 출현(出現)되기 백 년 전에 이미 존재하고 있었습니다. 현재의 일만을 언급하려고 하니까, 사람은 아무래도 묵시록적(默示錄的)으로 될 수밖에 없지요.

　L　선생님은 마치 뒤쪽을 바라보고 말하는 듯하군요.

　맥루한　미디어의 주석자로서의 나의 역할은 다만 지각(知覺)을 단련시키는 데에 있습니다. 그러나 사람이 받아들일 수 있는 것에는 한도가 있습니다. 당신은 계속해서 비행기에 타고 있고 싶습니

까? 사람이 인간적 척도에서 일탈하면 뭔가 사소한 일, 조심스런
일로 저항하는 경향이 있습니다. 때문에 젊은 사람들은 사소한 일
에 돌아가게 됩니다.

L　그리고 선생님은 그들과 마찬가지로 인간적 척도로 살고 싶
다고 생각하시는군요.

**맥루한**　그렇기는 하지만, 그것을 머리 속에서 생각만 한다면
어리석은 일이죠. 하지만 막상 실행하려고 하면 쉽지는 않습니다.
내 말이 틀립니까? 그렇게 하고자 하는 청년들은 많이 있고, 그들
은 기필코 그것을 성취하겠지요. 그들이 이제부터 어떻게 하는가
하면, 이 세계를 버리고 그것이 지금 있는 그 자리에 방치합니다.
그들은 그것을 개선하려고는 하지 않고 완전히 그것을 버리고 그
것이 노후(老朽)하게 내버려 둘 것입니다. 이 일은 이미 일어나고
있습니다. 세인트루이스, 기타 미국의 여러 도시에서는, 사람들이
이미 도심(都心)을 버리기 시작하고 있습니다. 그들은 가재도구를
아파트에 둔 채, 이것저것 그대로 방치하고 가버립니다. 지극히
간단하게. 그리고 다시는 되돌아오지 않습니다. 그것은 마치 폐쇄
된 도시를 저버리는 상황과 같은 것입니다. 세인트루이스에는 사
람들이 최근에 버린 빈 아파트가 수평방킬로미터나 늘어서 있습니
다. 그들은 지금도 역시 그러한 아파트의 소유자이며 세들어 있는
사람이면서도 두번 다시는 되돌아오려고 하지 않습니다.

L　요컨대 틀림없이 그렇게 되리라 생각되는 미래의 모습이란
과거에 대한 노스탤지어가 되겠군요.

**맥루한**　우리들은 오늘날에는 만족감에 젖어드는 것을 비판하는
방향으로 끌려가는 듯이 생각됩니다. 우리들의 기술·발명·지식
등의 모든 것으로부터 무엇을 끌어낼 수 있을까요? 사람들은 거기
에서는 절대로 아무것도 끌어낼 수 없다고 전적으로 확신하면서
그것들을 내동댕이치고 맙니다. 현대사회의 풍요란 돈 많은 인간,

1년에 10만달러나 벌어들이는 현대 사회의 갑부와 다를 바가 없지 않을까요? 그처럼 매우 부자인 사람들에게 제공되는 대부분의 공공 서비스는 매우 가난한 사람들에게는 무료로 부여되고 있습니다. 오늘날에는 가난한 사람도 부자와 아주 똑같이 공공 서비스를 듬뿍 받을 수 있습니다. 이렇게 되면 무엇이 부(富)의 특전이 될 수 있겠습니까. 하워드 휴즈와 같이, 현재 세계 최고의 부자 중에 일부는 몇십억 달러라는 빚을 지고 있는 빈털터리입니다. 그러나 그들은 부자라는 권위 때문에 채권자들이 커다란 재산이라고도 볼 수 있는 거액의 돈을 빌려줍니다. 이것이 현재 우리들이 살고 있는 세계에서 일어나고 있는 일입니다. 우리들은 너무도 여러 가지의, 너무도 변화에 찬, 너무도 커다란 만족감을 지나치게 가지고 있습니다. 그 점에서도 인간적 척도는 소멸되고 있습니다.

　L　선생님의 얘기를 듣고 있으면, 선생님의 주요한 무기의 하나는 유머 감각이라는 느낌이 드는군요.

　**맥루한**　그 점에 대해선 난 잘 모르겠습니다. 내가 무엇을 발견하면, 설사 다른 사람에게는 그것이 이미 옛날에 알고 있었던 것이라 할지라도 웃음을 터뜨리고 맙니다. 뜻밖의 요소가 약간, 만족감이 약간, 불유쾌감이 약간 담긴 웃음이지요. 하지만 나의 작업의 대부분을 차지하는 것은 역시, 여하튼간에 지금 한창 일어나고 있는 사항의 관찰에 기초를 둔 풍자입니다. 왜냐 하면 가장 위대한 풍자는, 오직 지금 일어나고 있는 일들을 써 놓은 일이라고 생각하기 때문이죠. 알고 있겠지만, 에라스무스[10]는 우행(愚行)을 예찬하면 우행쪽이 성내고 파열(破裂)해서 사라져 없어진다고 생각했기 때문에 《우신예찬(愚神禮讚)》을 썼습니다. 내가 그러한 유머를 가지고 있어서, 우리들 세계의 부조리(不條理)에 주의를 기울이게 하는 일이 잘 된다면, 그 부조리는 사라져 없어질 것이며, 폭발해 버릴 것입니다. 그러나 어쩐지 무슨 일에 대해서도 내가 생각하거나 느끼거나 할 수 있는 것이 그다지 중요성을 갖고 있다고는 생각되지 않습니다. 나는 그러한 것이 큰 영향력을 가질 가능성이 있다고는 생각하고 있지 않습니다. 나는 자기가 현재 갖고 있는, 또는 가질 수 있었던 영향력에 대해서는 어떤 환상(幻想)도 갖고 있지 않습 니다. 나는 오히려, 자기는 고대 비극의 코러스〔合唱隊〕 같다고 생각합니다. 이 코러스는 연극을 진행시키기 위해 거기에 있을 뿐, 결코 줄거리를 바꾸기 위해 있지는 않습니다. 우리들은 문화형태(文化形態)의 놀랄 만한 퇴보를 알고 있습니다. 그것은 낭만파가 원기왕성한 야생아(野生兒)를 열애하기 시작하며, 루소 일파가 동경한 미개인에 대한 감상(感傷)에 빠지기 시작하였을 때에, 낭만파의 사람들과 함께 시작된 것입니다. 이어서, 전기가 발명되고, 전세계의 관심이 인류학에 기울고 있습니다만 인류학이란 미개인의 연구입니다. 이제야말로 전기시대는 미개인의 세계입니다.

ㄴ 혁명적 사상이 현대 세계의 제문제에 해결을 가져오는 일은 없을까요?

**맥루한** 좌익(左翼) 사람들은 내가 아는 범위에서는 만사를 하드웨어 용어로 판단합니다. 그들은 19세기에 속하고 있습니다. 그들은 매우 간략주의적인 소비자의 범주에 기초를 두고 있습니다. 그들은 만약 모든 인간이 같은 양의 식량, 같은 생활조건을 갖고 있다면 만사는 형통되고 세계는 평화롭게 되리라고 생각합니다. 요컨대, 마르크스는 19세기의 인간입니다. 전기시대(電氣時代)의 인간은 아닙니다. 그러므로 나는 좌익 사람들의 일에 조금도 관심을 기울이지 않습니다. 다만 그들이 크게 주의를 집중시켜 놓으면서, 그 주의가 그것이 현재 일어나고 있는 곳, 즉 사물의 소재(所在)에

---

10) Erasmus, Desiderius(1466 ~ 1537) : 네덜란드의 선구적 휴머니스트.

집중되는 것을 방해하는 경우는 별도입니다. 게다가 그들은 마르크스를 분노(憤怒)의 수단으로서 이용하고 있다고 나는 생각합니다. 많은 사람들에게 있어서 분노는 하나의 생활양식이 되어버렸습니다. 대부분의 인간은 화내고 있을 때에는 자신을 과격하기 이를데없는 사람이라고 느낍니다. 그들은 집중감(集中感)을 느낍니다. 중국이 바라고 있는 것, 러시아가 바라고 있는 것, 그것은 19세기의 것이므로 중국인과 러시아인은 20세기를 바라고 있는 것이 아닙니다. 아프리카도 19세기를 바라고 있으며 20세기를 바라고 있는 것은 아닙니다.

ㄴ 선생님은 《테이크 투데이(Take Today)》라고 이름지은, 산업계를 대상으로 쓴 작품을 갓 완성하셨지요. 이 책은 무엇을 취급하고 있습니까?

맥루한 각종 문화의 와중에 있는 전세계에 있어서의 결정인 메커니즘의 변화에 대해서입니다. 이것을 쓰기 시작한 것은 이 이전의 일이며, 그것은 내가 경영진은 새로운 착상에 관해서 누구보다도 감수성이 풍부하다는 사실을 알게 될 무렵이었습니다. 경영자들은 자기들이 살아남은 데에만 관심을 쏟고 있으므로, 무엇이 일어나고 있는가를 알고자 합니다. 일개 대학의 이론가들은 자기네들의 위신에 관심을 쏟고 그 때문에 혁신이나 새로운 착상에 대하여는 비상한 적의를 품고 있지요.

ㄴ 그렇다면, 경영에 관한 저서란 말입니까?

맥루한 완전히 그렇다고 말할 수는 없지만, 공저자(共著者) 버링턴 네비트는 전기기사이면서 또 경영상담역입니다. 그는 수년간을 스칸디나비아 · 러시아 · 남미 · 영국 · 미국 등의 여러 나라에서 지냈습니다. 그는 매우 많은 관공서에서 일한 경험이 있는 사람이며, 열두 나라의 말을 합니다. 그런 까닭에 산업계에 생긴 문제 중, 그가 직접적이건 간접적이건 관심을 기울이지 않았던 문제는 없습니다.

L  현상을 개선하기 위해서 정치적인 면에 있어서 뭔가 조언할 말씀이 없습니까?

맥루한  이를테면, 중동의 정치정세를 개선하고 싶다면 라디오를 끄고 텔레비전을 켜놓아야 하리라 봅니다. 히틀러라면 텔레비전에는 극히 잠깐밖에 나오지 않았을지도 모릅니다. 텔레비전에서는 주먹을 휘둘러대거나 이를 갈거나 하는 일은 금물이니까요. 냉정하고 온당하지 않으면 안 됩니다. 만약 히틀러가 한 번 나왔다면 그것으로 아마 마지막이 되겠지요. 라디오는 과격한 미디어입니다. 라디오라면 히틀러의 말을 듬뿍 늘려서 사회 전체를 흥분상태의 도가니로 몰고 갈 수 있을 겁니다. 발전도상국에서 라디오방송을 허가하는 것은 전혀 언어도단입니다. 중국인들, 또 회교권(回敎圈)의 여러 나라, 인도도 그렇습니다. 그것은 마치 불에 가솔린을 붓는 것과 같습니다.


대담자 약력

1911년 1월 21일, 캐나다의 에드몬트에서 태어남. 기술자가 되기 위해서 마니토바 대학에서 공부했으나, 결국 1934년에 영문학사로서 졸업. 다시 케임브리지 대학 및 미국에서 교육을 받음.

1936년~1937년 위스콘신 대학의 조교(助敎).

1937년~1944년 세인트루이스 대학에서 강의.

1944년~1946년 어셈푸션 칼리지에서 강의.

1946년부터는 토론토 대학에서 강의.

1951년 최초의 저서 《기계의 신부(新婦)》를 출판.

1959년 워싱턴에 있는 '합중국 교육위원회'의 이사로 임명되고, 1963년 이래 토론토 대학에서 '문화 및 기술연구소'의 소장직을 맡음.
주요저서 :《구텐베르크의 은하계》,《인간확장의 원리》,《지구촌의 전쟁과
    평화》등이 있음.

아동발달 심리학의 대성자

# 장 피아제

Jean Piaget

134

지능, 특히 어린이들의 지능의 발달, 그리고 사회적 환경과 지능의 관계, 이러한 주제에 대해 말하자면 장 피아제는 가장 권위있는 인물의 한 사람이다. 그는 인식론에 정열을 불태우는 생물학자로서, 그 업적은 세계에 널리 알려져 있다. 그는 그 생애의 대부분을 그야말로 어린이들, 특히 자신의 어린이들을 관찰하는데 바친 사람이다. 갖가지 연구 끝에 그는 지능을 다음과 같이 간주하고 있다. 즉 그것은 동화(同化)[1]와 조절(調節)[2]이라는 생활체(生活體)의 두 가지 활동을 통해 인간과 외적 환경의 사이에 끊임없이 균형과 그 파괴를 되풀이하여 만들어내는 변증법적(辨證法的)인 발생과 같다고. 꾸준한 연구의 결과, 장 피아제는 교육과 권위에 대해 새로운 문제점을 제기하고 있다. 그리고 '종아리를 맞아야 할 사람은 어린이들이 아니라 오히려 부모 쪽이다'라는 결론을 내리게 되었다.

---

1) assimilation : 주체 내부에 집적된 도식(圖式)에 따라 외부환경을 받아들이려고 하는 작용. 다시 말해서 외계(外界)를 이미 만들어져 있는 주체내의 구조와 동화하려는 작용을 말한다.

2) accommodation : 동화와는 반대로 이미 만들어져 있는 주체내의 구조를 외부 환경의 변화에 따라 변화시키는 작용. 게다가 이 동화와 조절이라는 개념은 피아제의 인식론의 열쇠가 되는 것이며 피아제는 지능을 포함한 발달을, 대립하는 이 양자의 끊임없는 균형에의 경성(傾性)에 의해서 일어나는 재구조화(再構造化)에의 과정이라고 생각했다.

렉스프레스  선생님께서는 심리학을 연구하고 계시는 생물학자이시니까, 말하자면 한 사람의 과학자라고도 말씀드릴 수 있겠는데, 심리학을 정밀과학(精密科學)이라 생각하십니까?

피아제  정밀과학이라는 말엔 절대적이란 뜻은 전혀 없습니다. 수학이나 논리학과 같이, 형식적이며 문자 그대로 정밀한 여러 과학과 실험적인 여러 과학의 사이에는 수많은 단계가 있습니다. 두말할 것도 없이 물리학은 심리학보다 훨씬 정밀합니다. 생물학도 마찬가지입니다. 그러나 심리학에서의 실험과 생물학에서의 실험과의 사이에는 뗄 수 없는 연속성이 있습니다.

L  그러나 어떻든 선생님에게 있어서는 심리학은 과학이 아니겠습니까?

피아제  그렇지요. 왜냐 하면 철학에 있어서는 여러 가지 문제가 서로 관련을 맺고 있는 것에 비하여, 과학은 우선 온갖 문제의 범위를 획정(劃定)하여 그것들을 분리하는 학문이기 때문입니다. 범위를 획정함으로써 대상을 세밀하게 검증할 수 있게 되었죠. 검증이 행해지고 연구자들이 서로 수정하여 차츰 근사적(近似的)으로, 보다 정밀한 무엇인가에 도달할 가능성인 보일 때 비로소 실험과학(實驗科學)이 태어나게 됩니다.

L  선생님께서는 특히 어린이에 대해 실험을 하셨다고 들었습니다만, 거기에서 일반적인 법칙을 끌어내는 데 충분한 정수(定數)를 발견하셨는지요?

피아제  글쎄올시다. 내가 그 일을 하게 된 지도 40년 이상이 됩

136

니다만, 근년에 이르러 더욱더 어린이들의 반응이 연령에 따라 일정한 특징을 보이는 데에 놀라지 않을 수 없습니다. 우리가 새로운 주제를 연구하노라면, 5세에서 6세 안팎부터는 반드시 나타나는 어떤 종류의 반응을 발견하게 됩니다. 또 7세부터 9세 안팎, 9세부터 11세 안팎, 그리고 청년 전기의 시기에 있어서도 연령에 따라 제각기 어떤 일정한 반응을 보여줍니다. 몇몇 어린이들을 대상으로 하여 연구해 보면 항상 이같은 현상에 부딪치게 된다는 것은 거의 확실하다고 말씀드릴 수 있습니다.

　L '항상'이라고 하신 말씀은 스위스 사회의 백인 어린이들과 같은 어느 특수한 부류의 어린이들에 대한 말씀인지요?

　피아제　그렇습니다. 그러나 중요한 문제는 심리학적인 발달단계의 문제입니다. 지능의 형성에는 몇 가지 단계가 있다는 사실이 발견되고, 나아가 그러한 단계는 차례대로 설명할 수도 있습니다. 문명이 다르면 당연히 가속(加速)이나 지연(遲延)이 나오게 마련입니다만, 나타나는 순서는 항상 일정합니다. 한 가지 예를 들겠습니다. 우리들의 동료인 캐나다의 심리학자 피널, 롤란드, 브와스크렐은 멀티닉섬〔島〕의 어린이들에 대해 우리들이 행한 실험을 다시 한 번 행하였습니다. 멀티닉섬의 초등학교 어린이들은 초등교육 수료 때까지는 프랑스의 프로그램을 따르고 있기 때문에 아주 좋은 본보기가 되는 셈이지요. 그래서 그들이 확인한 바는 주네브나 파리 또는 몬트리올에서 얻은 결과에 비해 거기서는 논리조작(論理操作)의 형성에 있어서 평균 4년간이라는 격차가 생기고 있다는 사실입니다.

　L 어찌하여 4년간이나 뒤지게 될까요? 이에 대한 설명도 가능한지요?

　피아제　가능하고말고요. 그것은 어른들의 사회 자체가 태평하기 때문입니다.

ㄴ  결국 그러한 점에서 사회과학의 관련성이 나타나게 되는 셈이군요.

피아제  그렇습니다. 사회환경은 어디까지나 기본적인 문제입니다. 그러나 생물학적 과정만큼은 되지 않습니다. 왜냐 하면 일정한 계기순서(繼起順序)를 지닌 여러 단계의 출현 —— 그 각자는 다음 단계의 천성에 불가결의 존재가 되고 있습니다만 —— 은 자세히 살펴보면 그야말로 발생학(發生學)을 상기시키기 때문입니다.

ㄴ  사회환경이 기본적이라고 한다면 사회적 평등이 없는 한 교육상의 평등도 있을 수 없다는 결론이 진실이 되지 않을까요?

피아제  연령을 기준으로 삼은 비교라는 관점에서 본다면 확실히 진실이라 하겠습니다만, 여러 단계가 일정한 순서를 밟고서 나타나게 된다는 점에서 본다면 진실이 아닙니다. 이를테면 미국에서는 구차한 계층의 피험자(被驗者)에 있어서 지능지수가 항상 아주 낮다고 하는 결과가 나오기 때문에 지능지수는 이미 지능의 척도로서는 타당하지 않습니다. 이 때문에 어느 몇 가지 테스트가 변경을 보게 되었습니다. 지능테스트와 같은 결과를 보는 시험이 아니고, 우리가 의도하고 있는 바와 같은 추리의 전개를 대상으로 하는 시험이 활용된다고 하면, 이들 피험자들이 전혀 정상임을 인정할 수 있을 것입니다.

ㄴ  그런데 지능이란 무엇을 말하는 것일까요?

피아제  그것은 새로운 상황에 적응하는 능력을 말합니다. 그것은 무엇보다도 우선 이해하고 연구한다는 뜻입니다.

ㄴ  사회적인 수준과 지능이란 어떻게 결부되어 있을까요?

피아제  지능의 발달은 개인이 흥미나 호기심 따위를 가지도록 함을 전제로 합니다. 사회환경에 자극이 많아지면 자연히 갖가지 관념이 잇달아 발효하고, 또 여러 가지 문제가 제기되는 가정에서 어린이가 자라고 있으면 지능의 발달은 촉진되게 마련입니다. 이

138

러한 일 모두에 무관심한 사회환경 속에서는 아무래도 지능이 뒤떨어지게 됩니다.

ㄴ 요컨대 지능은, 말하자면 근육과도 비슷한 점이 있어서, 그것을 사용하고 단련함으로써 완성에 도달한다는 이야기가 된다고 생각합니다만.

피아제 그렇습니다. 그러나 역시 최저의 능력은 필요합니다. 하지만 우리들에게는 개인에게 몇 가지 가능성, 잠재성을 보증하고 있는 것이 무엇인가를 아직 모르고 있습니다

ㄴ 지능이 발달하는 여러 단계란 무엇을 말합니까?

피아제 말 이전에 감각운동적 지능[3]이 존재합니다. 그것은 실행적인 지능으로, 기구를 다루는 능력을 포함하고 있습니다. 자기가 융단을 펴 놓고 그 위에 놓여진 물건을 꽉 붙잡는다거나, 대상물을 접근시키기 위해 막대기를 이용한다거나 하는 따위입니다.

ㄴ 원숭이의 지능수준에 가깝다고 말할 수 있겠군요.

피아제 그렇지요. 다시 2세 정도가 되면, 말과 함께 심벌(symbol) 기능, 즉 표상적 지능이 나타나게 됩니다만, 그것은 아직 엄밀한 의미에서의 조작(操作)에는 이르지 못하고 있습니다. 엄밀

---

3) intelligence sensorimotrice : 피아제는 어린이의 정신적인 발달단계를 출생에서 1세반~2세 전후의 단계와, 언어의 출현에서 시작되는 2세경부터 성숙에 이르는 이른바 개념적 지능의 단계로 이분(二分)하고 있는데, 다시 전자를 ① 반사(反射)[유전적 기구] 및 최초의 본능적 경향 섭식(攝食)과 최초의 정동(情動)의 단계 ② 최초의 운동적 습관과 최초의 조직적 지각 및 분화된 감정의 단계 ③ 감각운동적 내지 실용적 지능, 초보적인 감정적 조정 및 감정을 처음으로 외부에 고착시키는 단계로 삼분(三分)하고 있다. 감각운동적 지능은 말할 나위도 없이 이 제3단계에서 볼 수 있으며 언어 이전, 다시 말해서 언어기호의 사용을 전제로 하는 내적 사고 이전에 출현하는 지능이다. 이것은 대상의 취급과 관계가 있는 바로 실행적인 지능이며 단어와 개념 대신에 '활동의 도식' 속에서 조직화된 지각과 운동만을 사용하는 것이다.

한 의미에서의 조작⁴⁾이란 서로 역산(逆算)인 가법(加法)과 감법
(減法)과 같은 내재화(內在化)된 가역적(可逆的) 행위나, 또 특히
수학에 있어서의 군(群)⁵⁾·속(束)⁶⁾·유별(類別)과 같은 전체구조
가운데에서의 조정작용 등을 가리킵니다. 7세의 나이가 되면 어린
이는 이같은 조작에 성공하게 됩니다만, 여기에 도달하기까지는
전조작적(前操作的) 단계에 머물고 있습니다. 이러한 조작에서의
가역성은 특히 보존⁷⁾이라고 하는 아주 뚜렷한 하나의 일상을 통하

---

4) opératioh : 譯註 3)의 최초에 기술한 것처럼 피아제는 어린이의 정신적인 발달을
   언어의 출현을 경계로 하여 이분(二分)하고 있는데 이 후자도 역시 3단계로 나
   누고 있다. 즉 ①직관적 지능의 단계, 다시 말해서 합리적인 공감이 없는 감각운
   동적인 도식의 연장으로서의 표상적(表象的) 이미지와 '심적실험(心的實驗)'이라는
   꼴로 지각과 운동을 다만 내면화한 데. 지나지 않는 직관의 메커니즘에 지배된
   단계(2세 전후에서 7세 전후) ②구체적인 지능 조작(操作), 즉 논리의 처음 단계(7
   세 전후에서 12세 전후) ③추상적 지능 조작의 단계(12세 전후부터)의 3단계이
   다. 이 ②의 단계 이전에 이루어지는 어린이의 정신활동으로서 전개되는 것이지
   만 이 ②의 단계의 출현을 경계로 하여 어린이는 직접적 행위로 표출(表出)되지
   않더라도 마음속에서 행위의 절차를 밟음으로써 행위의 보상을 할 수 있게 된
   다. 이것을 내재화(內在化 : 광의(廣義)의 조작 개념에 포함됨)라고 부르고 다시 이
   내재화(內在化)가 복잡한 구조로 되고 유기적으로 체계화되면 이것을 엄밀한 의
   미에서의 조작이라고 한다.
5) groupe :조작이라는 것을 구상화하여 얻을 수 있는 수적(數的)인 수학적 구조를
   군(群)이라고 한다. 우선 두 가지 조작 f·g는 계속해서 행할 수 있으며 제3의 조
   작 f·g가 된다. 둘째로 이 결합은 결과에만 의존하여 (f·g)·h=f·(g·h) [결합율
   (結合律)]이 성립된다. 셋째로 아무것도 하지 않는 恒等操作이 있다. 넷째로 각 조
   작 f를 부정하는 항등조작(憐逆操作) f⁻¹ 이 있어, f·f⁻¹=f·f⁻¹=l [가역성(可逆性)]이
   성립된다. 피아제는 어린이가 행하는 조작(구체적인 것이나 내재화(內在化)된 추
   상적인 것이나)이 이러한 군(群)의 구조를 갖는 것을 실증해 보였다.
6) réseau : 대소(大小)관계와 순서를 추상화하여 얻을 수 있는 수학적 구조. 두 가지
   요소 사이에 x≦y와 같은 관계가 있으며 x≦x[동일율(同一律)]의 x≦y로 y≦x이면
   x=y[대칭율(對稱律)], x≦y로 y≦z이면 x≦z 추이율([推移律)]이 성립되는 것을 요청
   한다.

140

여 나타나게 마련입니다. 조작 이전은 비보존의 상태이고, 조작 이후는 수량, 무게, 집합들의 보존이 이루어지는 셈입니다.

L 이를테면?

피아제 글쎄요, 보존에 대한 실험을 행하려고 하면, 예를 들어 찰흙과 같은 작은 덩이를 골라 그것을 소시지 꼴로 변형합니다. 당신이 만들고 있는 것을 보고 있는 어린이를 소시지가 길어서 찰흙이 많이 들겠다고 말하거나, 작기 때문에 찰흙의 양도 적게 들었겠다고 말합니다. 이와 같은 반응은 7~8세까지입니다. 그러나 어린이들이 실질의 보존에 도달하게 되더라도 아직 무게의 보존을 받아들이지 않습니다. 그는 이렇게 말하겠지요. '물론 찰흙의 양은 거의 마찬가지이지만 길기 때문에 더 무겁다' 또는 '작기 때문에 더 가볍다'는 식으로 말입니다. 9세에서 10세 정도가 되면 그는 무게의 보존에 도달합니다만, 그는 아직 체적(體積)의 보존을 인정하지 않습니다. 그 찰흙덩이를 물이 들어 있는 컵에 넣으면, 그 덩이가 물의 높이를 올려준다는 사실을 이해할 수 있지만, 그러나 그는 소시지의 경우라면 더 길기 때문에 더욱 그 높이가 올라가리라고 생각할 것입니다. 이러한 다른 여러 단계가 정해진 순서로 전개됩니다.

L 이상 말씀해 주신 가운데서 선생님은 정동(情動)이란 문제에 대해서는 어떻게 생각하고 계십니까?

피아제 정동에 대해 말한다면, 그것은 생기를 주기 위해 기본

---

7) conservation : 피아제가 말하는 보존(保存) 개념은 물리학이나 수학에서 말하는 것과는 거의 다를 바 없다. 즉 어떤 계(系)가 갖고 있는 지표(指標 : 수량이든 형태이든 상관없다)가 그 계(系)의 변화의 전후에서 변하지 않을 때 그것은 '보존되었다'고 한다. 이를테면 에너지는 어떤 물리화학적 변화의 전후에서도 보존된다. 또 면적은 아무리 좁혀도 범하지 않는다. 피아제는 어린이가 획득하는 개념의 대부분이 이와 같은 보존에 의해서 형성되는 것을 보여주었다.

적인 것이라고 나는 생각합니다. 정동은 곧 동력(動力)입니다. 무엇에 몰두하려면 거기에 관심을 가져야만 합니다. 즉, 정동적 충전이 필요합니다. 그러나 그것이 지능의 구조를 바꾼다고는 생각하지 않습니다.

ㄴ 정동에도 몇 가지 발달단계가 있지 않을까요?

파아제 그야 물론 있고말고요. 그러나 그것은 지능의 경우만큼 명료하지 않습니다. 나는 과거, 유아에 대해 연구한 흥미로운 현상을 말하겠습니다. 유아는 최초에는 대상의 관념을 가지고 있지 않습니다. 유아의 흥미를 끄는 것을 눈앞에 보여주면 그것을 잡으려고 손을 내밉니다. 다음에 그것을 병풍 뒤에 감추어 버리면 손을 제자리로 되돌립니다. 아주 없어져 버린 것으로 단념하고 맙니다. 그러나 9개월에서 10개월 무렵이 되면 그는 병풍을 쳐들고 '사실 쳐들어지지도 않지만' 뒤쪽을 살펴보려고 합니다. 이 사실은 프로이트가 '대상에의 흥미'라고 부르고 있는, 즉 사람에 대한 흥미의 출현과 일치합니다. 그렇지만 여러 단계의 계기는 그다지 체계를 갖추고 있진 않습니다. 갖가지 역전(逆轉)이 생기고 또 생겨서, 항상 같은 순서로 나타나는 현상이 아니기 때문입니다. 프로이트적인 정동의 여러 단계는 지능의 그것에 비길 만한, 다시 말해 상호간에 스스로를 통합한다는 따위의 구조를 지니지 못하고 있습니다. 프로이트의 말에 의하면 여러 단계는 항문기(肛門期) 등등으로 일컬어지고 있듯이, 제각기 지배적인 여러 성격을 가지고 있는 셈인데, 실제로는 그렇지 않고, 이들 여러 성격은 온갖 단계에 걸쳐 어떠한 역할을 수행하고 있습니다. 그러므로 정동성(情動性)에서의 단계는 프로이트가 말하듯 명료하지는 않습니다.

ㄴ 선생님 자신의 어린이들에 대해 여러 모로 실험하셨다고 듣고 있습니다. 또한 선생님 저서를 읽어 보면 어린이들은 선생님이 하시는 일 가운데서 중요한 역할을 담당했다고 생각합니다만, 그

러한 실험으로 말미암아 어린이들이 약간 색다른 성격이 나타나거나 하지는 않았는지요?

피아제　내가 실험을 가장 많이 한 것은 내 셋째아들이었습니다. 그애가 대학에 들어갔을 때, 그의 친구들은 아주 정상적인 남자애들이란 사실을 알고 대단히 놀라기도 했습니다.

ㄴ　그러한 실험은 어떻게 하셨는지요. 선생님은 그 시기에 누샤텔에 계셨기 때문에 방법이 매우 간단했으리라고 생각됩니다만.

피아제　그야 어디서나 마찬가지입니다만, 우선 관찰부터 시작해야 됩니다. 흥미 깊은 한 가지 사실이 발견되면, 그 사실의 구성요소를 변화시키면서 그 상황을 재현할 필요가 있습니다. 여기서부터 실험이 시작됩니다. 방법은 하고 있는 동안에 완성됩니다. 나는 유심히 관찰해 보았습니다.

ㄴ　관찰해 봐도 아무것도 눈에 들어오지 않는 사람도 있습니다만.

피아제　물론 자기 자신에게 문제를 제기해야만 합니다. 나의 경우는 심리학자 이상이라고 할 수 있는 인식론학자입니다.

ㄴ　인식론에 대한 정의를 해 주시지 않겠습니까?

피아제　그것은 인식작용에 관한 이론입니다. 본질적으로는 자학적 인식작용의 이론입니다. 그것은 과학이 어떻게 해서 가능한가, 인식작용이 어떻게 해서 가능한가의 문제를 제기합니다.

ㄴ　그렇다면 선생님이 어린이들을 연구하셨던 사실은 그들 자신을 위해서가 아니고, 그들을 연구하는 것이 그 문제를 해결하는데 있어 어느 정도 선생님의 도움이 되었는가를 알기 위해서란 말씀이 되겠군요.

피아제　나는 생물학자였고, 한편으로는 인식론에 정열을 불태우고 있었습니다. 다시 말해서 인간을 역사적인 전개 속에서 연구하고 싶었던 것입니다. 여기에서 가장 중요했던 점은 유사 이전의 인간입니다. 그러나 그에 대해 심리적인 관점에서는 아무것도 알려지지 않고 있습니다.

ㄴ  원시인에 관한 연구는 하나도 없습니까?

피아제  본래의 원시인, 즉 유사 이전의 인간에 대해서는 물론 없습니다. 말하자면 미개인은 원시인 본래의 모습으로부터 너무나 동떨어져 있습니다.

ㄴ  왜 그럴까요?

피아제  그들은 몇 세기 이전부터 사회화되었기 때문에 사회적인 구속이 너무나 강하고, 사회적인 것과 심리적인 것, 집단과 개인을 분리하는 데에 어린이보다도 훨씬 힘이 듭니다.

ㄴ  선생님 견해로는 어린이는 미개인이라고 불리는 사람보다 훨씬 더 원시인에 가까울까요?

피아제  그렇다고 나는 확신합니다.

ㄴ  왜 그럴까요. 어린이도 역시 아주 어릴 적부터 사회적 구속에 묶여 있지 않습니까?

피아제  그런 일은 없습니다. 그것은 대단히 의문스럽습니다. 지능면에서 어린이는 자기 스스로에게 맡겨져 있습니다. 왜냐 하면 그는 자신이 이해할 수 있는 것밖에는 모방하지 않기 때문입니다. 물론 어린이가 말을 하기 시작할 때부터, 그는 온갖 종류의 사회적 구속에 묶여집니다. 그러나 우리는 그러한 사회적 구속은 동화됨으로써 비로소 어린이에게는 의미를 가지게 된다는 점에서, 얼핏 보기에 그렇게 생각될 만큼 결정적이 아님을 명백히 했습니다. 동화가 이루어지기 위해서는 동화를 가능케 하는 매개물이 필요하게 됩니다. 우리가 연구하는 대상은 그와 같은 매개물입니다.

ㄴ  동화와 조절이라고 하는 두 가지 개념은 선생님에게는 매우 중요하다고 봅니다. 여기서 문제점은 무엇인가를 명확하게 말씀해 주셨으면 합니다.

피아제  그것은 아주 간단하지요. 한 개의 유기체는 양분을 흡수하여 몸을 보양하고, 그들 양분을 변형하여 그들을 스스로의 구조에 맞춰 자신 속에 결합시킵니다. 양배추를 먹는 토끼는 양배추가 되지 않고, 양배추가 토끼로 변형합니다. 마찬가지로 인식작용은 모사(模寫)가 아닙니다. 외적 사상(外的事象)을 생활체내의 구조로 결합시키는 일입니다. 이것이야말로 동화작용이라고 할 수 있습니다.

ㄴ 조절쪽은 어떻게 됩니까?

피아제 글쎄요, 저마다의 새로운 상황에 있어서 동화작용의 도식은 외적 상황에 맞도록 변경해 나가지 않으면 안 됩니다. 눈에 들어온 것을 잡을 줄 아는 유아에게 있어서는, 그의 눈에 들어오는 모든 현상이, 한낱 바라보는 대상이 아니고 붙잡아 보려고 하는 대상이 됩니다. 그러나 그 대상이 커다란 것이라면 작은 것을 붙잡을 경우와는 다른 움직임을 나타내야만 합니다. 이것이 곧 조절입니다. 이것은 학자의 연구에 대해, 동화작용으로서 이바지하는 일반적 이론에서도, 특수한 경우에 한해서는 조절할 필요가 있는 이치와 마찬가지입니다.

ㄴ 요컨대, 선생님의 관심을 끄는 사실은 심적 기구(心的機構)의 연구이고, 각각의 인간에게 심리학을 응용하는 일은 아니겠군요.

피아제 응용과학도 있고 기초연구도 있습니다. 그러나 불행히도 의학의 경우와 마찬가지로 우리 분야에서도 기초연구의 결과를 알기 전에 응용을 행하도록 강요당하게 되어버렸습니다. 응용에는 심적 기구의 정밀한 지식이 전제가 됩니다. 응용이 긴급을 요했기 때문에 대부분의 경우 이들 기구를 알기도 전에 앞으로 나아가게 되었습니다. 지능이 무엇인가를 알기 훨씬 이전에 지능 테스트가 확립되어 버렸습니다.

ㄴ 테스트에 대하여 대단한 적의(敵意)를 가지고 계시는 것 같습니다만.

피아제  적의라니, 당치도 않은 말씀. 전체적으로 볼 때 테스트는 유익합니다. 그러나 테스트는 작업 성적의 정도, 즉 개인이 일정한 시기에 일정한 질문에 대해 할 수 있었던 결과를 제시하는 것에 불과합니다. 중요한 사실은 그에게 현재 어떠한 잠재 능력이 있으며, 또한 그것이 장래 어떻게 발휘되느냐를 아는 일입니다.

ㄴ  어린이에 대해서는 어떻습니까? 테스트는 오늘날 어른들을 위해 쓰여지고 있는 모양입니다만.

피아제  그렇습니다. 그러나 문제는 어른에게도 어린이에게도 마찬가지입니다. 어른의 경우에도 현재 가능성으로서 지니고 있는 능력이 어떠한 점이며, 그 능력이 어떻게 발휘되느냐의 문제, 즉 적응능력의 문제가 있습니다.

ㄴ  그러한 적응능력에 관한 테스트는 없을까요?

피아제  없지는 않습니다만, 그러한 테스트가 행해지는 기회가 매우 적을 뿐입니다.

ㄴ  왜 그럴까요. 역시 어렵기 때문입니까?

피아제  그렇습니다. 현실을 측정하는 대신에 잠재성을 판단하는 데 문제가 있습니다. 그리고 나 개인의 의견으로는 어른은 어린이만큼 잘 알려져 있지 않습니다.

ㄴ  선생님은 한 번도 어른에 대해서는 연구해 보신 적이 없으십니까?

피아제  네, 나도 할 수만 있다면 해볼 생각입니다. 그러나 내가 외도할 때마다 어른들은 내가 고안하는 온갖 질문에 그럴싸한 대답을 합니다. 그들은 자신이 읽거나 듣거나 배우거나 한 사실을 말합니다. 한편 어린이들은 몇 배나 자연스럽습니다.

ㄴ  배우고 익힌 것을 되풀이하는 매우 박식한 꼬마어른인 어린이는 없을까요?

피아제  있고말고요. 그러나 그런 경우는 이내 정체가 드러나

며, 나는 도무지 그런 어린이들에게는 흥미가 없습니다.

ㄴ 그들을 멀리하시겠다는 생각이십니까?

피아제 반드시 그런 것도 아닙니다. 그러나 약간 추켜세워 주면 됩니다. 한 가지 예를 들죠. 우리들이 던지는 질문의 하나에 인과율(因果律)의 문제가 있습니다. 그 질문의 내용은 액체 모양이 어떻게 해서 고체 모양이 되는가, 또 어떻게 하여 그 반대의 현상이 이루어지는가 하는 따위입니다. 고체에 대해 어린이는 쉽사리 입자(粒子), 작은 알맹이의 존재를 인정합니다. 작은 돌은 모래 알맹이로 구성되고 있다는 식으로 말입니다. 그러나 액체 모양이 되었을 경우에는 어떠한 일이 일어날까요. 모래의 작은 알맹이는 여전히 존재하고 있을까요? '그렇지 않아요, 그것은 어느 때에 분해해 버리는 거예요. 그것은 녹아버려요.' 이것이 11세 이하의 어린이들에 의해 제시되는 답입니다. 그런데 나는 9살이나 10살의 어린이가 내게 원자이야기를 하면서 열에 녹는 양초에 대해 말한 몇 남자 어린이를 만났습니다. 그들은 말합니다. '그건 간단해요, 양초는 원자로 되어 있어서 그것이 분리하는 현상이에요.' 나는 물어 봅니다. '다음은 어떻게 되는거지.' —— '그 다음엔 녹아버리죠.' 중성자에 관해서까지 이야기하는 어린이도 있었습니다. '그리고 어떻게 되는거지.' —— '중성자는 물이 되지요.' 아시겠습니까. 조금만 추켜세워 주기만 하면 됩니다.

ㄴ 어린이의 지능과 동물의 지능을 비교했을 경우는 어떻습니까? 어떤 순간에 커다란 차이가 나타날까요?

피아제 당신은 나에게 인간의 지능이 동물의 지능과 다르다는 말을 하라는 뜻입니까?

ㄴ 아뇨, 전혀 그런 뜻이 아닙니다. 이를테면, 침팬지는 그 생애의 최초의 수개월 동안, 인간의 유아보다 훨씬 진보하여 훨씬 많은 일을 할 수 있습니다. 그러다가 갑자기 그러한 진보가 멎고

맙니다. 인간은 반대로 무한히, 아니 거의 무한히 발달합니다. 왜 그럴까요?

피아제  유아는 사회생활이나 말이나 심벌 기능의 덕분으로 표상(表象)이나 사고의 가능성을 취득합니다만, 한편으로는 감각운동적 지능은 행동의 조정밖에 관계하지 않으므로 그런 지능은 실행적인 것에 지나지 않습니다. 침팬지는 틀림없이 감각운동적 지능과 심벌 기능과의 경계선에 자리잡고 있는 셈입니다.

ㄴ 심벌 기능이란 무엇을 말합니까?

피아제  변별적(辨別的) 기능, 즉 언어, 심상(心象), 몸짓 등으로 무엇인가를 표현하는 능력을 말합니다.

ㄴ 이를테면 크다고 말하는 대신 양팔을 벌리는 시늉과 같은 것 말씀입니까?

피아제  말하자면 그렇습니다. 그러나 말도 심벌 기능의 특수한 케이스입니다. 귀머거리나 벙어리도 심벌 기능을 가지고는 있습니다만, 분절(分節)된 언어는 가지고 있지 않습니다.

ㄴ 침팬지는 그런 기능을 가지고 있습니까?

피아제  심벌 기능을 말씀입니까? 그들은 갈림길에 있습니다. 특히 주목을 끄는 점은 자동판매기를 사용하는 실험입니다. 우선 판매기에 동전을 넣고 바나나나 그 외의 과일을 거기서 꺼낼 수 있도록 침팬지를 훈련시킵니다. 다음에 판매기가 없는 곳에서 침팬지에게 동전을 던져주면, 대단히 소중스럽게 자기 곁에 놓아 둡니다. 그런데, 침팬지에게 크기가 다른 가짜 동전을 던져주면 화를 벌컥 내고 그것을 내동댕이쳐버립니다. 이것이 실험의 최초의 관찰사항입니다. 다음에 배가 고픈 한 마리의 친구 앞으로 그를 데리고 갑니다. 일반적으로 침팬지들은 마음이 너그럽고 호탕스러워서, 그러한 경우 자신의 바나나 따위를 상대방에게 서슴지 않고 줍니다. 최초의 침팬지가 그 친구에게 동전을 주면 그 친구는 그것을 사용할 수 있도록 훈련되었을 경우, 감사하다는 뜻을 나타내고 동전을 받습니다. 그러나 그것이 가짜 동전이라면 그는 그것을 거절하고 상대방 대가리에 내던집니다. 이것은 하나의 심벌 기능의 단서입니다. 이 경우에 동전은 진짜와 가짜의 구별을 가진 일종의 화폐입니다. 나는 인간인 어린이가 2세 이전에 이와 같은 상태에 도달한다고는 생각하지 않습니다.

  ㄴ 선생님이 방금 지능 발달의 갖가지 단계에 대하여 말씀하신 점은 틀림없이 교육면에서 많은 성과를 거두고 있는 사실로 생각합니다만, 선생님의 연구 결과와, 예컨대 스위스나 프랑스에서의 실제 교육과의 사이에는 현실적으로 상관관계가 있을까요?

  피아제 나는 교육학자가 아니기 때문에 그 질문에 대한 대답은 신중을 기해야만 하겠습니다. 그러나 오늘날 어린 나이 때부터 가르쳐주고 있는 현대수학의 예를 들어 봅시다. 아주 다른 두 가지 사항을 구별하지 않으면 안 됩니다. 현대수학을 가르치기 위해 사용되는 방법에 대해서입니다만, 우선 매우 전통적인 방식으로, 즉 말을 사용하여 가르칠 수도 있습니다. 이 방법은 실패로 돌아가고 맙니다. 이와는 달리 어린이의 활동과 발견으로부터 출발해서 가르칠 수도 있습니다. 이렇게 하면 뛰어난 효과를 얻게 됩니다. 왜냐 하면 내가 논리 수학적인 구조에 대해 할 수 있었던 연구는 현대수학과 여러 구조와 어린이 지능의 자연 발생적인 여러 구조와의 사이에 깊은 유연관계(類緣關係)가 있음을 나타내고 있기 때문입니다. 어린이를 참가시키지 않고 어린이에게 무엇인가 가르치려고 하면, 그때마다 어린이가 스스로의 힘으로 무엇인가를 발견하는 데 방해가 되게 마련입니다. 그것은 실패입니다.

  ㄴ 요컨대 선생님은 우리의 교육방식 전체를 문제시하고 계시는 군요.

  피아제 물론입니다.

ㄴ  어린이에게 완전히 자기 자신이 발견할 수 있도록 한다는 것
은 구체적으로 말해서 어떠한 상태가 됩니까?

피아제  완전하다고 말할 수는 없습니다만, 어린이를 그와같이
이끌어나갈 수 있다는 이야기입니다. 교사의 역할은 어린이를 진
보시키는 얼개를 발견하는 일입니다. 스스로 행한 일, 또는 스스
로 발견한 일로부터 무엇인가를 취득하는 편이 훨씬 훌륭하다는
사실입니다. 학교의 목적이란 도대체 무엇일까요? 창조자, 개혁자
를 양성하는 일일까요? 그렇지 않으면 앞서 있는 여러 세대가 배
웠던 것을 다만 반복하는 것으로 많은 인간을 양성하는 일일까요?

ㄴ  이미 얻은 지식을 확고하게 몸에 갖춤으로써 비로소 새로운
지식의 탐구에 착수할 수 있지 않을까요?

피아제  그렇습니다. 그러나 한 가지 탐구로서 지식을 배우는
일과 말하자면 맥락(脈絡)없이 그것을 배우는 일과는 전혀 문제가
다릅니다.

ㄴ  심리학이 현재와 같이 보급되면 부모는 자기들의 역할을 더
욱 훌륭하게 수행할 수 있게 될까요? 혹은 반대로 그들을 완전히
혼란시켜서 자기네의 어린이를 어떻게 다루면 좋을지 모르게 만들
어 버릴까요?

피아제  양쪽의 경우가 있습니다. 아동교육은 누구나 다 그 능
력이 있다고 자부하게 만드는 아주 색다른 직업의 하나입니다. 그
것은 매우 위험합니다.

ㄴ  위험을 피하기 위해서는 어떻게 하면 좋을까요?

피아제  이를테면 자신이 교사가 되도록 노력을 해야만 됩니다.
교육을 하고 싶다고 생각할 경우에는 심리학의 연구를 조금이라도
해 두면 더없이 유익하다고 생각합니다. 나는 항상 에드와르 클라
파레드[8]의 영지(英智)를 존경해 왔습니다만, 그는 다음과 같이 말
하고 있습니다. '미래의 모든 학교 교사에게, 그리고 그것은 부모

에게도 그대로 적용되는 사실이기도 하지만, 실습, 조사, 연구, 조교 등을 수반하는 동물 심리학의 교육이 행해져야만 된다. 조교사는 동물의 조교에 실패하면 그것은 분명히 자신의 잘못이라고 생각하는데, 어린이를 가르치는 경우에 실패하면 언제나 어린이 탓으로 돌리기 때문이다.' 종아리를 맞아야 될 사람은 어린이가 아니라 부모입니다.'

ㄴ 부모들은 어떠한 잘못을 저지르게 됩니까?

피아제  나의 견해로는 우선 권위의 과잉입니다. 그러한 권위의 과잉은 그 자체로서 바라는 바는 아닙니다만, 어린이의 정신 속에서 행해지는 자연의 활동에 대한 무지 —— 특히 지능면에 대해서 현저합니다 —— 로 말미암아 일어납니다. 내가 방금 말한 바 있는 비보존(非保存)과 보존(保存)에 대해서도 우리가 최초에 이 사실을 발견하고 이야기했을 때, 교육자들은 깜짝 놀라고 말았습니다. 우선 첫째로, 그들은 오랫동안 그 일을 믿으려고 하지 않았습니다. 이어서, 그것은 일종의 속임수와 같아서 진실로 생각되지 않는, 혹은 또 전혀 예외적인 사실로써 생각하게 되었습니다. 그들에게 강연을 들려주기도 하고, 어린이들을 좀더 가까운 거리에서 차분히 관찰시켜 주었으면 좋았으리라고 생각합니다.

ㄴ 선생님께서는 권위 없이도 교육할 수 있다고 생각하십니까?

피아제  그것을 최소한으로 축소하여 되도록 신속하게 어린이 속에서 지적인 면과 정서적인 면이 균형을 이루는 관계를 확립하지 않으면 안 됩니다.

ㄴ 권위를 축소한다면, 결국 어떻게 될까요?

---

8) Edouard Claparéde (1873 ~ 1940) : 스위스의 심리학자. 1908년, 주네브 대학 심리학 교수. 1912년 보베와 더불어 루소연구소를 설립, 교육과학의 보급에 헌신했다. 그의 업적은 널리 신경학·동물심리학·사고심리학 등에 미치고 있으며 생물학적 기능주의의 견해를 갖고 있다.

피아제  결국에는 강요하지 않고 이해시키는 결과가 되겠지요. 이해할 수 있을 때까지는 규칙을 갖고 억누르지 말고, 어린이의 경험에서 출발하여 그러한 규칙을 이해시키도록 노력할 것, 이상이 노력의 목표입니다.

ㄴ  그것은 장 자크 루소의 사고방식에 상당히 가깝군요.

피아제  부분적으로 그렇습니다. 루소가 사회의 역할을 너무나도 무시해 버렸다는 점을 제외하고 말입니다.

ㄴ  루소로부터 선생님에 이르기까지 스위스가 항상 교육심리학자의 조국이었다는 사실을 어떻게 보십니까?

피아제  나라가 작으면 작을수록 교조주의가 널리 퍼지지 않아 연구인이 한층 자유롭기 때문이라고 나는 생각합니다. 나라가 크면 클수록 거기서는 사조가 변화하는 것은 뻔한 노릇이어서 아무래도 구속적이 됩니다. 나는 학파 단위로 모여서 항상 일정한 교의(敎義)를 가지고 있는 러시아나 미국의 심리학자들의 교조주의에 언제나 간담이 서늘해집니다. 스위스는 작은 나라로서 그렇게 중대시하지 않으므로 온갖 사조의 접촉점이 되고 있습니다. 거기서는 연구의 자유가 있으며, 그러한 자유는 큰 나라의 경우보다 훨씬 많지 않을까 생각합니다.

ㄴ  선생님은 최근의 대학을 어떻게 보고 계십니까?

피아제  나는 온갖 레벨의 연구에 깊은 관심을 가지고 있습니다. 주네브의 심리학 연구소에서 우리가 행하려고 노력하고 있는 바로 그 점입니다. 우리들은 조수(助手)들이 우리와 협동해서 행하는 연구에 되도록 빨리 학생들을 참가시키고 있습니다. 우리들은 특수연구의 여러 계열에 하위로 구분된 연간(年間) 연구계획을 갖고 있습니다. 제각기 연구는 두세 명의 학생 그룹의 선두에 서 있는, 한 사람의 조수에 의해 지도되고 있습니다. 한 학생이 조수 대신 담당하는 경우도 있습니다. 그 학생이 동료들보다 이해력이 빠른 경우, 그렇게 되어도 별로 지장이 있으리라고는 보지 않습니다.

L 선생님에겐 어린이의 도덕감정의 발생에 대한 저서가 있는 걸로 알고 있습니다만, 도덕감정은 어떻게 해서 발달하게 됩니까? 그리고 그 단계는 어떠한 것일까요?

피아제 어린이들의 가장 초기의 도덕은 우선 '복종의 도덕'입니다. 선은 어른들에 의해 부과된 규칙과 합치하는 일입니다. 악은 규칙을 어기는 일, 더군다나 문자 그대로 자주 규칙을 어기는 일입니다. 즉, 거짓말은 그것이 현실로부터 멀면 멀수록 그것이 믿기 어려우면 믿기 어려울수록 비열한 것으로 판단되게 됩니다. 한편, 평균적으로 7세 무렵부터 어린이들끼리의 상호적인 도덕이 나타납니다. 그러한 도덕은 행동상으로는 흔히 어른에게 반발하는 형태로 나타나며, 어른으로부터 꾸중을 듣게 되면 그들 특유의 정의의 관념을 낳는 성질의 것입니다. 이것은 어린이의 지적 발달과 밀접한 상관관계에 있는 자율적 도덕입니다.

L 선생님은 자신의 저서 가운데 규칙의 의미에 대해 '구슬치기' 놀이를 말씀하셨습니다. 이 놀이가 선생님의 관심을 끌었던 점은 무엇입니까?

피아제 그것은 어린이들의 태도입니다. 그들은 다른 어떠한 놀이의 경우에도 그렇습니다만, 놀고 있을 때에는 규칙 따위는 완전히 안중에 없으면서도 마음속으로는 규칙을 대단히 존중하고 있습니다. 어린이들은 누구에게나 이 규칙을 바꿀 권리를 인정하지 않으며, 처음부터 그러한 규칙이었다는 주장만 고집합니다. 이같은 그들 나름의 규칙을 바꾸려고 하는 어른들에 대하여 어린이들은 부모만이, 또는 '시·군·면의 높은 사람들', 바꾸어 말해 행정당국이라든가, 선하신 하느님이라든가 하는 피라미드의 정점에 있는 존재라면 그것을 바꿀 권리를 갖고 있다고 주장합니다. 그러나 7세 무렵부터 어린이는 규칙은 어른에게도 신(神)에게도 관계가 없는, 개인 상호간의 필요한 문제, 도덕상의 의무의 문제임을 이해하기 시작하며, 사실 그는 더욱 재미있게 규칙을 응용할 수 있게 됩니다. 왜냐 하면 그는 그로 말미암아 자기형성에 참여하고 있는 셈이기 때문에 그렇게 되는 것도 마땅합니다. 이렇게 해서 다시 그는 규칙을 변경할 권리를 획득합니다.

ㄴ  왜 '구슬치기'가 다른 놀이 이상으로 선생님의 주의를 끌게 되었습니까?

피아제  그것이 특히 어린이들의 놀이이기 때문입니다. 어른들이 끼여들 만한 여지가 전혀 없지 않습니까? 동시에 그 규칙은 매우 복잡하면서도 놀랄 만한 안정성을 가지고 세대에서 세대로 전달되고 있습니다.

ㄴ  그래 '구슬치기' 놀이를 어떻게 연구하셨습니까. 꽤 많은 사례를 경험하시게 되었던가요?

피아제  그렇습니다. 조직적인 연구를 했습니다.

ㄴ  이 전형적인 어린이들만의 세계 속에서, 어린이들이 어른인 당신에게 정직하게 대답한다는 사실을 어떻게 아시게 되었습니까?

피아제  나는 두 가지 방법을 갖고 있었습니다. 한 가지 방법으로, 어린이들에게 이렇게 말해 줍니다. '난 말이야, 너희들처럼 어렸을 적에 구슬치기를 무척 좋아했단다. 그러나 난 모두 잊어버리고 말았다. 너희들이 나에게 다시 한번 가르쳐 주었으면 정말 기쁘겠다.' 어린이들은 규칙을 가르쳐 주었습니다. 나는 온갖 종류의 어리석은 잘못을 저지르면서 놀고, 그들의 반응을 살피면서 '규칙의 의식'이라고도 일컬을 수 있는 도표를 작성했습니다. 다음에 그들이 친구끼리 놀고 있는 모습을 관찰하기로 했습니다. 다만 관찰만으로 나는 그들의 행동을 비교할 수가 있었습니다.

ㄴ  그래서 그들이 선생님께 말한 사실과, 그들이 하고 있던 사실과의 사이에 일정한 상관관계를 발견할 수 있었습니까?

154

피아제　어느 연령층부터는 완전히 파악할 수 있었습니다.

L　선생님은 또한 어린이들이 속임수를 쓴다고 말하신 적이 있습니다. 한 어린이를 교육하는 관점에서 본다면, 어린이의 심적인 메커니즘을 알지 못할 경우, 어린이가 속임수를 쓰는 것을 보시고 불안한 마음이 생기지는 않으십니까?

피아제　말씀하신 대로입니다. 그러나 나의 견해로는, 속임수는 무엇보다도 억눌린 권위의 산물입니다.

L　선생님이 보실 때 심리학의 가장 중요한 임무는 인간을 더욱 향상시키는 데 있다고 생각하시지 않습니까?

피아제　그렇게 희망하신다면 바로 그렇습니다. 가장 중요한 사실이라고는 하지만, 그것은 내가 자신에게 부과한 임무가 아니기 때문에 당신의 질문에 당당할 수 있습니다. 어떠한 응용에 대해서도 연구를 최우선적으로 생각해야만 된다고 나는 생각하고 있습니다.

L　지당한 말씀이십니다. 더군다나 선생님께서 진지한 연구에 바탕을 두지 않는 유효한 응용은 있을 수 없다고 말씀하신 점은 그야말로 정론(正論)입니다.

피아제　물론이고말고요. 그러나 연구인은 —— 나는 자신을 연구인으로 꼽고 있고, 교육자 부류엔 전혀 넣을 생각도 하지 않고 있습니다만 —— 그가 응용을 생각하지 않는 범위 내에서 비로소 유익한 일을 할 수 있다고 나는 생각하고 있습니다. 응용면에 생각이 미치게 되면 즉시 문제가 제약을 받게 됩니다. 물리학의 응용에 있어서도 가장 수확이 많았던 점은, 응용의 관점에서 이루어진 연구가 아니라 응용으로부터 가장 멀리 떨어진, 가장 고전적인 연구라는 사실입니다. 이를테면 수학적 대칭성(對稱性)의 문제에 근거를 두고 있는 맥스웰의 방정식[9]은 전자기학(電磁氣學)의 분야에서 행해지는 모든 연구의 출발점이 되고 있습니다. 마찬가지로 심리학에 있어서도, 우리가 직면하고 있는 현상(現狀)에 있어 가장 긴급을 요한다고 간주되는 여러 문제를 등한시하고 있으면, 장래의 응용 분야가 아주 좁혀질 것으로 생각됩니다. 현장의 인간을 이용하여 결국 가장 풍부한 수확을 거둘 때는 연구인이 그런 일을 염두에 두고 있지 않을 때입니다.

ㄴ 그래서 우리는 학자로서의 선생님의 활동으로 되돌아가겠습니다. 40년간에 걸친 아동심리학의 깊은 연구에 의해 선생님께서는 인식작용의 이론에 관련된 인식론상의 몇 가지 문제를 어떠한 점에서 더욱 잘 이해하실 수 있게 되었습니까?

피아제 인식론상의 문제는 본질적으로는, 인식 주체와 인식 대상이 관계되는 문제입니다. 이를테면 경험론에서는 대상에 역점이 두어지고, 인식은 대상의 모사(模寫)라고 하는 사고에 도달합니다. 인식은 사실 모두 경험에서 유래하는지 어떤지를 경험을 통하여 확인하려고 나는 생각했습니다. 즉, 나는 경험론이 진실인지 어떤지를 확인하기 위해 경험론의 여러 방법을 이용해 보았습니다. 나는 거기에서 다음과 같은 결론에 도달했습니다. 그것은 인식이라는, 한낱 대상에 의해 주체에 등록되는 기록이나 각인(刻印), 즉 대상의 모사는 아니라는 사실입니다. 인식이 형성되는 모습이 우리의 눈에 비치는 도처에서, 우리는 대상에 무엇인가를 곁들이는

---

9) 제임스 클라크 맥스웰(1831~1879)은 영국의 물리학자로 선배 패러디의 발견을 고구(考究)하여 전자현상(電磁現象)을 기술하는 네 개의 방정식

$$\mathrm{rot}\ E = -\frac{1}{c}\frac{\theta B}{\theta t},\ \mathrm{div}\ B=0,$$

$$\mathrm{rot}\ H = \frac{1}{c}\frac{\theta D}{\theta t} + \frac{4\pi i}{c}\ \mathrm{로},\ \mathrm{div}\ D=4\pi\rho$$

를 끌어냈다. 여기서 E는 전장(電場), H는 자장(磁場), D는 전속밀도(電束密度), B는 자속밀도(磁束密度) 전류, p는 전하(電荷), c는 광속도(光速度). 이것은 고전역학(古典力學)에서 뉴턴의 운동 방정식과 비견할 만한 완전한 정식화이며 전자현상연구의 기초가 되고 있다.

주체의 활동을 확인합니다. 인식에 관한 경험론적인 연구는 경험론을 부정한 셈입니다. 경험은 항상 경험에 의해서는 지탱할 수 없는 논리 수학적인 테두리를 전제로 하고 있습니다.

ㄴ 주체에 무엇을 곁들이면 좋을까요?

피아제 주체는 조정(調整), 즉 관련성(關聯性)을 곁들입니다.

ㄴ 그 까닭은 무엇일까요?

피아제 논리·수학적인 경험의 일례를 들어 보기로 합시다. 자갈을 늘어놓고 있는 어린이가 왼쪽에서 오른쪽으로 10개의 돌을 센다고 합시다. 그리고 그가 반대 방향으로 세게 되면, 놀랍게도 다시 10개를 센 것을 발견합니다. 그래서 그는 자갈을 둥글게 놓아 두고 세어도 역시 10개의 자갈을 발견하게 됩니다. 거꾸로 세어도 역시 10개입니다. 이 경험으로 말미암아 어린이는, 수의 총화는 세는 순서에 관계가 없음을 배운 셈이 됩니다. 그리고 자갈은 조정되어 있지는 않았습니다. 일렬로 하거나 둥글게 늘어놓은 것은 그였습니다. 순서는 주체의 행위에 의해 곁들여진 구조입니다. 대상은 이와 같은 구조로 말미암아 윤색되어 그 구조가 대상을 이해시키게 됩니다. 총화도 마찬가지입니다. 자갈이 거기에 있다고 하더라도 그것들은 수사(數詞)와 대응시켜지기 전에는, 10이라는 수를 이루고 있지는 않았던 셈입니다. 10이란 수는 자갈의 특성이 아니고, 다수의 집합 사이의 대응관계입니다. 이같은 모든 현상은 주체의 활동을 전제로 하고 있습니다. 자갈을 모사하는 것만으로는 그러한 결과는 생겨나지 않습니다.

ㄴ 단 한 개의 자갈을 예로 들었을 경우에도, 우리는 거기에 무엇인가를 곁들이고 있는 셈일까요?

피아제 물론입니다. 단 한 개의 자갈이라 한다는 것은 단일성(單一性)의 이념입니다. 단일성에는 두 가지 의미가 있습니다. 동일성이라고 하는 논리적인 단일성과, 그 밖에 낱낱의 단일의 개체의 등가(等價)라고 하는 산술적인 단일성입니다. 나는 오로지 대상에서만 끌어낸 인식을 발견하는 것은 도저히 불가능한 일이라고 생각합니다.

ㄴ 현대수학이란 바로 이 자갈의 예와 같다고 하겠습니다. 어린이들은 스스로 사물의 대응관계를 발견합니다만, 그들은 조금도 강요당하지 않고 집합(集合)의 이론을 발견하고 있는 셈이라 하겠군요.

피아제 그렇습니다. 이상 말한 모두는 고전적인 숫자보다도 훨씬 어린이의 가까운 곳에 있습니다.

ㄴ 그래서 우리들은 토폴로지[10] 근처에 있는 셈이군요.

피아제 그렇습니다.

ㄴ 선생님은 토폴로지를 어떻게 정의하십니까?

피아제 논리적 관점에서의 동류(同類) 사이의 여러 관계와, 개체 또는 동류 사이의 상호간의 여러 관계는 어느 경우에는 유사와 차이(差異) 위에 기초를 둡니다만, 거기에 있어서는 동류와 관계되는 논리를 얻을 수 있습니다. 또 어떤 경우에는 근접성(近接性)[11]이나 도형(圖形) 등에 기초를 두기도 하는데, 이 경우에는 필경 기하학적이며 토폴로지적인 측면을 얻을 수 있게 됩니다.

ㄴ 이들 근접성은 우리들 마음속의 깊은 무엇에 대응하고 있을까요? 어떻게 해서 유아는 자신의 주위의 세계를 발견하게 됩니까?

---

10) topology, 위상수학(位相數學) : 집합(集合)의 요소 사이의 원근(遠近)이나 연결 상태를 연구하는 수학 부문. 이와 같은 문제를 처음으로 제기한 것은 오일러(1707~1783) 라고 일컬어지지만 독자적인 수학분야가 된 것은 금세기에 들어와서부터이며 오늘날에는 어떠한 연구에도 필요불가결한 기초가 되고 있다. 게다가 토폴로지에는 거리와 근방 계(系)를 사용하여 폐집합(閉集合)·개집합(開集合)·연속성·연결성·콤팩트성(性) 등을 문제로 삼는 집합적 위상수학(位相數學)과 복체(複體)를 바탕으로 군론(群論)을 사용하여 도형(圖形)의 요소 연결 상태를 연구하는 대수적 위상기하학(位相幾何學)이 있다.

158

피아제  유아에게 있어서 세계는 무엇보다도 움직임이 있고 지각할 수 있는 도표(圖表)의 총체(總體)입니다만, 그러한 경우, 근접성은 지각의 가까이에 있으면서 물론 중요한 역할을 도맡고 있습니다.

ㄴ  자신의 요람에 누군가 들여다보는 얼굴이 눈에 들어왔을 때, 유아에게는 무슨 현상이 일어날까요? 그것은 가냘픈 기색(氣色)이라 말할 수 있을까요?

피아제  아뇨, 그렇지 않습니다. 그는 그것을 우리들과 거의 마찬가지로 지각하게 마련입니다. 핵심적인 문제는 그에게 그러한 일이 이미 눈에 들어오지 않았을 때, 그에게 무엇이 일어나고 있음을 아는 일입니다. 왜냐 하면 그에게는 무엇이 일어났는가를 불러일으키는 수단이 없기 때문입니다. 그는 아직 심벌 기능을 가지고 있지 않으며, 아직까지도 공간을 구축하고 있지 않기 때문입니다. 따라서 그의 요람을 들여다보고 있던 얼굴이 그의 시계에서 사라져 없어지면, 그로서는 그 소재를 발견할 수도 없고, 그것을 불러일으킬 수도 없게 됩니다. 가장 단순한 가정은 나타난 다음에 사라지고, 다른 경치 속에 융합되어 버리는, 일종의 광경이 그에게는 문제가 되고 있음을 상정해 두는 일입니다. 하기야 이 광경은 또다시 나타나도 상관은 없습니다만, 그리고 유아는 그 광경을 재현시키는 매우 효과적인 방법을 알고 있습니다. 아주 억세게, 그리고 오랫동안 울어만 대면 됩니다. 그러면 앞서의 광경이 되돌아오는 것은 틀림없습니다.

ㄴ  그러나 이와 같은 상태에서 어떠한 자정을 통해 그의 주위에 대상의 세계가 구축되어 가는 것일까요?

11) 근접(近接)은 수학에서 말하는 근방(近傍)과 동일어(同一語). 동물의 '세력권' 따위도 일종의 근방이라고 말할 수 있다. 근방이 있으면 어느 정도 가까운지 판단할 수 있으며 그것이 근접성이다.

피아제   그것은 이동과 위치의 조정(調整) 과정을 통해서입니다. 이러한 이동은 다음과 같은 상황이 생겨나서, 비로소 수학적 의미에서의 군(群)을 구성합니다. 즉, 그 상황이란 어린이 속에서 공간의 구성이 명확하게 되는 일, 일정한 위치를 차지하는 물체가 어린이에게 직접 지각되지 않게 하더라도 여전히 그 상(像)이 어린이 속에서 존속하는 일입니다. 이 대상의 영속성과 군(群)의 구성 사이에는 긴밀한 상관관계가 있습니다.

ㄴ  바꾸어 말한다면 유아는 현대수학을 하고 있는 셈이군요.

피아제   그렇습니다. 유아는 열심히 기하학을 실천하고 있는 셈입니다. 만일 흥미가 있으시다면, 이 대상의 영속성이라는 문제에 대해, 내가 아버지가 되기 전에 행했던 관찰을 이야기하겠습니다. 나는 꽤 큰 방 안에서 사무용 책상에 앉아 있었습니다. 조카가 있었는데, 나의 바로 눈앞에서 공을 가지고 놀고 있었습니다. 10개월이나 12개월쯤 된 유아인데, 그는 그때 겨우 걸을 수 있을 정도였습니다. 그는 엎드려서, 혹은 일어서서 공을 쥐고, 그것을 던지고, 그 뒤를 쫓아다니고 하는 일을 몇 번이고 되풀이하고 있었습니다. 이따금 공은 안락의자 밑으로 굴러 들어가기도 합니다. 그는 안락의자 밑으로 기어들어가서 그것을 꺼냅니다. 얼마 후에 공이 방의 한쪽 구석에서 바닥까지 드리워진 커튼 밑으로 들어가서 보이지 않게 되었습니다. 그는 몸을 움츠리고 눈을 부릅떠 봅니다만 아무것도 보이지 않습니다. 이때 나는 그가 또다시 재빨리 일어서서 안락의자 밑으로 공을 찾으러 가는 모습을 봅니다. 훌륭한 일입니다. 그렇지 않습니까? 그에게 있어서 대상은 아직 완전히 정해진 위치를 가진 것이 아니었습니다. 그래서 그는 자신의 행동이 성공을 거두었던 바로 그 장소에 그것을 찾으러 갔던 것입니다. 공이 안락의자 밑으로 굴러 들어갔을 때 그의 행동은 성공했습니다만, 그것이 커튼 속에서 보이지 않게 되었을 때는 실패했습니다.

그리하여 그는 안락의자 밑으로 공을 찾으러 갔던 것이지요.

ㄴ 그것은 선생님의 초기의 경험의 하나입니까?

피아제 이것은 나의 초기의, 말이 출현하기 이전의 유아에 대한 관찰의 하나입니다. 나는 나중에 아이를 낳게 되면 이 대상의 영속성이라는 문제를 더욱 자세히 연구해 봐야 하겠다고 맹세했습니다.

ㄴ 그러한 광경을 수백만 명의 사람들이 선생님 이전에 보고 있었을 터인데, 그들은 거기에서 아무것도 끌어내지 못했다는 이야기가 되겠군요.

피아제 인식론상의 문제를 자신에게 충분히 부과하지 않고 있었기 때문에 그것을 깨닫지 못했습니다. 상식적인 의미에서의 인식론은 경험주의적입니다. 경험론에서는, 탄생 이래 유아는 자신의 바깥쪽에 있는 영속적인 사물에 너무나 의지하고 있다는 것이 뚜렷한 사실로서 인정되어 왔습니다. 안락의자 밑으로 공을 찾으러 기어들어가는 조카에게 나의 눈길이 쏠린 점은 내가 어디까지나 인식자였기 때문입니다. 그는 심리학에 있어서 깨닫지 못하고 있던 한 가지 문제에 나의 눈을 뜨게 해 준 셈입니다.

ㄴ 선생님은 자신의 저서 《발생적 인식론》 중의 한 구절에서 다음과 같이 말씀하신 것으로 알고 있습니다만. 즉, 어린이가 행하고 있는 토폴로지에는 꽤 기초적인 무엇인가가 있다. 그리고 그것은 유클리드 기하학을 넘어서, 아득한 앞날의 현대 여러 과학 속에서 그대로 찾아볼 수 있다고 말입니다. 이 사실은 매우 놀라운 것이라고 생각합니다. 어찌하여 그러한 일이 가능할까요?

피아제 그 점에 대해서는 두 가지 점에 주목해야만 됩니다. 우선 다음과 같이 말하고 있는 아리스토텔레스의 함축성 있는 어구를 인용해야만 되겠습니다. 즉, '분석의 순서는 발생 순서의 역(逆)이다.' 바꾸어 말한다면 출발점을 알기 이전에 하나의 프로세스에서 발생하는 온갖 결과가 의식된다는 사실입니다. 그러므로 그리스 초기의 기하학자들이 추상과 측도(測度)라고 하는, 그리스 문명의 정신적 발전의 도달점에서 출발한 일은 극히 당연하다 하겠습니다. 한편 오늘날과 같이 극히 일반적인 여러 관계 —— 그것은 또 동시에 발생적으로 보더라도 아주 유치한 일입니다만 —— 를 발견할 수 있게 된 사실도 역시 지극히 당연한 일입니다.

　L　그 점에는 매우 신비로운 무엇이 없을까요?

　피아제　그런 것은 없습니다. 왜냐 하면 이들은 인간정신과 불가분의 관계이기 때문입니다. 따라서 지능발달의 온갖 레벨에서 이같은 여러 관계의 윤곽이 반드시 드러나게 되겠지요. 나의 제2의 고찰이 아마 내가 말하고자 하는 사실을 밝혀주리라 생각합니다. 여러 과학의 진보에 있어서는, 역사의 일정한 시기의 과학상의 혁명에 의해 완전히 바뀌게 되는 몇 가지 관념이 있습니다. 반대로 다른 몇 가지 관념은 저항을 나타내면서 혁명 이후까지 살아남게 됩니다. 이를테면 속도라고 하는 관념은, 아인슈타인의 상대성이론에 있어선 시간보다 오히려 기본적인 것입니다만 이같은 관념이 저항을 나타낼 수 있는 점은, 그것들이 아주 기본적인 것이기 때문입니다. 따라서 그들 관념은 인간의 아주 초기 발전단계에 있어서도 찾아볼 수 있었던 점입니다. 그러한 관념은 우리들의 심리현상 가운데에 보다 깊이 뿌리를 내리고 있으면 있을수록 더욱더 완강하게 되고 맙니다. 그렇다면 속도의 관념도 역시 그러한 기본적인 관념의 하나라고 말할 수 있을까요?

　피아제　그렇습니다. 고전역학(古典力學)에 있어서는, 속도는 주파(走破)한 공간량(空間量)과 거기에 소요된 시간과의 비(比)입니다. 공간과 시간이 기본적인 직감(直感)이라고 하는 전제를 바탕으로 하고 있습니다. 그런데, 1928년에 나는 다행히도 아인슈타인을 만날 수 있었습니다. 그때, 그는 이 문제에 대해 나를 계발시켜 주었습니다. 그때의 충고를 바탕으로, 지속(持續)의 관념, 즉 시간으로부터 독립된 속도의 관념이 존재할 수 있는지 어떤지를 추구했습니다. 그러자 그러한 것이 하나 있었습니다. 유아기에서 볼 수 있는 '추월(追越)'에 대한 직감입니다.

　L　그것을 선생님은 어떻게 발견하셨습니까?

　피아제　어린이는, 한 개의 움직이는 물체가 또 다른 움직이는 물체를 추월하는 것을 보면, 이것보다 저쪽이 빠르다고 말합니다. 추월의 직감은 공간적 순서(전방·후방)와 시간적 순서(이전·이후)에 바탕을 두고 있습니다. 즉, 그것은 '전에는 그것이 뒤쪽에 있었다', '나중에는 그것이 앞쪽에 있다'고 하는 이치입니다. 그러나 그것은 공간적 넓이도, 지속의 평가도 상정(想定)하고 있지 않습니다. 순수하게 순서적입니다. 그래서 공간과 시간의 어떠한 측정, 어떠한 관계에도 선행(先行)하고 있다고 하는 의미에서 매우 기본적인 하나의 관념이 문제가 되는 셈입니다. 그런데 어린이에게 있어서의 시간적 관념의 발생, 예컨대 동시성을 연구해 보면, 시간적 관념이 부분적으로는 반대로 속도에 의존하고 있다는 사실을 알 수 있습니다. 어린이가 동시에 발진(發進)과 정지(停止)를 명하는 두 대의 차를 예로 들어볼까요. 그것들이 같은 속도로 진행된다면 그는 그것들이 동시에 발진하여, 동시에 정지했음을 인정합니다. 그러나 한 대의 차가 또 한 대의 차보다 빨리 달리다가, 그가 정지를 명했을 때 다른 한 대보다 앞에 있으면, 그는 두 대의 차는 동시에 출발했지만 동시에 정지하지는 않았다. 후방에 있는 차가 '먼저' 정지했다고 말할 것입니다. 그래서 물어봅니다. '뒤쪽차가 멈추었을 때 앞쪽 차는 아직 달리고 있었는가?' —— '아뇨.' '앞쪽차가 멎었을 때에 뒤쪽차는 전진하고 있었는가? —— '아뇨.' '그럼 두 대는 동시에 정지한 셈이로군?' —— '그렇지 않아요, 동시가 아니라니까요. 한쪽이 앞질러 달리고 있었어요'라고 하는 식입니다. 동시성 그 자체가 여기서는 속도에 의거하고 있으며 '동시에' 라는 관념은 아직 어린이에게는  의미를 갖고 있지 않습니다.

ㄴ  어떠한 동기로 아인슈타인은 이 문제에 선생님의 관심을 끌게 했을까요?

피아제  그것은 2차대전 후, 여러 지성을 접근시킬 목적으로 개최되었던 아인슈타인 주최의 소규모 과학철학회의, 이른바 독·불회의(獨佛會議)때의 일이었습니다. 2,3명의 스위스인이 초빙되었습니다. 나는 어린이에게 있어서 인과율(因果律)의 인식이 어떻게 되어 있는가에 대해 강연을 했습니다. 아인슈타인은 나의 이야기를 듣고 흥미를 느꼈는지, 속도에 대한 프리미티브(primitive)한 직감이란 것이 존재하는지 어떤지를 나에게 질문했습니다.

ㄴ  그것은 결국 상대성 이론과의 관계에서 그의 흥미를 끌었을까요?

피아제  그렇습니다.

ㄴ  선생님은 자신의 성과를 그에게 전하고, 그에 대하여 그와 이야기할 기회를 가지셨다는 말씀일까요?

피아제  그렇습니다. 나는 수년 전 3개월 동안 프린스턴에 머물고 있었는데, 거기서 그분과 다시 만나 그에 대한 이야기를 주고 받았습니다.

ㄴ  그는 깊은 관심을 표명했습니까?

피아제  네, 그에 대한 이야기입니다만, 그분은 불가사의한 사람으로서, 어떠한 일에도 흥미를 나타내곤 했습니다. 그리고 보존과 비보존(非保存)의 문제에 몰두하고 있었습니다. 인간이 어떠한 지식이라도 좋으니 거기에 도달하기 위해 주파(走破)해야만 될 도정(道程)을 보고 그분은 자기 자신을 잃고 있는 상태였습니다.

ㄴ  선생님은 정신분석에 관심을 가지신 적이 있습니까?

피아제  있습니다. 그러나 그것에 결핍되어 있는 사실은 검증(檢

證)입니다. 나는 그것이 이미 완전한 과학이 되어 있다고는 생각하지 않습니다. 정신분석학자들은 아직도 제각기 섹트에 집합되어 있습니다만, 이것은 약간 곤란한 이야기가 아닐 수 없습니다. 각자의 섹트에 있어서 연구자들은 서로를 직접 믿고 있습니다. 그들에게는 제각기 공통의 진실이 있습니다. 한편 심리학에서는 반박하려고 시도하는 것이 최초의 반응입니다. 정신분석학자들은 많든 적든 프로이트의 저작과 일치하지 않으면 안 되는 진실에 준거(準據)하고 있는 셈입니다. 나에게는 이런 일이 매우 거북하다고 생각됩니다.

ㄴ 선생님은 정신분석이 과학이 될 수 있다고 생각하십니까?

피아제 더욱 이단자(異端者)가 많아지면 확실히 그렇게 된다고 생각합니다.

ㄴ 어린이들에 대한 실험 가운데서 선생님은 잠재의식이 나타나는 현상을 보신 적이 있습니까?

피아제 그것은 나를 언제나 깜짝 놀라게 하는 질문입니다. 아시겠습니까? 그 까닭은 나의 전문인 지능의 장(場)에서 내가 연구하고 있는 일의 4분의 3은, 피험자(被驗者)의 관점에서 볼 때 무의식적임에도 불구하고, 그곳의 잠재의식을 끄집어내는 일은 결국 말하자면, 잠재의식이 본질적으로는 각별히 정서적인 무엇이 아닐가 하는 생각이 거기에 나타나 있기 때문입니다. 의식은 지능면에서는, 일련의 검증(檢證)에 의해 해명되는 하부구조(下部構造)로 말미암아 흔히 비뚤어지고, 게다가 매우 부분적인 자각(自覺)의 결과입니다. 당신은 나에게 잠재의식에 부딪친 적이 있었느냐고 묻고 계시는데, 물론 정서의 장(場)에서는 대단히 프로이트적인 형태로 그것이 나타나는 심벌놀이 가운데서 그것을 경험했습니다. 나는 자신의 어린이들이 아빠는 죽어서 아주 먼 곳에, 어딘지도 모르는 곳에 묻혀 있다고 말하던 일을 다시 생각하게 됩니다.

ㄴ 심벌놀이란 아빠·엄마 놀이를 말씀하십니까?

피아제  여러 가지 물체나 몸짓에 의해 어떤 것을 나타낼 수 있다면 무엇이든 좋습니다. 심벌놀이에 있어서는 끊임없이 정서적인 콤플렉스가 있어서 그것이 표명되곤 합니다. 심벌놀이는 특히 갈등을 해소하는 데 이바지합니다. 어린 여자아이가 수프를 먹기가 싫어서 그 일에 대해 말다툼이 일어났다는 식으로 부모와 어린이들 사이에 갈등이 나타나면 오후의 인형놀이에 그것이 반드시 나옵니다. 어린 여자아이는 흔히 부모보다도 훨씬 뛰어난 교육자입니다. 그녀는 인형에게 어떻게 해야만 된다는 점을 설명합니다. 혹은 더욱 간단히 말해서 식탁에서의 그녀는 즉시 '굴복'하지는 않았지만, 이젠 체면상 문제는 없으므로, 이 상징화된 대변자인 인형을 통해서 부모를 옳다고 간주하는 셈입니다.

ㄴ 그렇게 되면 심벌놀이의 구조는 인간의 심리현상의 중요한 구조가 될 수 있다는 말씀이십니까?

피아제  물론입니다. 내가 심리학자라면 나는 언제나 그것에 몰두할 겁니다.

ㄴ 만일 내가 심리학자라면 하고 전제하신 까닭은?

피아제  그럴만한 까닭은 나는 어디까지나 인식론학자이고 나의 영역은 지능분야이기 때문입니다.

ㄴ 선생님의 일은 프로이트주의와 양립할 수 있습니까?

피아제  실로 수많은 프로이트주의자에게 양립할 수 있다는 사실을 제시하려는 노력을 하고 있습니다. 확실히 양립할지도 모릅니다. 그러나 문제는 따지고 보면 그들이 얼마만큼 프로이트주의에 묶여 있는가에 달려 있습니다. 정신분석 학자들은, 나의 생각으로는 그들의 최고의 이론가였던 테이비드 라파포트[12]라는 사람을 잃고 말았습니다. 그는 수년 전에 사망했습니다. 40세 안팎이었는데 라파포트는 정서적 충전(情緖的充電)에 대한 프로이트적 관

념에 바탕을 둔 훌륭한 업적을 남겼습니다. 그는 의사 겸 정신분
석학자가 되기 전에는 원래 물리학자로서의 교육을 받은 사람입니
다. 그는 프로이트류의 카타르시스(Katharsis)와 동화(同化)에 대한
내 생각과의 사이에 긴밀한 유사(類似)를 보고 있었습니다. 요컨대
굵직한 선에 가서는 확실히 일치할 수 있다고 생각합니다만, 그러
나 정신분석학자 중엔 증거가 불충분할 때에도 확신을 가지고 여
러 가지 일을 남에게 곧잘 이야기하는 버릇이 있게 마련입니다.

ㄴ  바꾸어 말한다면, 선생님의 의견으로는, 정신분석은 앞으로
과학으로 구축되어야 한다는 말씀이군요.

피아제  대충 말하면 그렇게 됩니다. 그러나 정신분석학이 과학
적으로 구축되기 위해서는 우리들이 부딪치고 있는 어려움보다도
훨씬 커다란 어려움이 거기에 따르게 됩니다. 나는 실태를 보려고
생각하고, 학교에서 정신분석을 어느 정도 연구해 본 적이 있습니
다만, 그 점에 유의해 주시기 바랍니다. 나는 아주 생생한 흥미를
가지게 되었습니다.

ㄴ  그리고 선생님은 그 정신분석과는 다른 분야로 진출하실 셈
이군요.

피아제  나는 정상적인 인간에게는 정신분석이 매우 유익하다는
인상을 받았습니다. 그러나 병리학적(病理學的)인 사례에 대해서는
위험할지도 모릅니다.

ㄴ  마지막 질문입니다만 선생님은 어린이를 좋아하십니까?

피아제  네, 물론입니다. 나 자신은 아직도 어린이 같으니까요.

---

12) David Rapaport (1911~1960) : 헝가리 출신의 정신분석학자. 자아심리학의 권위자의
한 사람. 헝가리 왕립대학에서 학위를 취득, 1938년 미국에 건너감. 1940년부터
메닝거 클리닉에 소속. 미국 심리학계에 있어서 임상·이상심리학 부분의 창설
자의 한 사람.

대담자 약력

1896년 스위스의 누샤텔에서 태어남. 주네브의 장 자크 루소 학원에서 자
　　연과학과 심리학을 연구함.
1922년 동 학원의 교수가 되고 이어 원장(院長)이 됨.
1952년 소르본느 대학 교수로 임명됨. 주네브에 은퇴하여 여생을 보내면서
　　발생적 인식론, 철학, 심리학의 수많은 저작의 편찬에 전념하였음.
주요저서 :《지능의 심리학》,《판단과 추리의 발달 심리학》,《논리학과 심
　　리학》,《구조주의》,《기억과 지능》,《교육학과 심리학》,《심리학과
　　인식론》등이 있음.

인간개조를 제창한 생물학자

# 프랑스와 자콥

François Jacob

생물이란 무엇인가. 인간의
두뇌는 자신을 규명하기에도 부
족한 것일까. 스스로의 진화를
도맡을 수는, 최초의 진화의 산
물인 인간은 인간을 바꿀 수 있
을까. 1965년도 노벨 의학 생리
학상 수상자인 프랑스와 자콥은
그의 저서 《생명의 논리》에서
이러한 물음의 모든 것에 대답
하고 있다. 이 저서에서 그는
생물학계의 이론적·역사적 기
초를 검토하고 있다. 바야흐로
유전이 암호·지령·정보라고
하는 용어로 설명되는 시대에,
프랑스와 자콥은 생물학의 역사
론 가장 알기 쉽게 이야기함과
동시에 앞으로의 생물학의 본질
적 여러 문제를 제시하고 있다.

렉스프레스  선생님께서 출판하신 책을 읽어보면, 유전학에 관하여 놀랄 만한 사실을 여러 모로 알 수 있습니다. 그에 대해 말씀해 주시기 전에 한 가지 질문이 있는데요, 왜 생물학을 전공하시게 되었습니까?

자콥  전쟁 전에 나는 외과의사가 되려고 생각했습니다. 나는 자유프랑스군에 입대하여 싸우다가 1944년 온몸에 부상을 입었습니다. 회복하는 데 수개월 걸렸습니다. 그러나 그때는 내 나이가 그렇게 젊지 않았기 때문에 외과의사가 될 수는 없었습니다. 의학부를 마치고 얼마 동안은 신문·잡지에 기고를 하고 동시에 기업에 관여했습니다. 국립행정학원(國立行政學院 : ENA)[1]에 들어가려고 생각했습니다. 그러다가 결국 과학을 공부하게 되었습니다. 생물학은 다른 분야보다 흥미를 가질 수 있다고 생각했습니다. 다행히 좋은 시기에 좋은 장소를 택했다고 말할 수 있겠지요.

ㄴ  이른바 적성에 맞았다는 이야기가 되겠군요.

자콥  글쎄요…… 나는 이른바 적성이라는 것에 대단히 의문을 품고 있습니다. 과학적 연구는, 무엇보다도 어느 형태의 에고이즘이라고 생각합니다. 우리들은 제각기 여러 가지 고정관념을 갖고 있는데, 거기에서 다행히 무엇인가를 끌어내는 데 성공하려면 그것들과 대면해서 얼마나 깊이 생각할 수 있느냐에 달려 있습니다.

1) Ecole Nationale d' Administration : 이른바 고등전문학교의 하나이며 1945년에 창립된 고급관료양성기관. 대학 졸업장을 가진 26세 미만자 및 26세에서 30세의 공무원을 대상으로 개별 입학시험이 있다. 관계요직의 3분의 1은 국립행정학원의 졸업생이 차지하고 있다.

따라서 적성이란…….

ㄴ 선생님의 고정관념은 생물학이셨군요.

**자콥** 당시 —— 1950년입니다만 —— 분명히 생물학에 있어서 무엇인가 일어나려고 하고 있었고 증식(增殖), 바이러스, 박테리아에 관한 온갖 학문이 뿌리째 뒤바꿔지려 하고 있었습니다. 나는 다행히도 파스퇴르 연구소[2] 안의 앙드레 르보프[3] 연구실에 들어갔습니다. 그 연구실에는 자크 모노[4]가 있었습니다. 마침 새로운 과학이 탄생할 바로 그때에 나는 그 곳에 와 있었습니다. 그때까지의 경과를 알려면 3, 4편의 논문을 읽는 정도로 충분했습니다.

ㄴ 생물학은 새로운 과학이라 말씀하시는데, 그 역사를 설명하기 위해 선생님 자신의 저서에선 왜 16세기부터 쓰기 시작하고 계십니까?

**자콥** 사고가 과학적이 되고, 근대적 사고로의 발전이 시작되는 시기가 17세기이기 때문입니다. 16세기는 말하자면, 고대 이래의

---

2) Institut Pasteur : 파스퇴르가 광견병 예방법 발견으로 얻어진 자금으로 1888년 파리에 설립된 세균학 연구소.

3) André Lwoff (1902~ ) : 프랑스의 미생물학자. 1921년 이후 파스퇴르 연구소에서 미생물학을 연구. 1959년에서 1968년에 걸쳐 파리 대학 교수. 1968년에서 1972년에 걸쳐 암연구소 소장. 파스퇴르 연구소에서 자코 모노, 프랑스와 자콥 등 많은 석학을 배출한 것은 그의 수많은 학문적 업적 못지않게 중요하다. 그의 통솔하에 동연구소는 분자생물학의 세계적 중심이 되었다. 1965년, 상기 두 사람과 더불어 박테리아와 바이러스의 유전에 관한 연구 《형질전환의 기구와 세포제어》로 노벨의학상·생리학상을 수상. 1967년 아인슈타인상을 수상.

4) Jacques Monod (1910~1975) : 프랑스의 분자생물학자. 1967년 이래 콜레쥬드 파리(파리 사범학교) 교수를, 또 1971년 이래 파스퇴르 연구소의 소장을 지내고 있다. 1961년 자콥과 오펠롱 설을 제창하였고 분자유전학에 새로운 방향을 제시했다. 우리나라에도 그의 저서 《우연과 필연》이 번역 출간되어 큰 반향을 불러일으켰다. 이 책은 유전암호의 분자론으로 인간학의 새로운 가능성을 추구한 것으로 주목되고 있다. 1965년에는 르보프, 자콥과 더불어 노벨의학·생리학상을 받았다.

생물계에 대한 고찰방식을 제시해 주고 있습니다. 아리스토텔레스, 히포크라테스, 혹은 갈레노스[5]가 말했던 것과, 페르넬[6]이라든가 파레[7]라든가 베살리우스[8] 등 16세기의 위대한 의학자들이 말했던 사실과의 사이에는 별로 큰 차이는 없습니다. 그 저서에서 내가 관심을 집중시킨 점은 생물학적 분석이 어떻게 보다 더욱 깊은 곳에 숨어 있는 대상에 들어가기 위한 입구를 찾아냈는가를 아는 일입니다. 이를테면 어떻게 세포나 유전자를 분석하기에 이르렀는가 하는 것이었습니다. 이렇게 관찰해 나가면 생물학 연구는 처음에는 육안으로 볼 수 있는 여러 생물의 형태를 대상으로 하는 일부터 시작했습니다만, 17세기 이후에는 육안적인 형태의 이면에 숨어 있는 한층 더 깊은 곳에 자리잡은 일련의 구조에 집중되었음이 확인됩니다.

L   그 말씀은 무슨 뜻인지요?

자콥   고대 이후, 생물학계의 연구는 서로 다른 두 갈래 길을 더듬어왔습니다. 한편으로는 생물학이 있는데 이것은 생물체와 여러

---

5) Galènos, Klaudios (131 ~ 201) : 로마시대, 중세를 통해서 최대의 의학자로 일컬어짐. 히포크라테스 이후의 과학적 의술을 제창했고 특히 해부학, 생리학의 영역에서 이를 발전시켜 혈액순환을 발견하는 일보직전까지 당도하고 있었다. 갈레노스 의학은 17세기까지 유럽의학을 지배했다.

6) Fernel. Jean (1497~1558) : 프랑스의 병리해부학자이며 천문학자·수학자이기도 하다. 16세기 최대의 의학자로 '근대의 갈레노스'라고 불리었다. 앙리 2세의 시의(侍醫)를 지냈으며 또 의학범론으로 저명하다.

7) Paré, Ambroise (1510 ~ 1590) : 프랑스 외과의사. 파레는 총창치료법(銃創治療法)으로 유명했으며 군진(軍陣) 외과의 다년간의 경험에 의한 기량과 발명의 재간으로 외과학에 공헌했다. 근대외과학의 시조라고 일컬어진다.

8) Vesalius, Andreas (1514~1564) : 벨기에의 해부학자이며 생리학자. 그 자신은 아직 갈레노스 의학 속에 머물러 있었으나 그의 저서 《인체구조론》은 갈레노스 이후의 예부터 내려오는 과학의 전통과 속박을 부수는 단서가 되었고 코페르니쿠스의 지동설과 더불어 근대과학의 여명을 알렸다

174

기관의 기능을 연구합니다. 이것은 처음엔 특히 의사들에 의해 연구되었습니다. 그들은 질병이나 이상(異常)을 알기 위하여 정상(正常)을 알려고 노력했었습니다. 다른 한편으로는 여러 생물의 분류, 여러 생물 사이의 유연관계(類緣關係), 그리고 그들 기원에 관한 연구가 있습니다. 이것은 말하자면 생물학계의 재산목록과 같다고 할 수 있습니다. 그러나 16세기의 시점에서는 아직 여러 생물 사이에 명확한 경계가 지어져 있지 않았습니다. 그런데 17세기 초에 접어들자 여러 생물은 제각기 명확한 경계 속에 자리잡게 됩니다. 그러나 그 단계에서는 우리의 눈에 자연히 들어오는 것만이 대상이었고 또한 그것이 전부였습니다. 하지만 여기서 비로소 여러 생물의 분류에의 가능성이 열린 셈입니다. 즉 린네[9]에 의해 완성된 분류법(分類法)말입니다. 육안으로 볼 수 있는 여러 생물의 구초가 연구되었는데 생물은 형태와, 선(線)과, 면(面)의 결합이라고 할 수 있었습니다. 18세기 말이 되자, 육안적인 구조의 배후에 육안으로는 보이지 않는 구조가 있어서, 그것이 육안적인 구조의 바탕을 이루고 있으며, 유기체의 구조와 기능을 동시에 지배하고 있음을 깨닫게 되었습니다. 18세기가 '유기적 구조(有機的構造)'라고 일컬어지고 있는 점도 이 때문입니다. 생물이 광물로부터, 생명있는 것이 생명없는 것으로부터, 유기물이 무기물로부터 근본적으로 구별되는 것이 이 시기입니다.

ㄴ 그것이 생물학의 시작이 되겠군요.

**자콥** 바로 그렇습니다. 그리고 이미 온갖 유기체를 구별하는 것이 무엇이냐가 아니라, 그들을 접근시키는 것, 그들이 공통으로 가지고 있는 것, 생명을 특징짓는 것은 무엇인가를 탐구하게 되었

---

9) Linné, Carl von (1707~1778) : 스웨덴의 박물학자. 생물의 분류체계를 정비하고 종(種)의 개념을 확립했다. 박물(博物), 특히 식물의 분류를 정리하고 인위분류 체계를 완성해 처음으로 과학적 이명법(二名法)을 채용했다.

습니다. 큐비에[10]와 조프로와 생 티레일[11] 등에 의해 비교해부학의
연구가 행해집니다. 기관은 다른 종류의 사이에서 동일하진 않지
만 상호간에 대응하는 것, 호흡은 공기 중에서는 폐에 의해 이루
어지지만 물 속에서는 아가미에 의해 이루어진다는 것, 그러나 어
느 쪽이든 이같은 현상은 유기체의 어떤 공통된 기능, 어떤 공통
의 필요에 따라야 함이 밝혀지게 됩니다. 세포는 모든 생물의 최
소공통분모, 기본단위, 이런 표현이 허용된다면 생명의 '미니멈'
을 이루고, 그 세포 자체가 극히 유사한 몇 개의 단위로 분열한다
는 사실도 밝혀지게 됩니다.

  ㄴ 그 다음에는 어떻게 됩니까?

  자콥 20세기 초엽의 수년간에 두 개의 새로운 과학이 나타나서
그때까지의 생물관을 완전히 뒤바꿨습니다. 그것이 생화학과 유전
학입니다. 생화학은 생물의 특성을 나타내는 화학성분과 그 반응
을 분석하며, 유전학은 생물의 유전과 변이(變異)를 분석합니다.
이 두 가지는 제각기 새로운 구조, 새로운 분석대상을 밝혀줍니
다. 즉, 화학반응을 일정한 방향으로 유도하는 효소와 유전이나
변이의 담당자인 유전자입니다. 금세기 중엽으로 접어들자 물리학
과 화학의 진보로 말미암아 생물학적인 최대분자[12]의 분석이 가능
하게 됩니다. 이 분석에 의해 몇 가지 중요한 국면이 밝혀집니다.

---

10) Cuvier, Georges Léopold Chrétien Frédéric Dagobert (1769~1832) : 프랑스의 박물학자. 콜
레쥬 드 프랑스 교수, 파리대학 총장을 역임. 비교해부학의 확립과 발전에 공헌
했으며 고생물학의 연구에도 공적이 있다. 또 천변지이설(天變地異說)을 확립, 진
화론을 부정했지만 동물을 체제(體制)에 의해서 네 부분으로 나누는 등 실증주
의 생물학의 방향을 확립한 업적은 높이 평가되고 있다.

11) Geoffroy Saint-Hilaire, Etienne (1772~1844) : 프랑스의 박물학자. 파리 박물관의 척추
동물학 교수, 발생학, 근대기형학의 창시자로 일컬어진다.

12) 단백질을 가리킴. 단백질은 만(萬) 단위의 매우 큰 분자량을 갖고 있는 분자.

첫째, 이들의 최대분자는 그 구조가 극히 복잡함에도 불구하고, 단순한 단위의 집합에 의해 형태를 갖추게 된다는 사실이 명백해집니다. 즉 이들 분자는 화학자들에게 잘 알려져 있는 원소와 힘을 활동시키고 있는 것에 지나지 않습니다. 그들을 만들어내는 얼개는, 인간의 테크놀로지가 사용하는 것과 아주 흡사합니다. 바꾸어 말하면 거기에는 믿을 수 없을 만한 복잡성이 있습니다만, 손이 미치지 못하는 선험적인 신비 따위는 없습니다. 그리고 아주다른 여러 유기체를 연구해 나가는 중에 조성(組成)과 기능작용과의 놀랄 만한 일치를 발견할 수 있습니다. 같은 종류의 고분자(高分子)가 언제나 발견됩니다. 박테리아라든가, 보리수의 노목의 세포라든가, 젊은 부인의 세포를 분석해 보면 반드시 같은 역할을하고 있는 동일한 기초적 요소가 발견됩니다. 당연한 일이지만, 그 외에 여러 가지 복잡한 요소가 따르게 마련입니다.

　L　진화론에 관한 이야기를 하시지 않았습니다만, 다윈은 이제는 그다지 중요한 존재가 아니라고 보고 계십니까?

　**자콥**　생물학에 있어서 다윈은 틀림없이 근대의 발단입니다. 다윈이 말하고 있는 점은 두 가지 명제에 요약된다고 생각합니다. 그 첫째는, 모든 유기체, 모든 동물, 모든 식물은 자연발생적으로형성된 한 개 또는 아주 소수의 유기체에서 파생된 것이라는 사실입니다. 둘째는, 모든 유기체는 다윈이 자연도태라고 부른 것에의해, 어떤 유기체로부터 다른 유기체를 파생시키고 있습니다. 자연도태라 한다는 것은 단순히 모든 유기체가 한결같이 자손을 만든다는 것은 아니라는 뜻입니다. 이를테면 현재 프랑스에서 거주하는 사람들이 2천 5백년에 가서 그곳에서 거주할 사람들을 태어나게 하는 데 한결같이 관여할 수는 없는 노릇입니다. 그 무렵의사람들은 현재의 주민의 약 4분의 1에 해당하는 사람들의 자손이될 것입니다. 그것이 곧 자연도태입니다. 요컨대 모든 개체가 같은 효율(效率)로 증식할 수 없다는 것은 사실입니다. 진화는 분별증식(分別增殖)으로 이루어집니다. 요약하면, 다윈은 생물체를 이해하기 위한 두 가지 새로운 열쇠를 제공했다는 결론이 되지 않을까요. 첫째 열쇠는 고대 그리스에서 동기를 찾아볼 수 있는 사고방식, 즉 동일종(同一種)에 속하는 개체는 모두 하나의 원형(原型)의 복제(複製)라고 하는 사고방식을 그가 비난하고 있다는 점입니다. 그때까지 양(羊)의 무리는 동일한 원형의 양으로부터 생겨난 갖가지 복제의 집합에 의해 형성되고 있다고 생각되었습니다. 다윈은 다음과 같은 생각에 의해 스스로의 입장을 확립했습니다. '이미 원형인 양은 존재하지 않고 오로지 양이라고 하는 종류의 동물군(群)이 있을 뿐이다. 어느 양이든 다른 것과 동일하지 않다. 모든 양은 평균치에 대하여 변이를 보여주는 것이다. 따라서 중요한 점은 이 변이, 즉 개체변이[13]이다. 왜냐 하면 이 개체변이야말로 자연도태를, 나아가서는 진화를 가능케 하기 때문이다' 라고.

ㄴ  다윈의 둘째 열쇠는?

**자콥**  그때까지 생물계는 우리가 눈으로 보는 형태로 존재함이 당연하며, 말하자면 초월적인 필연의 세계였던 셈입니다. 개나 고양이, 미모사, 거미, 인간과 같은 따위는 존재하지 않았다고 말해도 도저히 납득할 수 없는 노릇이었습니다. 생물계가 지금 여기서 눈에 보이는 사실과 다르게 될 수 있다고는 도저히 생각할 수 없는 일이었습니다. 이에 반해 다윈에게 있어서는 생물계는 아주 다른 양상을 나타내고 있었을지도 모르는 일이었습니다. 그뿐만 아니라 어쩌면 거기에는 생물 따위는 전혀 없었을지도 모르는 일입

---

13) 순계(純系)의 어버이로부터 태어난 아이들일지라도 주로 환경의 변화 따위에 의해 형태, 크기, 색채 등에 차이를 가져온다. 이처럼 같은 유전자를 갖고 있으면서 개체 사이에 보이는 차이를 개체변이(방황변이)라고 한다. 개체변이는 한 대에 한정되어 있으며 유전되지 않는다.

니다. 실은 다윈에 의해 생물에서의 우연성의 개념이 도입됩니다. 생물계는 이미 영적인 존재로 말미암아 외부로부터 지배되는 수동 조절계가 아닌, 증식과 변이라는 특수한 특성을 지닌 개체의 집합체가 됩니다. 이 집합체는 하나의 광대한 내부적인 능동조절계(能動調節系), 즉 지구에 속하고 있으며, 생물계의 진화는 이 계열의 진화의 특수한 일면에 지나지 않는다는 이야기가 됩니다.

ㄴ 다윈에게 아무도 이론을 제기하지는 않습니까?

**자콥** 물론 우연성을 좋아하지 않는 사람들과, 외부로부터 강요당한 합목적성(合目的性)이 없으면 시시하다고 느끼는 사람들은 있습니다. 그러나 그것은 본래 감정적·정서적 문제이고 생물학과는 아무런 관계도 없는 일입니다. 전문가 사이에서는 진화론에 잠시도 이론을 제기한 적이 없습니다. 이에 반해 논쟁이 벌어지게 되면 왕왕 열을 올리게 마련입니다만 진화의 메커니즘입니다. 이것은 생물학과 중에서도 유전학의 문제입니다. 거기에는 대단히 어려운 면이 있습니다. 그 까닭은 진화론은 모든 종류의 역사, 즉 수십억 년에 걸쳐 펼쳐지는 하나의 역사에 관계하는 일이기 때문입니다. 두말할 것도 없이 이 역사를 일부 자초지종에 걸쳐 재현시킨다는 일은 가능한 노릇이 아닙니다.

ㄴ 그렇다면 진화는 결국 도그마란 말씀이신가요?

**자콥** 아뇨, 결코 그렇지 않습니다. 종교적인 것이라든가 마술적인 것과는 대조적으로, 과학적 이론은 항상 실험에 의한 비판에 붙여집니다. 진화론을 주장하는 것은 장래 새로운 데이터에 의해 이단(異端)이 될 위험을 범하는 일입니다. 즉, 만일 어떤 실험이 이 이론의 예상에 어긋나는 결과를 가져온다면, 이 이론을 다시 검토한다거나 폐기하거나 하지 않을 수 없게 될 것이라는 뜻입니다. 그러나 진화론은 결코 쇠퇴하지는 않을 것입니다. 도리어 그 반대라고 생각됩니다. 100년 전부터의 연구가, 그리고 가장 새로운 갖가지 데이터의 모든 것이 전체적으로 진화를 입증하고, 다시 그것을 세부적으로 명확히 하고 있습니다.

　L  생명은 언제, 어떻게 해서 태어났을까요?

　**자콥**  대충 30억 년 전이라고 해 둡시다. 생명의 기원에 대한 문제는 아마도 극복할 수 없다고까지 생각되는 많은 어려움을 내포하고 있습니다. 왜냐 하면 우선, 설령 지구의 여러 조건이 대기, 산소의 면에서 오늘날의 그것과 다르다고 할지라도, 우리가 실험실에서 그것들의 재현을 시도할 경우, 생명의 발생에 있어서는 아마도 지금보다 유리했던 당시의 여러 조건을 가정하는 일밖에 할 수 없기 때문입니다. 다음에 오늘날 현존하는 유기체 중에서 가장 단순한 것, 즉 박테리아 중에서도 가장 단순한 것은 이미 경이적인 복잡성을 지니고 있습니다. 30억 년에 걸친 자연도태로 말미암아 세공되고 개량되고 연마되었기 때문입니다. 원시의 유기체가 이것과 똑같은 복잡성을 지니고 있었다고는 도저히 상상할 수 없는 일입니다. 결국 분석 방식과 실험법에 간단히 영향을 받아버리는 문제를 공식화하는 것은 여간 어려운 일이 아닙니다. 예를 들어 어떤 생물학자에게 '생물이란 무엇인가, 무엇이 생물이고 무엇이 그렇지 않은가'라고 질문했다고 합시다. 그러면 그는 이렇게 대답할 것입니다. '증식하는 하나의 계(系)로서밖에는 생물에 관해 말할 수 없습니다'라고. 즉, 그에게 있어서는 온갖 변이를 수반하는 그 자신의 복제를 만들어내는 계(系), 요컨대 자연도태를 받는 계가 존재하게 되었던 날 이후의 일밖에는 생물에 관해 말할 수 없습니다. 이에 반해 화학자에게 있어서는, 어느 종류의 형태의 분자가 이미 존재하고 있었던 환경 속에서 생물의 출현을 생각할 수 없습니다. 따라서 화학에 있어서 생물의 진화란 오랜 동안의 화학적 진화의 결과에 지나지 않습니다.

　L  그렇다면 생명의 기원은 오랜 과정의 결과라는 이야기가 되

겠군요. 생명은 돌연히 발생하지는 않았을까요?

**자콥** 돌연히 발생하지는 않았습니다. 그러나 과학은 생명이 발생하는 전반에 걸친 단계를 설명할 수가 없습니다. 이와 같은 관점에서 본다면, 가장 곤란한 문제의 하나는 '유전에 대한 암호(暗號)'의 기원입니다. 이 암호는 생물계 전반에 걸친 보편적인 것입니다. 즉, 이것은 박테리아든, 식물이든, 인간이든 온갖 유기체에 대해 동일하게 적용됩니다. 이 사실은, 덧붙여 말하겠습니다만, 진화론의 훌륭한 확증입니다. 즉, 온갖 유기체는 긴밀한 유연관계(類緣關係)를 가지고 있다는 것, 그들은 같은 하나의 원시의 유기체로부터 파생했다는 것, '유전의 암호'는 한번 획득되기만 하면 변함없이 현재까지 같은 상태를 보전하고 전해져 왔음을 나타내고 있습니다. 그러나 이 '암호'는 어떤 방식으로 선택되었는가, 왜 별개의 것이 아니고 바로 그것일까 하는 점은 현재로서는 알 수 없는 일입니다. 우리가 모르는 화학적 구조상의 구속이 영향을 미치는지도 모릅니다. 혹은 유전에 있어서 사정은 언어의 경우와 같았는지도 모릅니다. 요컨대 어떠한 것에 어떤 명칭이 주어짐은 처음에는 우연입니다. 그러나 그 이후는 시스템이 응결됩니다. 우리는 온갖 명칭을, 그것이 이미 가지고 있었던 의미를 혼란시키지 않고 바꿀 수는 없습니다.

**L** 유전의 암호란 알기 쉽게 말하자면 유전자의 말이란 셈인가요?

**자콥** 그렇게 생각해도 무방합니다. 현대 생물학에서는, 생물이란 그 유전자, 즉 염색체 속에 짜여져 있는 하나의 프로그램이 실체화(實體化)한 것으로 생각되고 있습니다. 염색체는 같은 모양이 사슬꼴로 되풀이 이어져 나가거나, 다른 것과 바꾸어지거나 하면서 일렬로 늘어선 방대한 수의 하위단위(下位單位)에 의해 구성됩니다. 유기체의 구조나 특성을 결정하는 것은 이들 단위의 배열

순서이며, 이것은 한 문장에 배열된 문자의 순서가 그 문장의 뜻
을 결정하는 것과 흡사합니다. 박테리아의 경우, 그 프로그램은
대충 천만 개의 부호의 배열로 형성되어 있습니다만, 인간의 경우
에는 수십 억이나 됩니다. 이 박테리아로부터 인간까지의 프로그
램의 이행(移行)은 수십억 년의 결과를 나타내고 있습니다. 이 프
로그램의 증대(增大), 이 천만 개의 부합(符合)으로부터의 추이(推
移)는 진화의 메커니즘을 설명함에 있어서 대단히 어려운 문제의
하나를 제시합니다. 유전학자들은 현재 돌연변이를 설명할 수 있
습니다. 그것은 복제(複製)에서의 오차(誤差)이자 어떤 부호의 변
화이며, 어떤 염색사(染色絲)의 결실(缺失)[14], 중복(重複)[15], 혹은
역위(逆位)[16]입니다. 이들 모두는 유전텍스트의 여러 변이, 프로그
램의 여러 변화를 충분히 설명해 주지만, 천배라고 하는 프로그램
의 증대를 설명하는 것은 아닙니다. 게다가 진화는 점차적으로 폭

---

14) 염색사의 일부를 잃는 것을 말함. 염색사의 한곳이 절단됨으로써 일어나는 말
   단부분의 결실과, 동시에 두 곳의 절단이 일어나 그 사이의 부분이 결실되는
   경우가 있다. 이와 같은 결실과 뒤에 드는 중복, 역위 등, 염색체의 수와 구성에
   변화가 일어나는 것을 염색체 이상이라고 하고 또 염색체의 질적인 변화를 유
   전자 돌연변이라고 한다. 그 결과 개체에 돌연변이가 일어나 태생기(胎生期)에
   죽음에 이르거나 발현형질(發現形質)에 변화를 가져온다. 예로서는 사람의 다섯
   번째 염색체의 일부 결실에 의한 고양이 울음 증상군(症狀群), 스물한 번째 염
   색체의 일부 결실에 의한 만성골수성 백혈병 등을 들 수 있다. 게다가 사람에
   있어서 자연 유산의 20~50퍼센트는 염색체 이상이 원인이라고 보고 있다.
15) 염색체의 일부가 더 있을 경우. 유전자의 갈아탐이 불균등하게 일어났을 경우
   와 절단된 염색체의 단편이 다른 염색체에 부착되어 일어날 경우가 있다. 예로
   서는 사람의 헤모글로빈의 변이(變異), 옥수수 열매의 변이 따위를 들 수 있다.
16) 동시에 염색체상의 두 곳에서 절단이 일어나 그 사이 부분의 염색체가 위치를
   반대로 하여 다시 결합했을 경우를 말한다. 다시 말하면 ABCDEFG 라는 유전자
   의 배열하에서 C와 D 및 E와 F 사이에서 절단되어 ABCED FG와 같은 배열이
   될 경우를 말한다. 이 역위는 고등동물에서 종종 볼 수 있고 실험도 가장 많이
   이루어지고 있다.

이 좁은 발전단계에 의해 행해지지는 않는다고 생각됩니다. 돌연한 변화, 매우 중요한 어떤 종류의 비약이 있습니다. 이를테면, 단세포형태로부터 다세포형태에의 이행이라든가, 척추동물의 출현과 같은 것이 있습니다. 이들 단계는 제각기 프로그램의 두드러진 증대, 부호의 수의 대폭적인 증가에 대응하는 것이기도 합니다.

ㄴ 무엇이 그러한 증대를 결정했을까요. 혹은 결정할 수 있을까요?

**자콥** 현재로는 그것을 알지 못합니다. 그것들은 매우 드문 예외적인 사건의 결과임에 틀림이 없습니다. 아마도 별개의 유기체에서 나온 프로그램끼리의 융합이겠지요. 그러나 그 경우에는 현재로서는 아직 알려져 있지 않는 유전의 메커니즘이 필요하다는 이야기가 되겠지요. 왜냐 하면 유전의 메커니즘 —— 현재의 것이라고 가정합시다 —— 이 주의 깊게 보호되고 있음은, 확실히 그와 같은 갖가지 영향을 받기 때문입니다.

ㄴ 예를 들어 말씀해 주시겠습니까?

**자콥** 16세기의 동물학 논문은 각양각색의 괴물로 가득차 있습니다. 머리가 물고기인 암소, 개 발을 가진 뱀, 머리가 사람인 개와 같은 동물이 등장합니다. 그것들은 언제나 자연을 거역한 교미의 결과라고 생각되고 있었습니다. 이 같은 괴물은 생겨날 수 없다는 사실, 볼테르[17]가 말하는 '혐기(嫌忌)'해야 될 애욕(愛慾)의 결실은 있을 수 없다는 사실이 충분히 이해된 것은 18, 19세기에 접어들어서입니다. 당나귀와 암말과 같이 아주 닮은 두 종(種)이

---

17) Voltaire (1694 ~ 1778) : 프랑스의 문인, 철학자. 대담하고 호기심이 많으며 게다가 굉장한 유연성을 갖춘 정신의 소유자이며 비극, 콩트, 비평, 서사시, 철학 등 다방면에 걸쳐 수많은 저서를 남겼고 특히 양심과 개인적 자유의 존중, 진보에 대한 부동(不動)의 신념과 같은 그의 근본사상은 계몽사상가로서 커다란 영향을 끼쳤다.

교미하여 새끼가 생겨도 이 노새는 일반적으로 생식능력이 없습니다. 바꾸어 말하면 생식의 메커니즘은 서로 다른 유기체의 유전 프로그램 사이의 어떤 엉뚱하고도 새로운 편성으로부터도 주의깊게 보호되고 있는 셈입니다. 그러나 최근에 와서 유전학에서 대단히 중요한 모종의 발견이 이루어졌습니다. 세포를 사용하여 서로 다른 종류 사이의 프로그램의 융합을 꾀하는 것이 가능하다는 것을 알게 된 점입니다. 이것은 특히 파리의 보리스 에프루시[18] 공적입니다. 유기체 전체에 대해서는 실현되지 않는 일이, 그들 유기체의 배양세포에 의해 가능합니다. 이와 같이 해서, 쥐의 염색체와 병아리의 염색체를 포함한 잡종의 세포, 생쥐의 염색체와 인간의 염색체를 포함한 세포 등등을 얻을 수 있습니다.

L  인간의 세포를 사용하여 잡종을 만들 수 있을까요?

**자콥**  물론입니다. 다른 동물의 세포를 사용하는 것과 같은 방법으로 만들 수 있습니다. 사람 세포를 생쥐라든가, 원숭이라든가, 병아리, 혹은 그 밖의 배양 가능한 모든 것의 세포와 융합시킬 수 있습니다. 이것은 아마도 가까운 장래에 인간의 유전분석을 행하여 그 염색체지도(地圖)[19]의 작성을 가능케 하는 방법의 하나가 되겠지요. 어느 면에서 본다면 인간의 유전학은 상당히 쉽게 생각됩니다만, 다른 면에서 본다면 꽤 까다롭습니다. 대부분의 돌연변이는 많든 적든 무서운 모종의 질병이라는 형태로 나타나는 장애를 가져옵니다. 인간의 경우에는 자신의 병에 관해 이야기하거나 고통을 호소하거나 하므로, 이를테면 생쥐라든가 파리의 경우보다는 훨씬 많이, 그리고 상당히 다수의 유전적 장애가 알려져

---

18) Boris Ephrussi (1901 ~ ) : 프랑스의 유전학자. 1747년 이후 파리대학 교수. 효모의 형질변환현상이 세포질 유전적인 것임을 밝혀냈고 핵과 세포질과 유전에 있어서의 역할을 생화학적인 방면에서 추구했다.
19) 염색체에 있어서 유전자의 위치를 가리키는 그림을 말함. 연쇄지도라고도 함

있습니다. 이에 반해 사람의 염색체 지도를 작성하는 일은 동물의 그것을 만들기보다도 훨씬 곤란합니다. 어떤 형의 장애를 나타내고 있는 사람 세포를, 그러한 장애를 가지고 있지 않는 생쥐 세포와 한데 합칠 수 있다는 것은 사람의 유전분석을 보다 간단한 방법으로 행하는 것을 가능케 합니다. 이를테면 생쥐의 염색체를 사람 염색체에 대치할 수 있는 셈이므로 이러이러한 유전형질(遺傳形質)은 사람의 이러이러한 염색체 위에 있다고 추정할 수 있습니다. 그렇게 하려면 30년에서 40년이란 연구가 필요합니다. 이것은 약간 진절머리가 나는 연구이기는 합니다만 없어서는 안 되는 것입니다.

　L　그 연구가 완성되면 한 개인의 유전 프로그램, 나아가서는 개인 자체를 바꿀 수가 있을까요?

　자콥　그 문제는 실제로 모종의 SF가 믿게 할 만큼 급격히 일어나는 일도 아니고, 또 긴박하지도 않습니다만, 그것이 우연히 실현되는 경우를 고려할 필요는 있습니다. 원자폭탄의 경우처럼 몹시 기분이 나쁜 불의의 습격은 딱 질색이라고 한다면 말입니다. 현실이 될지도 모르는 가능성은 몇 가지 있습니다. 이를테면 개구리 알로 실험했던 것을 인간의 난자로 해 본다는 일과 마찬가지로. 장래 인간의 난자를 꺼내어 그 난자에서 핵을 없애버리고, 다음에 그것을 어느 개인의, 예컨대 드골 장군이나 브리지드 바르도의 조직 위에, 미리 제거된 핵 대신에 바꾸어 놓을 수 있다는 따위의 일을 생각 못할 바는 아닙니다. 이렇게 되면 다음에는 인류가 드골 장군이나 브리지드 바르도와 조금도 틀리지 않는 복제를 탐낼 것일지 아닐지, 만일 탐낸다고 하면 몇 개나 바라고 있는가를 안다는 사실이 문제가 됩니다. 그러나 이것은 벌써 생물학의 문제가 아닙니다.

　L　꼭 닮은 복제(複製)란 말이 있습니다만…… 인간에게는 어떤

것이 유전적인 부분이고, 어떤 것이 후천적인 부분입니까?

**자콥**  그것은 인간의 발달에 대해 극히 중요한 문제입니다만, 우리는 아직 그에 대답할 재료를 가지고 있지 않습니다. 인간의 행동 가운데서 유전 프로그램에 의해 엄격히 정해진 부분과 훈련에 의존하는 부분을 구별할 수는 없는 일입니다. 온갖 생물과 마찬가지로, 한 남자 내지 여자는 어떤 유전 프로그램, 즉 양친에게서 생긴 성세포의 결합으로써 결정된 프로그램의 표현임을 우리는 알고 있습니다. 그러나 우리는 또 이 유전 프로그램은 절대적으로 엄격한 것은 아니라는 점, 유기체는 항상 환경과 유전의 일정한 상호작용의 결과라는 점, 환경에 맡겨지는 부분은 진화와 더불어 증대한다는 점마저도 알고 있습니다. 사실 진화의 방향을 명확히 말하려고 한다면 다음과 같이 말할 수 있을 것입니다. 즉, 모든 진화는 환경에 대해서 차츰 확고하게 되어 나가는 유기체의 자율성이라는 말로 표현할 수 있습니다. 이를테면 박테리아는 외부로부터 극히 단순한 정보를 받아서 그들 정보에 대해 하나의 응답, 극히 단순한 하나의 반응을 나타냅니다. 정보와 반응은 그 때문에 양자택일, 즉 예스냐 노우냐에 한정되는 셈입니다. 이에 반해 유기체가 복잡해짐에 따라, 중추신경계통의 발달에 따라, 유기체는 자신을 에워싼 환경으로부터 더욱더 중요한 다량의 정보를 받아들입니다. 동시에 그 유기체는 더욱더 고도의 응답의 선택, 더욱더 변화가 많은 반응을 하는 능력을 가지게 됩니다. 따라서 유전 프로그램은 가장 단순한 유기체에서는 매우 엄격하고, 매우 '폐쇄된' 것이기는 하지만, 유기체가 복잡하게 됨에 따라 차츰 유연하게 되고, '개방된' 것으로 된다고 말해도 좋겠습니다. 포유류에 있어서, 특히 인간에 있어서는 많은 것이 고정되어 있지 않고 획득할 수 있게 되는 것입니다.

  L  뇌의 구조는 유전자에 의해 완전히 결정됩니까?

**자콥** 뇌의 해부학적 구조를 결정하는 것은 아마도 유전자일 것입니다. 그에 대해서는 갖가지 증명을 할 수 있습니다. 특히 생쥐의 경우에서는, 뇌에 있어서의 일련의 해부학적 장애 —— 당연히 행동의 반응장애를 수반합니다만 —— 를 야기하는 일련의 돌연변이가 있습니다. 그러나 뇌의 구조는 어느 정도 환경의 영향을 받게 되는 모양입니다. 이 사실은 고양이를 이용한 최근의 실험에서 밝혀졌습니다. 생후 3개월 내지 4개월의 고양이를 캄캄한 장소에 얼마 동안 넣어 두더라도 이 고양이는 다시 밝은 장소로 나오면, 즉시 물체를 볼 수 있습니다. 그런데 태어난 직후에 빛을 보이지 않고 어두운 장소에 넣어 두면, 이 고양이는 얼마 후에 완전히 눈이 보이지 않게 됩니다. 그리고 이 고양이는 장래에도 결코 볼 수 없게 됩니다. 그러나 고양이는 태어나면 바로 빛에 반응한다는 사실을 증명할 수 있습니다. 바꾸어 말하면 시각계통은 출생시에 이미 존재하고 있기 때문입니다. 그러나 그것은 기능이 작용함으로써 비로소 안정을 찾게 됩니다.

**L** 대단히 엄격한 것과 대단히 유연한 것과의 사이에는 어떤 중간적인 것이 있을까요?

**자콥** 예컨대 행동생물학자가 '암프랑트', 혹은 영어로 '임프린팅'이라고 일컫는 메커니즘이 있습니다. 그 전형적인 케이스를 조류에서 볼 수 있습니다. 일정한 조류는, 이를테면 뻐꾸기의 경우, 그 유전 프로그램에 기재된 뻐꾸기를 분간하는 특성을 지니고 있습니다. 그들은 설사 그때까지 뻐꾸기를 본 적이 없다 하더라도 시야를 가로지르는 한 마리의 뻐꾸기를 분간하여 이내 그것을 쫓아갑니다. 뇌의 얼개로 말미암아 그들은 뻐꾸기가 어떻게 나는가를 선천적으로 알고 있습니다. 이에 반해 다른 조류에서는, 예컨대 기러기는 사정이 전혀 다르다는 사실이, 특히 콘라트 로렌츠의 실험에 의해 알려져 있습니다. 기러기는 그들이 최초에 보는 움직이는 것을 모조(模造)라고 생각합니다. 일반적으로 갓 부화한 병아리가 최초에 보게 되는 움직이는 사물은, 자연 섭리상 실제로 어미새가 되게 마련입니다. 그렇지만 만일 우연히 그 병아리가 본 움직이는 것이 다른 생물, 예컨대 콘라트 로렌츠라고 한다면, 그때는 병아리가 뒤를 쫓는 것, 자신의 어미라고 생각하는 것은 콘라트 로렌츠입니다. 바꾸어 말한다면 최초의 케이스에서는 유전 프로그램은 대단히 엄격하여, 이것은 형태 또는 동작에 의한 식별을 결정합니다. 제2의 케이스에서는 유전 프로그램은 더욱 유연하여 형태에 의한 '암프랑트'를 받을 능력을 결정합니다. 그러나 어쨌든 프로그램의 표현이 매우 유연할지라도, 프로그램이 인간의 학습능력과 같은 잠재능력을 결정할 경우에, 그 학습은 유전 프로그램에 정해진 범위내에서밖에는 실행되지 않는 모양입니다. 이를테면 어린이는 서기나 그 밖의 조건에 관계하지 않고는 말하는 방법을 익히지 못합니다. 다 아시는 바와 같이 12세 이하에서 어떤 말을 배우면 25세에 배우는 것보다 훨씬 능숙하게 그 말을 하지 않습니까? 기억력에 대해서도 마찬가지여서 무엇이든 얼마든지 익힐 수 있고, 게다가 다시 생각해낼 수 있지 않습니까? 여기에도 역시 유전에 의해 정해진 한계가 있습니다.

　L　선천성과 후천성이 어떻게 공존하고 있는지, 또 그들은 어떻게 서로 겹쳐 있는지에 관한 문제는 알고 있습니까?

　자콥　아뇨, 전혀 알고 있지 않습니다. 그러나 과거와 같이 그들이 서로 대립한다고 이미 생각되지 않고 있습니다. 거꾸로 그들은 서로 협력하며 서로 보완하고 있다고 생각되고 있습니다. 후천성은 유전이 지정하는 테두리 안에 삽입됩니다. 그러나 현재로서는 46개의 염색체가 인간에게 부과하는 그 한계는 아직 알려져 있지 않습니다. 그러니까 이 한계를 아는 일이 현재 가장 중요한 문제라고 생각합니다.

L 왜, 현재라고 말씀하십니까?

**자콥** 현재 우리들을 둘러싸고 있는 세계는, 특히 금세기 초엽부터 끊임없이 가속도적으로 변화의 속도를 높이고 있습니다. 그 변화는 확실히 인간의 뇌의 산물인 셈입니다만, 이 뇌의 가소성(可塑性), 뇌 자체가 야기한 온갖 변화에 대한 뇌의 적응능력에는 과연 한계가 없을까 하는 점이 문제가 됩니다. 인간의 뇌는 분명히 자연도태의 산물입니다. 진화는 온갖 종자가 그 속에 구속되어 있는 방향과 분화(分化)에 의해 특정지워집니다. 어떤 것은 가공할 만한 턱이나 이빨이나 발톱을 가지고 있기 때문에 순조롭게 살아남게 됩니다. 또 다른 어떤 것은, 말 따위와 같이 매우 빨리 달릴 수 있게 됨으로써 살아남게 됩니다. 인간의 경우는 뇌가 비상하게 발달하고 있습니다. 특히 계통수(系統樹)의 사람의 존재에 이르고 있는 분지(分枝)가 진화한 것은 이 뇌의 발달에 의해서입니다. 몇 세기 동안, 철학자들이나 과학자들을 깜짝 놀라게 했던 사실은 인간의 뇌에 대단히 정확하고 충실한 세계상을 만들어내는 능력이 있다는 사실입니다. 그러나 인간은 진정 그 때문에 선택된 것이며, 자연도태로 말미암아 이 목적에 어울리게 되었습니다. 만일 인간의 뇌가 외계의 정확한 상(像)을 만들어내고, 거기에서 결론을 끌어낼 수 없었다면, 인간은 더욱 강하고 혹은 더욱 뛰어난 무기를 갖춘 다른 생물의 먹이가 되어 오래 전에 지상에서 사라져버리고 말았을 것입니다.

L 인간은 소멸되지 않았던 셈이군요. 결국 우리들의 뇌는 적어도 선사시대의 생활에 유리했다는 이야기가 되겠습니다만, 그 이후는 어떻게 되었을까요?

**자콥** 인간의 뇌는 그것이 당시의 어려움을 뚫고 나가는데 있어서 인간에게 가능성을 주었기 때문에 비로소 약 10만 년 전에 선택되었습니다. 인간은 이 뇌로 말미암아 들짐승과 싸워서 이기고,

은신처를 찾아내고, 먹이를 얻기 위해 수렵을 할 수 있게 되었습니다. 10만 년 전부터 뇌의 구조는 바뀌지 않고 있는 것 같습니다. 그러나 그에 반해 이러한 뇌가 당면해야만 되는 문제 쪽은 터무니없이 뒤바뀌고 말았습니다.

ㄴ  어떠한 문제입니까? 그리고 언제부터입니까? 무엇이 정말 바뀌게 되었는지요?

자콥  첫째로, 이 세계의 대부분의 파라미터[媒介變數]가 금세기 초엽 이래 변화했기 때문입니다. 인간의 이동 속도는 갤럽으로 질주하는 말에서 로켓으로 옮겨지고, 그 속도는 1천배가 되었습니다. 정보전달의 속도는 대략 1백만배, 파괴수단도 약 1백만 배의 위력을 가지게 되었습니다. 다소 사람 눈에 띄지 않는 다른 원인도 있습니다. 과학이나 과학이 관철하는 대상의 발전을 보면 알 수 있는 일입니다만, 과거에는 오랫동안 누구나 다 지각할 수 있고, 누구나 다 볼 수 있는 대상이 문제였습니다. 즉, 신체라든가 천체의 움직임, 동물이라든가 식물의 형태라든가 하는 따위입니다. 20세기가 되기까지는, 과학은 감각으로 포착할 수 있는 실체를 차츰 좁혀 나가는 일, 그것을 정리 · 분류하거나 측정하는 일에 한정되어 있었습니다. 실험과 추리를 연결시키는 데에 한정되고 있었던 셈이지요. 19세기 말부터 20세기 초엽에 걸쳐서 그것이 바뀌었습니다. 과학이 다루는 대상은, 방사능, X선, 전자(電子) 등, 우리의 오감(五感)이 미치지 못하는 곳에 있습니다. 우리의 몸에는 일렉트론을 분별하거나 그에 대한 정보를 수집하기 위한 어떠한 기관(器官)도 없습니다. 우리의 뇌는 그러한 일을 위해 만들어지진 않았습니다. 옛날 그대로의 우리의 뇌가 관심을 가졌던 쪽은 이 방안에 사자가 있느냐 없느냐를 아는 일이고, 일군(一群)의 전자(電子)가 있느냐 없느냐가 아닙니다. 그 반대였다면 사자들은 아득한 옛날에 우리들을 잡아먹고 말았을 것입니다. 이러한 사실은 모두 적응성이라는 매우 중요한 문제를 제시합니다. 더군다나 나이가 많은 사람일수록 중대한 문제입니다. 왜냐 하면 뇌의 세포는 인간의 세포 가운데서 가장 빨리 노화하는 세포의 하나이기 때문입니다.

ㄴ 뇌는 언제부터 노화합니까?

**자콥** 꽤 일찍부터 시작됩니다. 25세 내지 30세 무렵부터 인간은 하루에 수천 개의 신경세포를 상실합니다. 어쨌든 과학의 여러 분야에서는 30세 이전에 지적 능력, 독창성의 정점에 달하게 된다는 사실은 거의 의심할 여지가 없는 것 같습니다. 물리학 혹은 수학에서는 위대한 신발견, 문제의 새로운 사고방식과 해결 방식은 거의 어김없이 30세 이하의 사람들에 의해 이루어지고 있습니다. 그런 까닭으로 우리들은 분명히 나이를 먹음에 따라 더욱더 급속히 변화하는 세계에 더욱더 적응할 수 없게 됩니다. 때문에 각 세대 사이의 거리가 더욱더 벌어지게 된다 하더라도 별로 놀랄 만한 일이 아닙니다. '히로시마' 때에 10세였던 사람들은 이른바 원폭의 위협과 더불어 성장해 온 셈이므로, 당시 40세 내지 50세였던 사람들과 같은 태도를 취하며, 같은 반응을 한다고는 볼 수 없는 노릇입니다. 놀랍게도 상당한 연배의 세대 내지는 어떤 연대의 사람들은 이만큼 명백한 사실을 흔히 인정하려고 들지 않습니다. 이에 반해 세계의 발전에 직면한 젊은 사람들의 반항은 유익한 일이라고 생각합니다. 인류를 위협하는 여러 문제의 해결을, 아직 체제에 싸여 있지 않은 사람들을 제외하고는, 즉 너무나도 많은 세포를 아직 상실하지 않고 있는 뇌를 가진 사람들을 제외하고는 도대체 누구에게 기대를 걸 수 있겠습니까.

ㄴ 인류의 진화는 끝나버렸다고 말할 수 있는지요?

**자콥** 물론 아직 끝나지 않았습니다. 그러나 자연도태에 관련된 여러 요인은 크게 바뀌었습니다. 이를테면 당뇨병 환자를 예로 들어 볼까요. 당뇨병은 일반적으로 유전적 요인에 기인합니다. 인슐린과 그 제법이 발견될 때까지는, 당뇨병 환자는 아이를 만들 기회가 거의 없다시피 되어 있었습니다. 그러므로 당뇨병의 원인이 되는 유전자는 자동적으로 떨어져나간 셈입니다. 오늘날에는 당뇨병 환자가 여느 사람과 마찬가지로 사회 생활을 하고, 또 자손도 만들고 있습니다. 이렇듯 자연도태의 파라미터는 바뀌었습니다. 진화(進化) 전체를 통틀어 인간을 특징짓는 것은 대단히 완만한 생물학적 진화에다가, 아주 급속한 문화적 진화가 첨가되었다는 점입니다. 더군다나 후자는 전자를 바꾸는 데에 대단한 영향을 끼친 바 있습니다.

ㄴ  지능에 있어서는 무엇이 유전적 요인에 바탕을 두고 있는지 알고 계시는지요 ?

**자콥**  별로 알지 못하고 있습니다. 이제까지 알려진 바로는 유전학은 비교적 단순한 요인 ——효소(酵素)의 존재, 머리카락이라든가 피부의 색깔 따위 ——을 주로 연구해 왔습니다. 그런데 잘 아시는 바와 같이 지능은 규정하기가 매우 어렵습니다. 그것은 아름다움이라든가, 독창성이라든가 하는 따위와 마찬가지로, 다양한 요인에 바탕을 두고 있습니다. 게다가 유전의 분석은 인간의 경우, 앞서도 말씀드린 바와 같은 이유 때문에 대단히 어려운 노릇입니다. 그래서 확대 적용할 수 있는 범위에 있어서입니다만, 생쥐로 화제를 돌릴 수밖에 없군요, 생쥐 집단에 지능 테스트를 행하기 위해서 그들을 미로에 넣어줍니다. 그렇게 하여 그들 중에서 가장 기민한 그룹과 가장 기민하지 못한 그룹을 골라내어 제각기 수세대에 걸쳐서 교배를 해 봅니다. 이렇게 해서 최후에는 '영리한' 혈통과 '우둔한' 혈통을 얻기에 이릅니다. 양자를 교배시키면, 관여하는 유전적 요인의 존재가 실제로 발견될 수 있습니다. 그러나 그것만은 아닙니다. 관여하는 별도의 요인, 예컨대 감정적 요인도 있으며, 더군다나 그들은 새끼생쥐를 기르는 방식, 그 새끼의 어미의 성질, 기타에 기인합니다. 거기에는 다시 유전적 요인과 비유전적 요인 사이에 복잡한 상관관계(相關關係)마저 있습니다.

ㄴ 공격성은 인간의 유전 형질 일부에 속합니까?

**자콥** 동물의 행동을 연구하는 사람들, 특히 콘라트 로렌츠는 다음과 같이 주장했습니다. 즉, 공격성은 그것이 한낱 보다 훌륭한 자손을 얻기 위한 성적 공격성에 지나지 않을 경우에도, 종자의 유지에 있어서 필요한 동물적 행동의 한 구성요소라고 말입니다. 인간도 역시 동물의 하나인만큼 사정이 같지 않다고 생각할 이유는 전혀 없습니다. 그러나 동물의 행동에 관한 연구가 동물에서의 공격성에 균형을 주고, 나아가서는 종자의 자멸을 방지하고 있는 한 가지 메커니즘의 존재마저도 증명했다는 사실은 잊혀지고 있습니다. 늑대가 서로 싸우고 있을 때, 한 쪽이 다른 쪽에 물려 죽게 되면, 그 늑대는 항복의 표시로 목을 앞으로 내밉니다. 그러면 싸움은 바로 중지됩니다. 투쟁이 단순히 유전적 요인에 기인한다고 하는 견해는 그릇된 것으로 생각됩니다. 주요한 영향은 경제적 내지는 사회적 요인, 인구의 증가와 그 결과에 되돌려질 것 같습니다.

ㄴ 분자생물학의 지식은 의학적 지식의 진보에 불가결하다고 생각하십니까?

**자콥** 거기에 반론한다는 것은 좀 어려울 것입니다. 항생물질에 의해 박테리아로 인한 질병이 감소하게 되자, 새로 등장한 것이 바이러스로 인한 질병, 대사관계(代謝關係)의 병, 혹은 유전성 질환입니다. 어쨌든 그들에 관여하는 메커니즘의 분석은, 우선 분자생물학의 문제입니다.

ㄴ 모든 병이 유전성이라고 볼 수는 없다라고들 말하는데 이것은 확실합니까?

**자콥** 인플루엔자라든가 마마라든가 유행성 이하선염(耳下腺炎)에 걸렸을 때는, 유전학이 해야 될 일은 거의 없습니다. 물론 정도의 차이는 있겠지만 커다란 어떤 소질, 어떤 경향, 즉 의사가 말하는 체질이라는 것은 언제나 있게 마련인데, 이것은 유전학에 속합니다. 그러나 어떤 종류의 미생물이나 바이러스에 대해서는 체질의 영향은 대체로 사소합니다. 이에 반해 그 밖의 것에 대해서는 아주 중대한 경우도 있습니다.

L  인간의 유전 프로그램의 발현(發現)에 있어서는 많은 실패가 있는 것일까요?

**자콥** 아뇨, 믿기 어려울 만큼 아주 적습니다. 인간의 유전 프로그램은 상상하기 어려울 만큼 복잡성을 지니고 있습니다. 이것은 수많은 반응을 제어합니다. 그리고 그들 반응은 한 개의 세포, 즉 수정란으로부터 완벽한 순서로 두 개의 눈, 코, 간장, 신장, 기타를 가진 한 사람의 인간을 형성하는 여러 계열의 세포가 생겨나기 위해, 시간과 공간 면에서 정확하게 펼쳐집니다. 실패가 있다면 유산이라든가 기형(畸形)의 수에 따라 측정되는 점입니다. 그런데 그들의 비율입니다만, 이것은 아주 적습니다. 배(胚)의 발육은 아주 훌륭하게 전개됩니다. 그것은 정말 깜짝 놀라게 할 만한 일입니다. 나에게는 아이가 넷 있습니다만, 각기 아이가 나타났을 때는 갓난애가 완전히 생겼는지, 오체(五體)가 만족할 만하고, 기능을 수행하고 있는가 어떤가를 알고 싶어서, 나는 뚫어지게 갓난애를 관찰해 보곤 했습니다.

L  시험적으로 기형을 만들어 보겠다고 생각하신 적은 이제까지 전혀 없었습니까?

**자콥** 그야말로 온 세계의 유전학자들이 시간을 많이 들여 하고 있는 일입니다. 부르세[20]와 클로드 베르나르[21] 이래, 정상적인 것을 알기 위해 병리학(病理學)이 연구되고 있습니다. 운동을 전하는

194

근육의 어느 부분의 역할을 연구하기 위해서는 가장 단순한 방법의 하나로서, 그 부분을 제거해 보고, 그 결과 기능하지 않는 것은 무엇인가를 관찰하는 방법이 있습니다. 생리학자는 신체의 어느 부분의 역할을 그 부분에 기계적인 장애를 만들어 놓는다거나 유독물을 주사한다거나 해서 외부로부터의 분석을 시도합니다. 유전학자의 경우는 내부에서 프로그램을 바꾸어 보려고 시도합니다. 즉, 돌연변이를 사용하는 셈입니다. 정상적인 유기체를 이해하기 위해서 기형을 만들어내고 그들을 연구합니다. 물론 그들은 이같은 일을 박테리아라든가 파리, 쥐를 사용하여 시도하게 됩니다.

L 언젠가 인간을 사용하여 그것이 시도될 위험은 없을까요?

**자콥** 문제는 그런 식으로 제기되지는 않습니다. 문제는 인간이 진화를 도맡는 능력을 지닌, 진화의 최초의 산물이란 점입니다. 단순히 경주마(競走馬)라든가, 실험용 생쥐의 도태와 같은 다른 동물의 진화 뿐만 아니라, 스스로의 그것마저 도맡을 수 있습니다. 확실히 인간은 젖소를 사용하여 하는 것과 같은 일을 인간을 사용하여 할지도 모릅니다. 그것은 분명히 나치스가 손을 대기 시작했던 일입니다. 그 방법은 아직도 지지자를 가지고 있습니다. 온갖 도덕적 문제와는 달리, 거기에는 장기에 걸쳐서 절대적 장애가 된다고 생각되는 두 가지 어려운 문제가 있습니다. 그 하나는 지능과 아름다움 등등과 같은 정도로 복잡한 성격이라는 점에 관한 우

---

20) Broussais, François (1772~1838) : 프랑스의 의학자. 파리 대학 의학부의 병리학·치료학의 고수를 지냄. 병리해부학을 조직적으로 창설한 사람으로 파리에 그의 이름을 딴 병원이 있다. 그의 저서를 통해서 생명 현상은 적당한 자극에 의해 유지되고 병은 국부, 특히 위장(胃腸)에 있어서 지나친 자극에 의해 일어나는 국부적 병에서 시작하여 교감신경에 의해서 점차 확대되는 것이라고 주장했다.

21) Claude Bernard (1813~1878) : 프랑스의 실험생리학자. 파리 대학 교수, 콜 레쥬 드 프랑스 교수를 역임. 실험생리학의 기초를 확립.

리들의 지식이 불충분하다는 사실입니다. 우리가 말할 수 있는 최소한의 일은, 성격이라는 것은 단순한 요소가 아니라는 점입니다. 성격이 무엇인가를 알기까지에는 꽤 많은 시간이 걸릴 것 같습니다. 둘째로 어려운 문제는 어떠한 기준을 선택하느냐 하는 일입니다. 이것은 이미 생물학과는 관계가 없습니다. 필요한 사람은 두뇌가 좋은 사람인가요, 아름다운 사람들인가요, 그렇지 않으면 그 말에 뜻이 있다면 말입니다만, 행복한 사람들인가요? 그런데 누가 그것을 결정합니까.

　ㄴ　인간의 생명, 나아가서는 자손에 관계하는 이상 신(神)의 문제가 얽히게 되지 않을까요?

　자콥　나는 도리어 사회에 대하여 조절 역할을 수행하는 논리체계, 모럴이 문제가 된다고 생각합니다. 왜냐 하면 우리들은 원자폭탄, 로켓, 고엽제를 가지고 있으면서도, 아직도 2천3백 년 전의 사회에 알맞은 도덕률에 바탕을 두고 기능하고 있는 셈이니 말입니다. 분명한 사실은 그 도덕률이 오늘날 산산조각이 나기 시작하고 있다는 사실입니다. 그리고 분명치 않은 것은, 그와 대치할 만한 것은 무엇이냐 하는 문제입니다. 신에 관해서는 이것은 벌써 과학의 문제가 아닙니다. '일부 과학자들의'라고는 말하지 않습니다. '과학의'라고 말씀드립니다. 이 문제는 순전히 감정의 문제로 되어 있습니다. 신은 좋아하는 사람도 있을 것이며, 좋아하지 않는 사람도 있을 것입니다. 그것은 이미 과학과는 관계가 없습니다. 그것은 어디까지나 생기론(生氣論)[22]과 마찬가지입니다. 금세기 초엽에는 어떤 생물학자들은 여전히 생기론자였습니다만, 그들이 생물학에 있어서 행한 일은 그들이 주장하는 생기론과는 관계

---

22) 생명론 가운데서 기계론에 대립함. 생기론은 생물체를 구성하는 요소는 모두 어떤 종류의 생명력에 지배되어 있으며 그 생명력의 발현이야말로 무기적 세계와 생명현상을 구별하는 것이라고 주장한다.

가 없었습니다. 그것은 갈릴레이와 마찬가지입니다. 갈릴레이가 생각하고 있던 일, 혹은 하고 있던 일과 그가 흔히 권력자들과 화해하기 위해 자신의 생각을 기록해 두었던 일과의 사이에는 커다란 격차가 있습니다.

L 인간이 스스로에게 미치는 영향력은 진화의 미래에 있어서의 도정(道程)이라고 생각하십니까?

**자콥** 당신의 질문에서는 두 가지 면을 구별할 필요가 있습니다. 즉, 기술적인 면과 논리적인 면입니다. 나는 기술적인 면에서 대답해야 될 것 같습니다. 현재 우리들은 어느 종류의 박테리아 본래의 유전자형을 바꿀 수가 있습니다. 이를테면 정상적인 유전자를 결함이 있는 유전자에 첨가하려면 할 수 있습니다. 고등생물이나 인간에 대해서는 아직 적용할 수 없습니다만. 그러나 성공할 가능성이 전혀 없는 것은 결코 아닙니다. 논리적인 국면에 대해서는 내게는 그것을 이야기할만한 특별한 자격이 없다고 생각합니다. 유전자나 이론물리학을 연구했다고 해서 그로 말미암아 동포에 대하여 논리적 내지는 정치적 조언을 제공할 만한 권리가 부여되어 있지는 않습니다. 이에 반해 그러한 학문에는 사회 사람들에게 무엇이 일어나는가를 꼭 이해시켜 줄 의무가 있습니다. 그들에게 다음과 같이 말해야 합니다. '수년 이내에 이러이러한 일을 할 수 있게 될지도 모른다. 그때에는 다가올 결과에 대해서 이해해야 할 결단이 필요할 것이다. 그것은 간단한 문제는 아니지만, 정치가라든가 군인이 그러한 결단을 내릴 수는 없는 노릇이다. 그것은 전체의 문제인데, 그것을 검토할 시간이 필요하며, 결단을 내리기 전에 여러 가지 결과를 신중히 생각해 보아야만 한다.'

L 끝으로 노벨상 수상의 감상을 들려주셨으면……

**자콥** 어떻게 대답해 드리면 좋을까요. 기쁘다고 대답하면 좋을까요. 그것은 물론입니다. 과학자는 성인이 아닙니다. 남의 축에 빠지지 않을 만큼 자신의 일을 인정받는다는 것을 당면 목표로 삼을 필요가 있습니다. 그러나 달갑지 않은 일도 따르게 마련이지요. 앙드레 르보프의 경우를 생각해 본다면, 그에게 노벨상이 수여되었을 당시, 그는 '미국 과학 아카데미'와 '영국학술원'과 '프랑스 과학 아카데미'[23]의 회원이었습니다. 그는 전쟁 전 이미 노벨상에 상당하는 기초적 발견을 행하고 있었습니다. 그러나 노벨상을 받을 때까지 그의 연구실은 프랑스 국내에서는 거의 알려져 있지 않고 있었습니다. 나의 연구실에도 연구자는 거의 없었습니다. 우리들에게 상이 내려진 그 날, 그 순간부터 우리들은 영화 스타로 바뀌고 말았습니다. 무엇인가 석연치 않은 기분이었습니다.

ㄴ  상은 물질적인 보조수단이 될 수 있었습니까?

자콥  물론입니다. 그러나 과학의 경우에도 돈만으로는 성공을 거두는 데 충분하지는 않습니다. 더군다나 훌륭한 이론이 되고 보면, 이것은 더욱더 드문 일이어서 돈으로 환산할 수는 없습니다.


대담자 약력

1920년 6월 17일, 낭시에서 태어남. 카르노 리세[國立高等中學校]를 거쳐 파리 대학의 이학부(理學部), 의학부(醫學部)에서 수업, 양쪽 다 박사학위를 취득.

1950년 '파스퇴르 연구소'에 들어가 미생물 생리학 부주임을 역임 .

---

23) Académie des sciences : 프랑스 학술원 속에 있다. 1666년에 콜레르에 의해 창설되어 자연과학 수학의 발전 촉진을 목적으로 삼고 있다. 수학계(기하학·역학·천문학·지리학·일반물리학)와 자연과학계(화학·광물학·식물학·농업경제·해부동물·의학)의 11개 부문으로 나누어져 있고 총 66명의 회원으로 구성되어 있다.

1956년 동 실험실 주임을 역임.

1960년 미생물 유전학부 주임을 역임.

1965년 콜레쥬 드 프랑스 교수가 됨. 같은 해 앙드레 르보프, 자크 모노와
    더불어 박테리아와 바이러스의 유전에 대한 연구인《형질전환(形質
    轉換)의 기구(機構) 및 세포제어(細胞制御)》로 노벨의학·생리학상
    을 받음.

1969년 이후 '미국 과학 아카데미'의 준(準)회원이기도 함

주요저서 :《세균의 성(性)과 유전》,《생명의 논리》등이 있음.

산업환경 연구에 몸담아 온 노사회학자

## 조르쥬 프리드망

Georges Friedmann

조르쥬 프리드망은 산업환경 연구에 생애를 바쳐왔는데, 77세의 이 노사회학자는 공장에서 무엇이 일어나고 있는가를 실질적으로 이해하기 위해 현실에 뛰어든 보기 드문 프랑스 지식인의 한 사람이다. '세분화된 노동'이라는 표현을 낳은 어버이라 할 수 있는 그는 또 '산업사회'라는 개념을 확립시키는 데도 공헌했다. 그는 기술사회에 있어서의 인간은 자신이 만들어낸 것에 용렬하다고 말한다. 또한 그는 노동의 효율 및 합리화라는 관념에 주어진 특권과 계속 싸워왔다. 변동하는 여러 가지 문제에 대해 예민한 프리드망은 '힘과 지혜'의 관계에 대해서 스스로 자문하는 데도 또한 게을리하지 않고 있다.

렉스프레스   우리들은 드라이버 문명 속에 있다고 선생님께서는 때때로 말씀해 오셨습니다만, 그것은 도대체 무슨 뜻입니까 ?

프리드망   드라이버라는 이미지는 1925년에서 30년경에 걸쳐 인기가 있었던 작가 헤르만 카이젤링크 백작[1]에게서 따온 말입니다. 그는 《어느 철학자의 여행일기》와 《탄생하고 있는 세계》라는 에세이 속에서 드라이버를 우리들이 시대를 지배하고 있는 상징으로 처음 썼습니다. 이 드라이버라는 이미지는 수년간 내 머리 속에서 떠나지 않았습니다. 이 말로써 내가 지적할 수 있는 것은, 단순히 자동차의 핸들을 쥐는 인간 뿐만 아니라, 그 기능에 대해서만 알고 있는 하나의 기계를 뜻대로 조작하는 인간 전체의 일입니다. 1932년에서 36년은 마침 스탈린의 5개년 계획의 시대였습니다만, 나는 처음으로 러시아 여행을 했습니다. 이미 그때부터 나는 경제적 조건의 상위(相違)가 있음에도 불구하고 러시아에도 미국과 서유럽의 가장 발달한 공업국에 있는 것과 유사한 몇 개의 인간 유형이 있음을 알았습니다. 그 인간 유형 속에서 가장 중요한 의미를 나타낸 것이 드라이버였습니다.

ㄴ   자동차와 어떤 관계가 있습니까?

프리드망   자동차에 대해 말씀드리자면 어디서나 당신은 부정하지 않고 다음과 같은 어찌할 수 없는 사실을 목격하게 될 것입니다. 결국 우리들은 이유 여하를 막론하고 세계 속의 수억 명의 남

---

1) Graf Hermann Keyserling (1880~1946) : 독일의 철학자 · 작가.

녀에게 하나의 새로운 경향이 강요되고 있는 사회에 살고 있다는 사실입니다. 이 경향이란 그것이 그들의 행동을 형성시키기도 합니다만, 곧 자기의 차를 갖고자 하는 강렬한 욕망입니다. 그것은 미국에 있어서도 또한 완전하게는 만족되어 있지 않습니다. 프랑스에 대해 말하자면 드라이버의 수는 2천년에는 3배가 될 위험이 있습니다.

ㄴ 위험이라니요?

**프리드망** 나는 '위험'이라는 말을 일부러 씁니다만, 그 이유는 만일 현재의 조건에서 드라이버의 수가 계속 늘어난다면 도시, 환경, 정신위생, 경제적 합리성, 즉 교통기관에 관계되는 시간과 비용, 연료 및 차량의 낭비 등등에 대해 최악의 위험을 안고 있기 때문입니다.

ㄴ 오늘날 드라이버란 어떤 인간을 가리킵니까? 선생님께서 이해하시는 뜻에서…….

**프리드망** 매우 성능이 좋은 '도구'를, 이 도구를 잘 모르고, 이것을 지배하지 못한 채 사용하는, 그러면서도 왕왕 사용하는 방법이 서투른 남자 혹은 여자입니다. 만일, 우리들이 어느 기계의 노예로 화하여 그 기계가 갖는 모든 '가능성', '효용', '풍부성'을 십분 활용하지 못하고, 또 자기를 위해서 그것을 사용하지 못할 경우, 결국 우리들 모두가 드라이버입니다. 그 드라이버는 엔지니어일지도 모르고, 비행기의 파일럿이나 우주비행사일지도 모릅니다. 또 우리들이 텔레비전이나 트랜지스터 라디오에 정신없이 열중하는 경우에도 우리들은 드라이버입니다.

ㄴ 그 기계들은 형태가 다른 지적 저하를 야기하는 물건들이군요. 그러나 지적 저하의 진전을 막을 여지는 충분히 있으므로 어떻게 하든지 현재로서는 그 진행을 하나하나 막는 노력을 경주해야 하지 알겠습니까?

프리드망  기술문명 속에서 인간은 숨을 쉬지 못하는 무정부상태적 발전 속에 휘말려버렸습니다. 사회는 이러한 인간의 수동성과 착오에 대해 큰 책임을 져야 합니다. 드라이버의 급증을 설명하는 것은 기술의 진보에 따라 끊임없이 증대하는 인간의 힘과 늘지도 줄지도 않는 정신적인 힘 사이에 있는 큰 불균형입니다. 이 불균형이 정신적인 힘을 마음대로 이용하여 인간의 힘을 지배하기 때문입니다.

  ㄴ  드라이버의 정신상태는 어떤 상태입니까?

  프리드망  이 드라이버라는 말을 더욱더 일반적으로 받아들임으로써 그것을 명백히 할 수 있습니다. 즉, 자동차의 운전기사라는 의미입니다. 항상 보는 일입니다만, 흔히 자동차 운전기사는 다루기 쉬워서 성능이 좋은 기계를 운전하고 있으면 공격성이 일어나게 됩니다. 당신도 가끔 누군가에 대해서, '그가 차의 핸들을 잡고 있으면 그라고는 생각되지 않는다'는 말을 들은 적이 있으리라 봅니다.

  드라이버란 고독하여 절대적 권력을 갖는, 혹은 자기도 그렇게 생각하고 있는 지배자입니다. 실제로는 대개의 경우, 말하자면 '버섯'(자동차의 액셀러레이터)이나 브레이크를 힘껏 밟을 수 있는 인간이면 누구든지 상관없습니다. 드라이버란 지적·감정적 계발이 늦은 인간의 예입니다. 기술 문명 속에서는, 거기에 있는 인간은 자기가 만든 것에 용렬합니다. 그리하여 이 인간 유형, 자기가 만든 것에 용렬하고, 이제 그 수가 수억 명에 달하기까지에 퍼진 인간 유형, 그것이 드라이버라는 유형입니다.

  ㄴ  그 경우, 인간은 자기가 창조한 것에 용렬하다. 결국 인간은 기술적 환경을 지배할 수 없다는 얘기이군요. 왜 그렇습니까?

  프리드망  내가 수억 명의 인간의 일을 말하는 경우, 그것들은 구체적인 인간입니다. 서구의, 러시아의, 그밖의 나라들의 인간이 자기들의 환경을 지배할 수 없다면 그것은 그들이 기술적 능력의 개발과 평행해 가야 함에도 불구하고, 심리 · 감정 · 지성의 계발을 행하지 않았기 때문입니다.

이미 베르그송[2]이 어느 유심론적 —— 이것은 내 입장은 아닙니다만 —— 평론집 속에서 그것을 강조하고 있습니다. 그는 걸었을 때 《도덕과 종교의 두 원천》의 결론으로 '혼(魂)의 보충을 기대하는 기술에 의해 비대해진 인간의 집단'이라고 하는 뛰어난 표현을 썼고, 더욱이 그것을 몇 번이고 되풀이해 사용했습니다. 그러나 나로서는 '혼'이라는 말을 받아들이기는 합니다만, '그것 없이는 모든 것이 더욱더 악화일로를 더듬는 정신적인 힘의 보충이 기대된다'고 해둡시다.

L 샤방 델마스[3]가 '통행불능이 된 사회'에 대해 말했을 때, 그도 꺼냈던 말이 바로 이 유명한 '혼의 보충'이군요. 통행불능이 된 사회입니다만, 우리들은 결국 자동차에 타 보면 그것을 몸소 체험하게 된다는 말이군요.

프리드망 자동차에 대한 인간의 실패는 매우 복잡합니다. 우리 나라를 예로 들면, 이 나라는 확실히 불완전합니다만, 그러나 다행히 현재는 민주주의의 여러 제도로 다스려지고 있는 나라입니다. 이렇게 말할 수 있는 점은 기술적 환경의 지배는 민주주의의 여러 제도를 완성시킴으로써만 가능하다고 나는 확실하고 있기 때문입니다. 늘 그렇게 확신해 온 것은 아닙니다만. 어쨌든 '프롤레타리아 독재'에 의해서가 아닙니다. 당신의 질문으로 돌아갑시다. 우리들은 민주주의 국가에서 살고 있는 셈이지만, 자동차의 무정부상태를 극복하고 드라이버의 유해한 급증을 막고, 우리들을 위

---

2) Bergson, Henri : (1859 ~ 1941) : 프랑스의 철학자.
3) Chaban-Delmas, Jacques (1915 ~  ) : 프랑스의 정치가.

협하고 있는 도시의 놀라운 위험을 극복하기 위해서 이 나라가 안고 있는 가장 심각한 문제 즉, 우리들이 안고 있는 어려운 문제, 그리고 입고 있는 손실은, 중우정치(衆愚政治:민주정치를 멸시해서 한 말)에 모든 것을 맡긴 데서 생겨나고 있음을 인정할 필요가 있습니다. 지하철 대신에 나는 버스를 탄 적이 있습니다. 그것은 드라마틱했고 섭섭하게도 우스꽝스러워서 마치 유뷔왕[4]과도 같았습니다. 최근에는 새로운 버스가 달리고 있습니다. 현대적이어서 타고 싶은 마음도 내키고 속력도 낼 수 있습니다. 이 새로운 버스에는 수억 프랑이 들었습니다. 그러나 이들 버스는 평균 시속 8.5킬로를 주행하며 더구나 그 속도는 해마다 떨어지고 있습니다. 게다가 러시아워 때의 약간의 시간을 제외하곤 텅텅 비어 있습니다. 이것은 최악의 사태입니다. 예측하긴 했습니다만 그 이유는 자가용차라고 하는 암세포의 증식 때문입니다. 한 대의 택시가 회전했을 경우 —— 오늘날에 와서는 그것도 의심스럽지만 —— 적어도 하루에 자가용 한 대의 15배 이상의 인간을 운반할 수 있습니다. 그런데 한 대의 자가용에는 남자든 여자든 한 사람만 타고 있습니다. 90만 대에 가까운 자가용이 아침마다 파리 시내에 들어오고 시내의 주차장에서 머물다가 저녁이면 그곳을 빠져나가고 있습니다. 그 대가로 얼마만큼의 시간의 손실과 신경적 피로가 지불되고 있는지요. 이것이야말로 어리석은 일입니다. 당신이 말씀하신 구체적인 교통 침체를 나더러 말하라면 이것은 파리 시의회가 중우정치적인 타협을 되풀이한 결과입니다.

L 왜 그렇습니까?

프리드망 예를 들면 시의회는 1970년 5월에 파리 지사와 경시총

---

4) 프랑스의 시인 알프레드 자리(Alfred Jarry 1873~1907)의 희곡 《유뷔왕》의 주인공. 인간이 지닌 모든 속악한 성질을 한몸에 갖춘 기괴하기 짝이 없는 인물로 그려져 있다. 자리는 이 인물을 통하여 당시의 부르주아 사회를 통렬히 비판했다.

206

감이 제출한 법안을 반송했습니다. 그것은 노상(路上) 유료 주차에 관한 법안인데 여러 외국에서 취해지고 있는 것에 비하면 극히 소극적인 문제였습니다. 노상 중앙에 2천2백 대분과 보도쪽에 3천2백 대분 이하를 견적(見積)했으니까요.

ㄴ 그와 같은 부결은 요컨대 시의원 선거 때의 부당한 선거 대책상의 움직임이었군요. 결국, 이 법안은 가결되었지요. 이상한 점은, 유권자가 조종한 대로 넘어갔다는 것이지요.

프리드망 공공수송기관의 개선과 더불어 결국 무료 내지는 싼 요금의 대주차장이 시내의 교통 혼잡 구역의 경계에 배치되어야 할 것입니다. 교통 침체의 원인은 의원들과 정부에 있습니다. 그들에게는 지금까지 권위와 용기가 없었습니다. 책임이 세분화되어 있습니다. 행정부와 경찰이 무기력합니다. 법을 대표하는 사람들에게 있어서는 드라이버의 경우와 마찬가지로 지나치게 '아무래도 좋다는 주의'가 지배하고 있어요.

ㄴ 몇 개월 전에 프랑스에서는 처음으로 공공수송기관 이용자의 데모가 파리 중심지에서 있었습니다. 20년 전에 사람들이 이런 종류의 데모를 조직했다면 아마 저항이 있었겠지요. 그런데 이 데모 당일 정부는 성명을 내지 않았습니다. 아마 실행을 못했을 겁니다. 그건 그렇고 공공생활의 가장 구체적인 문제에 대한 야당과 노동조합의 무능을 과연 어떻게 설명해야 좋을까요!

프리드망 대정당은 실제적으로 이용자가 자발적으로 조직한 방위조직에 적의(敵意)를 품고 있으며, 중앙 노동조합도 마찬가지라고 생각합니다. 양쪽 다 자기들에게 돈을 내는 사람의 이익의 배타적 옹호자에게 머물겠다는 배짱입니다. 그리고 최대다수의 신문, 잡지의 태만도 있습니다.

ㄴ 예를 들면 무엇입니까?

프리드망 몇 주일 전, 내 친구인 젊은 엔지니어가 제 친구를 데

리고 —— 모두 8명, 물론 무보수입니다 —— 페르상 보몽 파리선
의 이용객에게 앙케트를 배포하러 갔습니다. 이 선(線)은 바로 최
근에도 또 파리의 북역(北驛)에서 릴라당까지의 35킬로에 한 시간
15분이나 걸렸다고 하므로 특히 버림받은 선이었습니다. 그들은
아침 5시 반에 통근자가 타는 각 역에서 4천 매의 질문용지를 배
포했습니다. 그 앙케트는 통근자의 요구, 희망, 실용적 제안을 알
아내어 그들에게 통일 행동을 촉구할 것을 목적으로 한 것이었습
니다. 배포한 4천 매 중에서 그들이 회수한 회답은 1백5매였습니
다만, 노동자의 것은 그중에서도 단지 2매 뿐이었습니다. 왜 그럴
까요? 이유는 극히 단순하여 사람들, 결국 교외에 사는 사람들은
—— 대부분은 노동자나 가난한 샐러리맨들 ——그들이 읽고 있는
신문 · 잡지에 좌우되고 있기 때문입니다. 그들에게 있어 가장 중
요성을 갖는 문제임에도 불구하고 그러한 신문 · 잡지는 이와 같은
문제에 대한 자각을 그들에게서도 꺼낼 수가 없었습니다. 그들에
게 필요한 정보를 제공하지 않습니다. 시내 및 교외의 공공수송기
관, 파리 시내의 교통, 자가용의 무정부상태라고 하는 여러 문제
는 밀접한 연관을 맺고 있습니다. 그것들은 비늘 모양으로 겹쳐
있다고 해도 좋을 정도입니다. 영국에서 유명한 부캐넌 보고와 알
프레드 소비의 저서 《운명의 네 바퀴》는 그것에 대해서 잘 논증하
고 있습니다. 특히 프랑스에서의 여론은 침묵을 지키는 정부와 프
랑스 방송협회의 소극적인 공모도 곁들여서 신문 · 잡지에 해독을
입기 쉽습니다. 석유나 자동차의 막대한 이익, 그리하여 많은 의
원들의 인색한 선거상의 이해가 도심지의 유료 주차장이라든가 위
반의 벌금을 인상하는 처치를 강구할 수 있는 일이라면 카타스트
로피와 실업이 일어날 것임에 틀림없다고 대중에게 설득하고 있습
니다. 이런 종류의 조처를 강구한 여러 외국에 그와 같은 일이 일
어난 예는 없습니다만. 제6차 경제계획⁵⁾에 있어서 공공수송기관에

의 투자는 여러 번 개인적 수송기관의 희생이 되고 있습니다.

L 선생님께서는 대부분의 연구와 개인적 생활의 일부를 인간적인 노동의 연구에 바쳐 왔습니다만, 구체적인 노동체험이 있었습니까. 그렇지 않다면 지적 레벨에서 노동을 말하고 계십니까?

프리드망 신출내기 교사 시절엔 시간제 노동자로서 공작기계의 견습공을 체험했습니다. 로맨티시즘에서가 아니라 단지 그것이 어떤 것인가를 알고 싶어서였습니다. 당시, 상당히 장기간에 걸쳐 나는 손을 쓰는 일은 도구나 기계에 대한 확실한 지식이 그것과 보조를 같이 하고 있다면 일반적인 교육이나 문학적·과학적인 의미에서의 '인간교육'에 결부시킬 수가 있고, 또 그렇게 되어야 한다고 여겨왔습니다. 그리하여 여러 가지 방법으로 여러 가지의 레벨에서 행해진 경우, 그것은 미래의 숙련공인 직업학교 생도들의 최대의 이익이 될 뿐만 아니라, 중산 계급의 젊은이인 국립고등중학교와 공사립고등중학교 생도들의 이익도 된다고 생각해서 그렇게 했습니다.

L 선생님께서는 노동의 휴머니즘을 믿었습니까?

프리드망 당시는 나뿐만이 아니었습니다. 프랑스의 직업교육에는 양대전 사이에 그런 의미의 대단한 열광(熱狂)이 있었고, 노동의 휴머니즘에 관한 교육학적 연구나 그에 열심이었던 선구자들이 나왔습니다. 카톨릭측에서는 슈뉴 신부[6]와 같은 학자들이 노동 실학의 수립에 노력을 경주해 왔습니다. 충분히 숙련된 노동 속에는 본질적인 가치가 있다고 나는 지금도 생각하고 있습니다. 거기서는 개인이 자기의 퍼스낼리티를 투입합니다. 그러나 기계화·오토메이션화 일렉트로닉스의 진보가 손을 사용하는 일을 훨씬 감소시

---

5) 1971년부터 1975년에 걸쳐 행해진 경제계획.

6) Marie Dominic Chenu (1895~ ) : 프랑스의 종교가. 노동신학의 선구자로 알려져 있다.

키고 말았습니다. 숙련을 요하는 직종 부분만 하더라도 이른바 '계통이 선 일관된 일련의 수업기간'을 필요로 하기 때문에 극히 적어지고 말았습니다. 이유는 천차만별입니다만, 우리들이 살고 있는 세계에는 자기들의 주요한 일에서 만족을 끌어낼 것을 포기해 버린 사람들이 실로 많습니다.

ㄴ 퐁피두는 최근 텔레비전의 성명에서 '사람에게 두 발을 딛게 하는' 직업은 없다고 단언했습니다만…….

프리드망  많은 청년들은, 가령 임금이 많아도 손을 쓰는 노동에 매력을 느끼지 않는다는 점이 특징적입니다. 그런데 이 경향은 동구측의 여러 나라에도 있다는 사실을 나는 여행중에 알았습니다. 그 나라들은 '프롤레타리아 독재'의 이름 아래 다스려지고 있습니다만, 실제적으로는 손을 쓰는 일은 매력을 상실하고 말았습니다. 이론가들은 별도입니다만, 그들은 그런 노동에 대해선 무엇이나 수득(修得)하려고는 하지 않는 주제에 그것들의 전통에 대해선 무엇 하나 잊으려 하지 않습니다.

히피들의 노동 거부로 기술 사회에 있어서 보다 좋은 의미로나 나쁜 의미로나 많은 영역에서 최첨단에 있는 미국에 있어서 노동의 가치를 인정하지 않는 경향의 한 형태에 불과합니다. 지하철 통로에서 때때로 볼 수 있는 히피들은 대수롭지 않은 한 일만을 허용합니다.

ㄴ 수년 전에는, 이들 세계는 노동의 세계가 아니고 여가의 세계라는 환상을 갖게 했습니다. 이 점에서는 장 플라스틱의 저서가 그 징조를 보여주었습니다. 인간이 노동에 충당하는 시간이 점점 감소되므로 개인생활의 기본적 부분은 자유로운 시간이라고 착각하고 있는 듯합니다. 이 점을 어떻게 생각하십니까?

프리드망  꽤 오래된 일이지만, 나는 노동과 여가를 관찰하여 이 관점에서 도식적으로 말하면, 지구상에는 두 개의 커다란 인간의 카테고리가 있다고 했습니다. 하나는 자기의 퍼스낼리티를 일에 투입하고, 그 결과 그로부터 많든 적든 깊은 만족감을 끌어내는 사람들이 있습니다. 그들은 극단적인 경우에는 '노동의 기쁨'에까지 도달할 수가 있습니다. 또 하나는 내가 수년간 조선소, 탄광, 공장, 사무실에서 실제로 관찰한 사람들이 있습니다. 그들 남녀는, 그들의 퍼스낼리티를 일에 투입하지 않는 사람들입니다. 그들의 생활의 중심이 그들의 일 속에 없다고 한다면 그것은 그들의 여가 —— 이것은 그다지 좋은 말이 아닙니다. 내가 말하고자 하는 것은 물론 '노동 외의 시간' 과의 사이 —— 에는 큰 차이가 있습니다. 기업의 임금 노동자, 사무 계통의 급료 생활자의 '해방된' 시간은 늘어나고 있습니다. 일주일간의 취로(就勞) 일수가 줄기 때문이죠. 그러나 섭섭하게도 이 해방된 시간은 그들에게 있어 반드시 '자유로운' 시간이라고만은 할 수 없습니다. 그것은, 때때로 모든 종류의 '하지 않으면 안 되는 것'에 의해 침식되어버린 시간이라고 하는 것이 현실입니다.

　ㄴ 그렇게 말씀하시면…….

　프리드망 밖에 나가면 탈것에 시간을 뺏겨야 하고, 관청에 가면 기다리지 않으면 안 되고, 여자는 가정의 잡일을 정리해야 하고, 본직(本職)만으로는 매달 증수(增收)를 바라기도, 저축하지도 못한다는 대다수의 사람들은 특수 기능을 익혀 많든 적든 돈이 되는 아르바이트를 여러 가지로 꾀해 보거나 부업을 가져야 한다는 것입니다. 많은 사람들이 가정적 잡일을 구속의 하나로 헤아려서, 여가로 취급하지 않는다는 것은 간과할 수 없는 점입니다.

　ㄴ 해방된 시간과 자유로운 시간과는 분명 같지는 않군요.

　프리드망 그렇습니다. 그것은 전혀 다릅니다. 그렇기 때문에 진짜 자유로운 시간은 많은 현대인에게는 존재하지 않습니다.

　ㄴ 그러면 진짜 여가는 자유로운 시간 속에 있는 셈이군요. 그

런데 선생님께서는 여가 그것이 기술사회에 의해 내부로부터 붕괴
되어 가고 있다고 말씀하고 계십니다만, 그것은 어떤 뜻입니까?

　　프리드망　그 이유는 사람들은 해방된 시간 앞에 서면 허공을
대면하는 듯한 느낌이 들어 무서워지기 때문입니다. 데이비드 리
스먼[7]은 미국에서는 많은 사람들이 갑자기 해방된 시간을 얻게 되
면 마치 실업(失業)에 직면했던 때와 같은 행동을 취하는 점에 유
의했습니다.

　　L　그것은 노동이, 가령 의미가 없다 하더라도 활동에 늘 구조
를 주기 때문이군요.

　　프리드망　그렇습니다. 그것은 충분히 이해할 수 있는 일입니
다. 가령 미국의 노동자는 이미 일할 필요가 없어져도 일을 계속
합니다. 그것은 그 '일(직업)'이 가령 지긋지긋한 경우라도 그들
의 생활에 구조를 주기 때문입니다. 왜냐 하면, 일주일 단위의 노
동시간의 단축 결과로 생겨난 해방된 시간이 대개의 경우 그런 시
간을 받아들일 태세가 되어 있지 않는 사람에게 갑자기 주어집니
다. 사회가 그들에게 그 시간을 잘 이용할 방법을 주지 않았습니
다. 그러므로 해방된 시간은 그들에게는 허공처럼 느껴지게 될 수
밖에요. 그러나 실제로는 노동과 여가는 밀접한 관계를 맺고 있습
니다. 노동시간 내의 인간과 노동시간 외의 인간은 같은 인간입니
다. 더욱이 나는 노동을 연구하지 않으면 노동 밖에서 일어나는
일을 이해할 수 없는(거꾸로도 말할 수 있겠습니다만) 결론에 도달합
니다. 그렇기 때문에 나는 오늘 30년에 걸쳐 노동 문제와 씨름한
끝에 여가 문제에 머리를 내밀게 되었습니다.

　　L　1945년에 인간을 둘러싼 상황의 실제적 변화의 연구에 있어
서 선생님께서는 제1플랜으로 경제구조의 변화를 두었고, 제2플랜

---

7) David Riesman (1909~　) : 미국의 사회학자.

으로는 사회제도의 변화를, 제3플랜으로는 정신적·문화적 가치의 교대에 두고 말씀해 오셨죠. 오늘 선생님께서 제1플랜에 두고 말씀하신 것은 이 최후의 가치이군요. 이 교체는 어떻게 해서 행해집니까?

　프리드망　그것은 1936년 8월, 나의 세 번째 러시아 체재중에 시작되었습니다. '모스크바 재판'이란 이름 아래 역사상 슬프게도 유명한 대재판의 최초의 것이 당시 행해지고 있었습니다. 모스크바의 여름은 아주 괴로웠습니다. 보도기관의 음침한 욕지거리와 러시아의 내 벗들의 침묵을 통해, 몇백 명에 달하는 정규 공산당원이 —— 그중에는 레닌과 처음부터 동지를 맺어왔던 사람도 있었습니다만 —— 르비양카[8]의 지하실에서 쇠약해 가고 있음을 나는 조금씩 알게 되었습니다. 내게 있어서 이것은 대단한 충격이었습니다. 더욱이 그 한 건(件)에 그치지 않고 차례차례로 같은 일이 일어났습니다. 동시에 러시아 국내 어디서나 '새로운 인간'이라는 말이 입에 오르게 되었습니다. 러시아에서는 러시아말을 어떻게든 기억해 내면서 1932년 이래 3회에 걸쳐 장기간 체재했습니다. 이 '새로운 인간'은 신문·영화·소설 속에, 다시 학생들의 교과서 속에도 등장하고 있었습니다. 공인(公認) 마르크스주의는 사회에 새로운 여성과 새로운 남성이 발생하여 새로운 인간관계가 생겨나기 위해서는 여러 제도는 근본적으로 개혁해, 특히 생산수단을 공유화하는 것으로 충분하다고 주장하고 있었습니다. 그런데 나는 당시 당원이 아니면서도 적어도 당의 신뢰를 받고 있는 규율을 지키는 신파였으므로 그것을 믿었습니다. 당신의 질문에 대한 답이 됩니다만, 나에게 있어 하나의 '전기(轉機)'는 바로 여기에 있었다고 생각합니다. 즉, 사회주의 혁명은 반세기에 걸쳐 그런

---

8) 모스크바에 있는 중요 정치범을 수용한 악명 높은 형무소

희망이 환상에 지나지 않았음을 보여주고 있습니다. 가장 좋은 제도로도(민주적인 제도를 포함하여) 그 제도에 어울리는 사람들에 따라 활용되지 않는다면 파산의 괴로운 일을 당하게 됩니다. 그 한 예로써 프랑스의 사회보장제도를 보십시오. 사람들은(피보험 가입자의 경우나 또 때때로 의사들의 경우만 하더라도) 이것을 시민의식과 책임감을 가지고 활용하지 않겠지요. 아무래도 설명하기가 좀 어렵군요. 제도는 껍데기 속에서 썩어갑니다. 이런 사태를 나로서는 간과할 수가 없다는 말은, 나는 사회주의적 구상에, 바꿔 말하면 민족이라는 테두리를 넘어 모든 철학적 신조나 종교적 신앙을 존중하여 사회기구, 생산, 부(富)의 분배를 최대한 공정하게 하여 자기 자신과 화해한 인류에 신뢰를 두고 희망을 거는 일을 포기하지 않기 때문입니다.

  L  부패는 어디서 일어날까요. 왜 사람들은 이러한 구상에 합당한 태도를 보이지 않을까요?

  프리드망  그것을 우리들이 소비에트 문학(솔제니친이나 파스테르나크, 그 외에 많은 작가의 문학)을 통해서 이해하기 시작했는데, 혁명을 행사하면 동시에 사람들은 —— 먼저 최초의 혁명가들, 지도자들, 모든 레벨에 있어서 권력을 보유하는 지위에 있는 자들 —— 자기 자신과의 싸움을 일으키지 않으면 안 되기 때문입니다. 결국 일종의 내적 영구혁명입니다. 그러나 이러한 노력은 장려되어야 하고 '토대의 부분으로' 불러일으켜야 할 그런 것을 학교 교육에서부터 해야 합니다. 나는 여기에서 참다운 교육과 목적을 자세히 말하려고는 하지 않습니다만, 이것이야말로 유일의 유효한 '문화혁명'입니다. 많든 적든 장기간이 필요합니다만. 실제로는 분리될 수 없는 하나가 있습니다. 제도와 인간, '바깥'과 '안'에 대해서 동시에 행해지는 이 항구적인 노력이 결여되어 있었기 때문에, 마르크스라는 방패 밑에서 행해질 10월 혁명으로부터 태어난 여러 제도가 어떻게 되었는가를 우리들은 이 눈으로 보고 있습니다. 그것들은 사회주의적 구상으로부터는 멀리 떨어져 버렸고, 특히 '새로운 인간 관계'를 낳지도 못했습니다.

　L　마르크스에게 책임이 있을까요? 그에게도 또 그를 해석한 사람들에게도……

　프리드망　매우 매혹적인 질문이군요. 예를 들면, 피비린내나는 압정(壓政), 스탈린의 잔악한 이빨, 혹은 더욱 가까운 예로는 부다페스트와 프라하의 불길한 진압[9]의 정당화 등이 마르크스의 저서 속에 나와 있을까요. 1936년의, 이미 말한 바와 같은 저 비극적인 여름 사이에 모스크바와 그 근교 도처에서, 거리에서도 직장에서도 학교에서도 나는 네 개를 한 조로 한 이름을 쓴 기(旗)를 목격했습니다. 마르크스·엥겔스·레닌·스탈린, 결국 정체 창건(創建)의 아버지들이라 할 수 있을 것입니다. 이들의 이름 배열은 끊어지지 않고 연속해 있을까요. 그렇지 않으면 어딘가에 곡절점(曲折點)이나 왜곡점(歪曲點)이 있을까요. 그렇다고 하면 그것은 어디에 있을까요. 레닌과 스탈린 사이에 있을까요. 레닌은 어떤 점에서 마르크스와 엥겔스의 해석이 서툴렀기 때문일까요. 어쨌든 오늘날의 젊은 세대의 비극적인 측면은 어느 나라에 있어서는 1925년의 청년들 —— 나도 그중의 하나였습니다만 —— 에 비해서 이미 그들의 전도에 하늘의 빛나는 저 붉은 별, 저 위대한 희망이 없다는 사실입니다. 사회주의의 희망이 실제로는 어느 곳에서나 진정 구체화되지 못했음은 명백합니다. 경제적으로도 정신적으로도 사회주의는 자기의 진면목을 보여 준 적이 없습니다.

　L　선생님께서는 우리들의 세계에 너무나도 결여돼 있는 정신의

---

9) 1956년 10월의 헝가리 동란과 1968년 8월의 체코슬로바키아 사건에 있어서 러시아의 무력 개입.

중요성에 대해서 말씀해 오셨습니다. 세계는 아무래도 잘되어가고 있지 않다고 말씀하시고 계십니다만, 그렇다면 잘되어가기 위해서는 무엇이 부족한가요? 너무나도 경시되어 있는 정신의 중요성, 윤리라든가 모럴 등은 도대체 어디서 태어날까요?

　**프리드망**  이미 말한 바와 같이 내 자신과의 싸움, 참다운 교육으로부터입니다. 실례를 조금밖에 들 수 없습니다만. 먼저 야스퍼스의 말처럼 기술적 진보에 대해서 성실한 태도를 취해야 하는, 결국 기술적 진보의 부정이 아니라, 그것을 예민하게 비판하여 기술적 진보의 혜택과 그것에 대해 일어나는 폐해와의 양면에서 그것을 판단하지 않으면 안 됩니다. 그리하여 그러한 태도는 구체적으로 일상적으로 기술적 진보를 지배하고 그것을 정복하여 거기에 인간성을 부여하기 위해서 필요합니다. 거기에는 개시될 전투와도 비슷한 데가 있습니다. 더욱 정확하게 말하면, 또다시 미국적 표현이 됩니다만, 인간은 오늘날 '뉴 프론티어'에 서서, 즉 인간의 기술적 모험의 프론티어에 서서 싸워야 합니다. 그리하여 그것은 매일, 어떤 사람에게 있어서는 시간마다의 싸움이 될 것임에 틀림없습니다. 이 싸움은 매우 단순하고도 매우 평범한 측면에서 착수해야 합니다. 나는 자기의 자동차를, 이 기계가 가지고 있는 훌륭한 가능성, 말하자면 무엇보다도 먼저 행동·문화·자유의 면으로 그것이 미치는 공헌도에서 본다면 대개 사고투성이짓을 하면서 쓰고 있다고 생각합니다. 무엇보다도 먼저 나는 정신적으로 자기를 억압해야 하며, 핸들 앞에 앉아 있을 때는 성격을 바꿔서는 안 되며 자기의 공격성과 싸워야 합니다. 또 자기나 남의 안전을 도모해야 하며 가능한 한 자연과의 접촉을 가져야 한다는 점 등을 말하고 싶습니다. 이것은 매우 어려운 일이기는 합니다만, 그런 방향으로 나아가는 것은 가능합니다. 그와같이, 우리들은 라디오나 트랜지스터 라디오, 텔레비전 등을 자신이 지배하면서 휴식, 정보, 교양을 위한 최선의 도구로서 자기를 위해 도움이 되게 잘 쓰도록 습득해야 합니다. 그것은 하나의 싸움입니다. 젊은이들을 어릴 때부터 그것에 대비하도록 하고 그들에게 내가 말하는 선택의 도구를 주어야 합니다. 교사라는 이름에 합당한 교사들은 그들에게 그 도구들을 문학이나 미술과 동등한 것으로 만들어 주려고 시험해 보는 것입니다. '뉴 프론티어'에 있어서는 그들에게 무엇이든 강요해서는 안 됩니다. 오직 그들에게 제공해 주어야 합니다. 그리하여 그들이 장래 거기에서 불가피하게 살아나가야 할 더욱더 밀도가 높아가는 기술적 환경을 그들이 지배하도록 도와주어야 합니다.

　L　그렇지만 선생님께서 주려는 것은 철학적인 처방전은 아니겠지요.

　**프리드망**　처방전도 철학도 문제가 아닙니다. 필요한 것은 ── 많은 사람들이 나와 같은 의견입니다만 ── 매스커뮤니케이션의 강력한 도구를 단순히 교육의 '수단'으로서가 아니라(현재 행해지고 있는 것은 곧 시청각적 수단입니다), 교육의 '대상'으로서도 학교교육에 도입해야 한다는 것입니다. 여기에서 우리들은 '파라렐르 학교'라는 문제에 부딪치게 됩니다. 이 훌륭한 표현은 내가 만들어낸 말이 아니고, 오늘의 교육에 있어 극히 심각한 문제의 하나를 충분히 이해하고 있는 어느 초등학교 교사의 말입니다. '파라렐르 학교'란 무슨 뜻이냐 하면, 어린이들이 철이 들기 전부터 정규학교 이외의 곳에서 그들을 둘러싸는 환경에서, 요컨대 텔레비전, 라디오, 전화, 트랜지스터 라디오, 포스터, 신문의 연재 만화, 아버지나 어머니의 그라비아 잡지 등에 의해 받는 감성적·지적 자극 전체를 말합니다. '파라렐르'라는 용어의 선택은 실로 교묘합니다. 대부분의 어린이들에게 있어 우리들 사회의 지금의 현실 속에서는 이 두 개의 학교는 평행한 두 직선처럼 서로 교착될 리는 없습니다. 어린이가 학교에 가면 거기에 있는 흑판과 선생과 산수, 쓰기, 프랑스사(史) 등등입니다. 가끔 교실은 아이들을 우울하게 만듭니다. 학교에서는 '공부해요, 그러면 장래 졸업장(혹은 대학 입학자격)을 얻을 수 있어요. 훌륭한 사람이 돼요' 하고 이르고 있습니다. 그런 것은 보류된 보수입니다. 아이는 집에 돌아오면 아무렇게나 누워 텔레비전을 봅니다. 멋진 세계가 그의 앞에 전개됩니다. 거기서는 우스운 것은 문자 그대로 우스우며 매혹적인 것은 무조건 매혹적입니다. 요컨대 즉각적인 보수인 것입니다. 파라렐르한 학교는 정규 학교에 비하면 많은 점에서 극히 유리합니다. 다른 방법 —— 때로는 모순된 방법 —— 으로 가르치는 이들 두 세계가 그저 단순하게 나란히 놓인 데 불과하다는 점은 더욱 심각한 교육 문제의 하나이고, 오늘 교사들이, 젊은이들이, 그리고 또 이 젊은이들이 성인이 된 뒤에 그들 자신이 각자 느끼는 기분을 충분히 설명하는 문제의 하나입니다.

L 선생님께서는 텔레비전에 호의적이십니까, 아니면 적의를 품고 있습니까?

프리드망 세계의 창을 통해 우리의 것과 다른 신앙, 우리의 것과 다른 윤리와 관계를 맺을 수 있다는 점에서는 텔레비전은 무한한 풍부성을 내포하고 있습니다. 그것을 금세기의 나머지 3분의 1에 있어서 가장 중대한 결과를 안고 있는 심리적·사회적 현상의 하나입니다. 텔레비전, 비디오 카세트의 새로운 기술과 더불어, 또 프로그램의 개성화와 더불어, 우리들은 놀라운 가능성을 지향해 나가고 있습니다. 게다가. 그 가능성은 우주 중계 스테이션의 진보와 같은 우리들이 일찍이 화제로 한 적도 없던 다른 진보로 이어집니다. 인간이 거기에서 또 스스로의 과학적 획득물을 지배하지 않는다면 불행한 결과를 초래하고 말 것입니다. 예를 들면 웰즈가 상상도 할 수 없었던 광파(光波) 전쟁과도 같은.

L 현재, 세상에 대한 불만이 널리 퍼져 있다는 현상이 큰 화제가 되고 있습니다. 덧붙여서 불행까지도 느끼고 있습니다. 이 불만은 광고도 관여하고 있는 셈인데 적잖이 작위적으로 만들어지고 있는 욕구와 실제로 충족된 욕구와의 격차가 큰 데서 생겨난다고 말하고 있습니다. 선생님께서는 어떻게 생각하십니까?

프리드망 한편으론 이미 말씀드린 기술과 인간 정신 사이에 있는 '커다란 불균형'으로부터 생겨나는, 많든 적든 심각하고도 뿌리깊은 불안, 긴장, '불행'이 있고, 또 한편으론 '소비사회' 속에서 이루어지고 있는 욕구와 실제로 충족되는 욕구 사이의 격차에서 생각나는 불만이 있는 셈인데, 이것들을 혼돈해서는 안 됩니다. 당신의 질문에 관해서는 뒤쪽 국면부터 얘기합시다. 이 문제는 광고의 문제와 긴밀하게 결부돼 단순하지 않습니다. 우리들 연구반은 최근 커뮤니케이션지(誌)에 이 문제의 연구를 발표했습니다. 어느쪽이든 욕구가 '작위적'으로 만들어졌다고 즉각 판단하는 것은 피해야 합니다. 태양으로, 바다로, 스키장으로 사람을 몰아대는 저 계절적 대이동, 그것은 쾌락을 구하는 사람들의 거대한 흐름, 오락으로 향하는 군중의 자연스런 움직임입니다. 나는 그런 움직임이 동구 여러 나라에까지 밀어닥치는 것을 보았습니다. 그것은 또 우리들의 사회에 있어서는 환경, 지배되지 않는 기술적 환경에의 반동이기도 합니다. 그런데 길은 차로 만원이고, 더구나 휴식과 맑은 공기를 찾아 당도한 목적지에 잇따라 모여든 사람들은 그곳에서 그들이 도망쳐 온 상황과 거의 같은 것을 발견하게 되고, 그리하여 그곳에서 역시 같은 것을 만들어내게 마련입니다. 그러므로 그들은 만족하지 못합니다. 그들의 불행을 화제로 하기보다는 오히려 우리들의 문명의 병에 대해 말합시다. 여기에도 또 단순할 수밖에 없는 사실도 있습니다. 우리들의 문명이 만들어진 욕구의 일부는 이후 우리들 속에서 일종의 제2의 천성이 됩니다.

그런데 그럼에도 불구하고 자동 등긁이와 크림 치즈로부터 말마니 약산(産) 브랜디에 이르는 욕구와 냉장고라든가 시트로엔이라는 욕구와의 사이에는 문화와 사회에 대응하여 변화하는 경계선이 어딘가에 있기 때문입니다. 당신의 말처럼 확실히 사람들은 단지 광고에 의해서만 아니라 점점 더 물건을 사도록 조건지워져 있습니다. 포드는 1925년에 이미 저 유명한 생산과 소비의 스파이럴(spiral)이라는 것을 그리고 있습니다.

ㄴ  자연에의 회귀는 그런 악순환을 얼마만이라도 피할 수 있는 하나의 방법일까요 ?

프리드망  문제는 자연적 환경, 결국 인간이 주인으로서 대지, 돌, 생물과 무생물, 태양 등으로부터 받는 자극이나 흥분의 장(場)으로서의 환경이 점점 적어지고 있다는 사실입니다. 확실히 선사시대의 인류가 초보적이라곤 하지만 기술을 만들어낸 그때부터 그들의 자연적 환경은 자연 그대로의 상태는 없어지고 말았습니다. 어느 쪽이든 오늘의 우리들에게 그런 자연의 자극은 예외적이 되고 있습니다. 그 대신 우리들은 주야로 콘크리트, 엔진이나 작업장의 소음, 도시 교통, 라디오, 텔레비전, 고속도로 등의 인위적 여러 요인에 따른 자극이나 신경증적 흥분상태에 점점 빠져들게끔 되고 말았습니다. 그런 예는 얼마든지 들 수 있습니다. 가령 고속도로를 달리고 있는 드라이버는 무엇을 들을까요? 자기의 차나 다른 차가 내는 소음, 그리고 자기의 라디오 소리입니다. 그는 무엇을 볼까요? 신호, 헤드라이트의 점멸입니다. 이에 반해 '옛날의 도로'에서는 국도여도 그는 촌락을 빠져나갈 수가 있었고 가축떼나 목장을 보고, 속도를 늦추기만 하면 그로부터 자연과의 접촉을 꾀할 수가 있었습니다.

ㄴ  자연적 환경은 인간에 있어 인간의 정신적 균형에 불가결한 요소일까요?

220

**프리드망** 계절적인 대이동과 모든 나라에 있어서 자연적 환경 속에서 자기를 되찾고 혼을 씻어보려는 많은 남녀와, 그리고 그들의 실망에 대해서는 이미 말씀드렸습니다. 미국에 있어서 히피 운동은 그 태반이 팽창한 나머지 방향을 잃은 기술적 환경에 대한 반동의 시험입니다. 자기들의 도시, 가정, 학교에서 도망치려는 젊은이들은 모두 때때로 궤도를 벗어난 상태 ── 위생, 여러 가지 미봉책, 마약 ── 속에서 '다른 생존법'을 찾습니다. 그것은 비참하고 절망적이며 막다른 골목에 다다르거나 룸펜, 때로는 자살이나 범죄를 불러들인 기술적 환경에 대한 반항입니다.

ㄴ '어디서 혼을 씻어야 하는가' 하는 것을 문제로 삼고 있는 셈이군요. 바꿔 말하면 오늘의 인간은 자기가 가지고 있는 물질적 힘과의 사이에 균형을 유지하기 위해 어떤 사회적 주장, 어떤 종교로부터 정신적인 힘을 끌어낼 수 있는가 하는 점이군요. 그러나 그럼에도 불구하고 당신은 불가지론자이시군요. 그것을 어떻게 양립시키십니까?

**프리드망** 몇 마디로 말씀드리기는 매우 어렵군요. 불가지론자인 나는 개방되어 있는 모든 것, 많은 점에서 나의 스승이었던 로망 롤랑이 '보편적 복음'이라고 부르던 모든 것을 정신성의 여러 가지 근원 속에서 탐구합니다. 유태교에 관해서는 지금도 유태인 배척이 슬프게도 성행하고 있는 세계에서 믿음은 없지만, 나는 자기가 유태교도임을 철저하게 받아들일 각오가 되어 있다고 이 자리를 빌어 말해 두고자 합니다. 그리스도교도 중에서도 참다운 형제애를 느끼는 친한 벗들이 있습니다. 그러나 분명히 나는 개방적인 유태인, 개방적인 카톨릭교도로서만 이해합니다. 나는 힌두교의 독신가들과 때때로 만났던 이상으론 깊고 유익한 교제를 하고 있습니다. 힌두교는 본래 개방적인 정신의 성격을 띠고 있습니다.

ㄴ 오늘날 청년들은 서구사회의 자유주의에 대해서보다도 여러

사회가 무엇인가 해낼 수 없는 비인간적이고 억압적인 것에 감응
되기 쉽도록 되어 있는 것처럼 보입니다만, 적어도 부분적이나마
그들이 옳다고 생각하십니까?

　프리드망　나는 훨씬 이전부터 자본주의 체제하에 있는 우리들
의 사회 및 이 사회에 존재하는 지배되어 있지 않은 기술적 환경
의 결함과 위험을 파헤치려 하고 있습니다. 그러나 이런 환경은
곧 사회주의 사회에 있어서는 그 이상으로 지배되어 있지 않습니
다. 기술 문명은 도처에서 병에 걸려 있습니다. 우리나라의 지식
인들은 프랑스에 있어서 자유가 위협받고 있음을 한탄합니다만,
그 자유는 네오 파시스트의 폭력에 의한 것과 같은 정도로 좌익의
폭력에 의해 위협받고 있습니다. 그러나 동구측 여러 나라의 일상
생활에 있어서 기본적 자유에의 압박의 사실을 우리들은 잊어버리
고 있습니다. 우리나라의 청년들이 무엇인가 슬로건을 번쩍 쳐들
고 있는 것을 보면, 나는 그들을 수 주일 동안 러시아·폴란드·
체크슬로바키아 등 어디든지 동구측의 어느 나라에 보내서 살도록
하고 싶습니다. 동구측 여러 나라에서는 국가와 경찰이 프랑스와
는 다른 형태로 '억압적' 입니다. 책이나 신문을 자유로이 손에 넣
을 수도 없으며 정부의 귀찮은 간섭 없이는 출국도, 경우에 따라
서는 국내를 여행할 수도 없습니다. 우리나라의 청년들이 나에게
'성적 억압'에 고민하고 있다고 말하거나, 그렇게 젊지도 않은 사
람들이 무엇을 만들거나 무엇을 출판해도 괜찮다는 권리와 성의
자유를 혼동하여 포르노에 대한 검열에 걸린다고 해도 그런 것에
대해서는 마음이 움직이지 않습니다.

　내 생각이 줄곧 쏠리는 곳은 보고 알아야 할 정보를 얻을 권리
나 여행할 권리를 빼앗긴 청년들의 일, 추방된 작가나 예술가들의
일, 침묵이나 거짓, 타이프라이터로 친 작품을 읽거나 외투 속에
숨겨 외국 라디오방송을 듣는 것조차 박탈당한 많은 사람들의 일

222

입니다. 무슨 일이든 절도를 분별하는 일이 중요합니다.

 L  그들은 현재 자기들이 살고 있는 자기들의 나라를 비판의 대상으로 삼고 있는 셈이군요. 이데올로기의 모순이나 정치 체제의 파산에 직면하면 과학자들은 그들의 왕국의 견고성을 들고 나옵니다. 자크 모노[10]는 과학이란 중립적이면서 신뢰할 수 있는 유일한 것이라고 말하고 있습니다. 선생님은 이 중립성을 믿습니까? 또 그것은 어떤 도움이 된다고 생각하십니까?

 프리드망  나는 현대의 위대한 학자들의 과학적 연구에 최대의 경의를 표하고 있습니다. 자크 모노와 프랑스와 자콥[11]의 일에 대해 특히 그러합니다. 그러나 이 두 사람의 사물을 보는 방법은 가끔 다르더군요. 모노는 자콥에 비하면 훨씬 사이언티스트입니다. 나는 자콥 쪽에 가깝습니다. 최근 아인슈타인과 오펜 하이머[12]를 다시 읽고 재회의 기쁨을 맛보았습니다만, 그들은 과학과 문명의 관계에 대해서 매우 깊이 사색하고 있습니다. 이렇다는 인식, 혹은 이렇게 되리라는 예측이 이렇게 되어야 한다는 선택에 의해 대신 될 수는 없습니다. 나는 사회과학 상호간의 협력이 지금의 이상으로 필요하다고 생각합니다. 단, 과학만능주의라고 하는 착각에 빠지지 않는 일입니다. 과학은 —— 자연과학도 사회과학도 같이 —— 인간에게 스스로 전진하는 방향을 확인하고 스스로의 변천 추이를 확실한 것으로 가능하게 하는 데는 충분하지 않습니다. 자기가 자기의 만든 것보다 낫다는 것을 보여주는 힘을 인간은 자기가 만든 것, 그것 속에서 찾아낼 수는 없습니다. 어떤 학자도 자기의 학문 속에 갇혀 있어서는, 가령 최고의 학자라 하더라도

---

10) Monod, Jacques (1910~1971) : 프랑스의 분자생물학자.

11) Jacob, François (1920~  ) : 프랑스의 분자생물학자.

12) Oppenheimer. John Robert (1904~1967) : 미국의 이론물리학자.

복음을 가져올 자격이 없습니다.

마지막으로 학자들은 —— 오늘날 특히 사이버네틱스 학자[13]와 생물학자의 경우가 그렇습니다만 —— 우리들에게 그들이 전공한 학문을 출발점으로 하여 각자의 전문 지식을 인간이나 사회에 대한 여러 문제에 확대 적용할 것을 제안하고 있습니다. 이제부터는 어느 쪽이든 '뉴 프론티어' 위에서는 인류의 싸움은 총력전이며 인류 전체가 관계되는 일이기도 합니다.

L  과학자들은 그 싸움을 위해 특히 무장이 되어 있는 존재라고는 생각하지 않습니까?

프리드망  물리학·생물학, 어느 자연과학이든 여러 과학이 그들에게 주는 무기는 필요하기는 하나 충분하진 않습니다. 오늘날의 여러 사실은 과학의 군림 —— 여러 국가에 이용될 만한 형태로, 또 이것을 강조할 일입니다만, 대부분의 연구자들에 의해 현재 진행하고 있는 것과 같은 형태로서의 과학의 군림 —— 에 현대의 커다란 불균형의 억제를 기대할 수는 없다는 사실을 보여주고 있습니다. 나는 이런 상태에 머물고 있는 한, 과학자들에게 정신적 영향력이 있다고는 믿지 않습니다. 커다란 중요 문제를 해명하고 지도자나 증인이 되기 위해서는 다른 사람들과 같이 그들의 반성과 그들의 도덕적 태도에 의한 엄한 자기 점검이 필요합니다.

L  그렇다면 자크 모노에 의해 정의된 과학자의 중립성은 존재할까요?

프리드망  나는 존재한다고 생각지 않습니다. 아인슈타인은 만년에 과학자들에게는 비극적인 모순이 있다고 명백히 말한 바 있습니다. 결국 그들은 한편으로는 독립과 명석을 필요로 하면서 또

---

13) 미국의 수학자 N. 위너(1894~1964)가 통신공학, 정보이론, 학습이론 등을 구사하여 물리현상 뿐만 아니라 생물현상, 사회현상 등을 통일적으로 다루는 과학으로서 제창함.

한편으로는 그들을 이용하는 정치적·사회적 권력에 복종하여 따르게 마련입니다. 오늘날에는 내가 말한 내용의 자각이 어느 정도 한 사람 한 사람의 시민에게 요청되고 있습니다. 하물며 많은 능력과 유리한 환경에 의해 과학적 연구의 특권과 책임이 부여된 사람들에게는 백배 이상으로 그것이 필요해지지 않을까요.

L  제2차대전 말기부터 한층 통합과 인간성을 이 세계에 갖게 하기 위해 일으켰던 모든 노력은 그것은 실로 얻기 어려운 것이라고 인정받지 못한 셈이군요. 선생님께서는 지식인의 책임에 대해서 '행동적 예지'를 말합니다만 이런 뜻이지요?

프리드망  지금까지의 얘기에서 나는 보다 좋은 표현이 없었으므로 한마디로 '행동적 예지'라고 부르는 것으로써 고무된 전투적인 생존법이라고 하는 것은 이런 것일 거라고 무척 조잡스럽게 표현한 셈입니다. 실로 광범하기는 합니다만, 나는 우리들이 길들여온 기계에 대한 이야기로 몇 가지 구체적인 예를 들겠습니다. 그러나 이들의 예 이상으로 '커다란 불균형'이 우리들에게 가져오게 하는 모든 문제를 두 손으로 꽉 막고 기술의 산물을 기술과는 다른 곳에서 생존력에 의해 지배하면서 그칠래야 그칠 수 없는 기분에 움직여 그것들의 문제에 마주서는 것이 중요합니다. 그러기 위해서는 부단한 용기 —— 그런 제목의 체코 영화가 있습니다만 —— 가 필요합니다. 현실주의는 완전히 회의파 쪽에 서거나 완전히 개인적·국가적 에고이즘 쪽에 서는 것은 아닙니다. 많은 사람들이 오늘날 자기가 자기에게 향하는 이러한 노력의 필요를 느끼고 대조직이나 대정당, 대교회와는 관계가 없는 작은 담화실에 모일 수 있을 만큼의 선의의 사람들로부터 이루어지는 소집단에 몸을 둘 필요성을 느끼고 있습니다. 잠시 동안은 자기 자신에게 향하는 이러한 인간의 노력이 밀도가 높아지면서 그러한 장(場)에서만 가능합니다. 그리하여 그러한 노력은 불균형의 과학적 관찰과 그 원인

의 인식에 지탱되어 여러 제도의 개선과 참다운 교육과 손을 잡아
야만 비로소 현재의 다양한 위기를 타개할 수가 있습니다.


대담자 약력


1902년 5월 73일 파리에서 태어남. 고등사범학교 졸업. 노동문제를 연구하
는 한편, 일시 공작기계의 기계 견습공을 체험함. 대학 재학중에
남·북아메리카와 러시아를 여행함. 대전중에는 울즈 지방에서 레지
스탕스의 조직자가 됨. '국립과학연구센터(CNRS)'의 창설 멤버인
그는 '고등연구원'의 주임 연구원, '정치학연구소'의 교수, '사회학
연구센터'의 운영위원, '매스컴연구센터'의 소장을 역임했음.
주요저서 : 《기술과 인간》, 《세분화된 노동》, 《힘과 지혜》 등이 있음

역사 밖에서 역사를 보는 역사학자

## 페르낭 브로델

Fernand Braudel

228

콜레쥬 드 프랑스의 교수 페르낭 브로델은 루시앵 페브르[1]와 마르크 블록[2] 이후의 새로운 프랑스 사학파(史學派)의 가장 뛰어난 창시자이자 대표자이기도 하다. 그 학파는 이른바 '사건 경과만을 말하는 역사가 아닌 역사' 학파라고 불리고 있으며, 그 역사는 바꾸어 말하자면 일화나 사건보다도 역사의 밑바닥을 흐르는 모든 대기층과, 사회적·문화적·기술적·인간적인 여러 변화 쪽에 주의를 돌리는 역사이다. 그의 일은 모두 여러 인문 과학의 통합이라는 경향에 지배되고 있으며, 또 역사 연구의 의미와 단서에 대한 긴 질문이다. 대표적 저서인 《필립 2세시대에 있어서의 지중해 및 지중해 세계》, 《물질문명과 자본주의》는 물론이요, 그는 그 주요한 연구를 역사학과 다른 인문 과학의 관련에, 그리고 현재 및 과거와의 대화 속에 자기 자신을 참여시키는 데 바쳐왔다. 왜냐 하면, 그에게는 과거는 지금 한창 진행되고 있는 인간생활의 의미를 가장 우선적으로 해명해 주고 있기 때문이다.

1) Lucien Febvre (1878~1956) : 프랑스의 역사학자·지리학자.
2) Marc Block (1886~1944) : 프랑스의 역사학자.

렉스프레스  역사가(歷史家)를 앞에 모신 자리에서 우선 묻고 싶은 말은 역사가는 무엇에 자신의 생애를 바치고 있는가 하는 점입니다. 대부분의 사람들은 역사란 과거의 여러 가지 사건을 이야기하는 일이라 생각하고 있습니다만.

브로델  그 사람들은 역사를 연출과 혼동하고 있습니다. 듣는 사람에게 숨을 돌리지 못하도록 하기 위해서는 역사상의 이야기를 들려주면 됩니다. 리세(국립고등중학교)의 교사를 하고 있을 적에는 나도 역시 연출을 하고 있었지만.

ㄴ  일련의 완성된 역사 이야기를 준비하고 계셨다는 말씀입니까?

브로델  그 중 하나는 상당히 평이 좋았습니다. 나폴레옹 3세의 이야기입니다만. 당신은 나폴레옹 3세를 좋아한다고 말씀하실 수는 없을 겁니다. 그러나 그를 우울한 낭만파적 주인공으로서 등장시켜 보면, 그는 그럴싸한 외관을 드러내게 됩니다. 그는 여자를 사랑하고, 향연을 즐기고, 게다가 용기를 지니고 있었습니다. 그런데, 황제가 되기 이전에 그에게는 다음과 같은 뜻하지 않은 사건이 일어났습니다. 미국에서 귀국하자마자 그에게 어머니의 죽음이 알려지게 됩니다. 그는 스위스로 향했는데 왕비 오르탕스[3]의 서류 속에서 편지가 가득히 들어 있는 작은 상자를 발견합니다.

---

3) Hortence, La Reine (1783 ~ 1837) : 보아르네 자작과 조세핀(후에 나폴레옹 1세와 재혼)과의 딸. 네덜란드 왕 루이 보나파르트와의 결혼으로 나폴레옹 3세를 낳음.

그녀는 무척 파란만장한 생애를 보낸 사람입니다. 그녀의 사생활을 상세히 조사하여 단순하게 따져본다면, 나폴레옹 3세는 여러 명의 아버지를 가졌었다는 사실을 깨닫게 됩니다. 즉, 공인(公認)된 부친과 부친으로 생각되는 몇 명의 인물입니다. 그건 그렇고, 그는 그 편지, 어쩌면 그에게 아버지 이름을 밝혀 줄지도 모르는 그 편지 뭉치를 어떻게 처리했는지 아시겠습니까. 당신이 자신의 연출방법을 미리 준비해 놓으셨다면, 그 후 1,2분이면 수업시간이 끝난다고 할 때에 학생들에게 그 질문을 내놓을 것입니다. 그리고 그들의 기대를 연장시키기 위해 이렇게 말할 것입니다. '이 연속은 다음 시간에'라고. 이것이 듣는 사람을 끌어들이는 비결입니다.

ㄴ 그런데, 선생님께서는 그런 종류의 역사에는 흥미가 없으시단 말씀인가요?

브로델 그런 방법으로 만족하는 사람들도 있기는 합니다만.

ㄴ 그래서 결국 나폴레옹은 그 편지를 어떻게 했습니까?

브로델 아, 당신도 걸려드셨군요. 그렇다면 말씀드리겠습니다만, 나폴레옹은 그 편지들을 읽어보지도 않고 몽땅 태워버렸습니다.

ㄴ 역사란 그러한 종류의 과거가 아니라 하더라도 그것은 또 현재도 아니라는 뜻일까요. 그렇다면 역사가는 과연 어디에 있습니까?

브로델 말하자면 진짜 현재라고 하는 것은 없다는 이야기입니다. 사람은 항상 여행중에 있습니다. 매일 아침 우리들은 태어납니다. 역사가인들 예외는 아닙니다만. 그는 날이면 날마다 피할 수 없는 경험 속에 사로잡혀 있습니다. 그러므로 과거란 우리가 지금 내놓는 물음과의 관련 이외에는 의미를 가지지 못하죠. 그리고 중요한 사건은 어떠한 결과를 낳고, 직접·간접으로 현재의 생활에 작용을 미치고 있는 것들뿐입니다.

L  그럼, 역사란 무엇입니까?

브로델  오늘날, 인문과학이라 일컫는 학문이 있습니다. 즉, 사회학·경제학·민속학·심리학·인구통계학 등인데, 이것들은 인간이 무엇인지를 알려고 합니다. 그런데, 우리들 운명에 관한 물음에 각기 대처하고 있는 이 학문 모두에 공통된 특징은, 이들 학문이 모든 물음을 역사 쪽에다 제기하여 어떤 답을 얻으려고 하는 점입니다. 역사는 이들 모든 물음을 받아들이고 있습니다. 역사는 이들의 탐구에 광명을 비추어 주려고 합니다. 그러한 이유에서 역사는 현재이기도 합니다. 왜냐 하면 현재가 우리를 과거로 되돌려 주고, 그 과거는 그 자체가 살아서 우리들 속에 있으면서 작용을 미치고 있다고 하는 경우에만 의미를 갖기 때문입니다. 역사를 만들어낸 것은 실은 사회적 압력입니다. 끊임없이 사람들은 물음을 제기하고, 나아가서는 과거를 돌이켜 생각합니다. '지난날 사건은 어떤 경로를 밟아 온 것일까?' 라고 말입니다. 그래서 역사가는 그에게 향해지는 물음과, 그가 스스로에게 제기하는 물음이 결코 같지 않기 때문에, 끊임없이 시점(視點)의 전환(轉換)을 꾀하게 마련입니다. 그러나 세상에서 말하는 일련의 큰 사건이라 할지라도 그들이 이미 우리들 관심의 영역 안에 자리잡지 못하게 되면, 우리의 흥미를 끌지 못하게 됩니다.

L  그 일례를 말씀해 주시지 않겠습니까?

브로델  1968년 5월을 예로 들어 볼까요. 그 사건은 모든 프랑스인과 마찬가지로, 나 자신과 관계가 있었으며, 게다가 대학관계자로서의 나는 그것을 피할 수도 없는 노릇이었습니다. 그때, 나는 거리에서 학교에서 정치사회에서 일어난 사태를 빠짐없이 보고 스스로에게 물음을 던졌습니다. 그리고 생각해 보았습니다. 자신은 지금 하나의 문화혁명(文化革命)에 직면하고 있는데, 이 혁명은 아마도 철저히 이루어지지 않고 종말을 고하게 되리라. 그러나 문화

232

혁명이란 도대체 무엇인가를 여기서 묻지 않을 수 없다라고 말입니다.

그러나 슬픈 사실이지만, 역사는 그 답에 필요한 모든 요소를 제공해 주지는 않습니다. 오히려 다른 어떤 인문과학쪽이 현상(現象)의 이해에 이바지하는 자료를 제공해 줍니다. 그렇지만 그것들을 사용하여 최종적으로 전망하는 것은 역사입니다. 과거를 살펴보면 수많은 문화혁명이 있었음을 알게 됩니다만, 그것들은 반드시 우리들의 개설서(概說書) 속에는 문화혁명이란 딱지가 붙어 있진 않습니다.

ㄴ '5월'을 이해하시기 위해 어디로 가셨습니까?

브로델 나는 '5월'을, 다소 자의적으로 옛시대의 현상과 결부시켰습니다. 일반적으로 우리들의 생활이 이럭저럭 견뎌나갈 수 있도록 되어 있는 것은, 사회가 분명히 존재하고 있어서 우리들이 사물을 지나치게 깊이 생각하는 것을 방해하고 있기 때문입니다. 이를테면 지금 여기서 누군가 다른 사람들과 사회의 중대사에 대해 이야기하고 있을 경우에는, 우리들은 자신의 내면생활의 일이나 자신의 일상의 생활상태에 대한 일은 거의 생각하지 않아도 됩니다. 만일 그러한 내면의 생활을 돌이켜보게 되면 우리는 암흑의 늪이나 파국 쪽으로 되돌아가게 됩니다. 그런데 거기에 문화가 있어서 항상 친절하게도 우리를 위로해 주고, 암흑의 늪을 들여다보지 못하도록 가면(假面)을 우리에게 씌워주고 있습니다. 문화는 그것이 제대로 작용하여 이바지하고 있는 동안은 우리의 손을 붙잡고 생애를 마칠 때까지 우리를 이끌어주고 있습니다. 문화혁명이 일어나는 때라 한다는 것은, 예부터 전해 내려오는 가면으로는 쓸모가 없다는 사실이 밝혀졌을 때입니다. 사람들은 친숙해진 위로를 포기하고 문제를 꿰뚫어보고 있습니다. 그것은 반드시 유쾌한 일만은 아닙니다. 그래서 다른 것을 재빨리 생각해 내지 않으면 안 됩니다. 르네상스를 예로 들어봅시다. 르네상스는 역사적으로 엄밀하게 따져보면, 1450년부터 대충 1520년까지의 기간입니다만, 이것은 전형적인 문화혁명입니다. 또한 동시에 이것은 바로 충실한 삶의 기쁨의 시대입니다. 이 시대의 인간은 새로운 가면을 재빨리 고안해 낼 수가 있었습니다.

　└ 어떠한 가면 말입니까?

브로델  부유층을 위한 권리입니다. 르네상스는 사회의 상층부에서의 문화혁명이며, 1968년 5월이 그 징후의 하나였던 사회조직의 저변, 혹은 중간층에 자리잡은 문화혁명과는 비슷한 데가 없습니다. 이 부유층을 위한 권리란, 알기 쉽게 말해 하고 싶은 일은 무엇이든 행하는 권리입니다. 성(性)의 해방과 동시에 사상의 폭넓은 자유입니다.

　└ 르네상스라는 문화혁명은 어떠한 점에서 창조적입니까?

브로델  어떠한 문화혁명도 우선 먼저 재래의 것을 파괴하는 점에서입니다. 그러나 당신이 가령 쇼윈도를 파괴하더라도 사회는 그대로 남아서 지탱됩니다. 르네상스는 심각한 사회적 반향은 가져오지 못했습니다만, 새로운 생활방식을 만들어냈습니다. 즉, 르네상스는 게임의 룰을 바꾸었습니다. 1420년 무렵의 인간은 끊임없이 그 자신으로부터 떼어놓은 사회나 문화의 영향 아래 있었습니다. 즉, 사람은 개인적인 생활을 영위하기 위해 존재하는 것이 아니라, 신(神)에게 감사를 드리고, 사회에 의해 지정된 장소에서 일하기 위해 존재하고 있었습니다. 그리고 죽음마저도 사람이 거부할 수 없는 피안(彼岸)의 행복 속에 자리잡고 있었던 거지요. 르네상스와 더불어 새로운 형태의 인간이 출현했습니다. 개인은 각자의 삶과 죽음에 책임을 져야 한다고 그들은 생각한다는 사실입니다. 이것은 인간의 운명 앞에 열려 있는 암흑의 늪에 대한 대답이며, 결국 인간의 자기 자신에 대한 책임이라는 사상입니다. 그러므로 오늘날의 젊은이들도 그들 앞에 열려 있는 암흑의 늪에 대하여 어떠한 해답을 내놓아야 합니다.

└ 그것은 오로지 죽음의 늪이 아니라 삶의 암흑의 늪이기도 하겠군요.

**브로델** 어느 쪽이든 마찬가지죠. 사람은 죽지 않고 계속 살 수도 없고, 살지 않고 죽을 수도 없기 때문입니다.

└ 그러나 르네상스 무렵에는 인생은 향연이라 하여, 죽음은 그 향연의 부조리한 결말로서 받아들이지 않았습니까?

**브로델** 진실한 행복은 지상(地上)의 행복이라고 생각하게 되자, 죽음은 결코 선뜻 받아들여지지 않게 됩니다. 르네상스 사람들은 오늘날의 청년들처럼 지상의 행복이란 것에 이의를 신청하는 것처럼 보이지만, 요컨대 지상의 행복이란 정의(定義)가 달랐던 겁니다. 오늘날 나타나고 있는 문화적 폭발은, 자기 자신의 부(富)를 사용할 때, 우리 사회가 안고 있는 꺼림칙한 기분을 드러낸 것입니다. 그러므로 새로운 가면, 새로운 약, 새로운 이데올로기를 생각해 내지 않으면 안 됩니다.

└ 역사는 그것을 생각해 낼 때에 어떠한 역할을 수행할 수 있을까요?

**브로델** 역사는 현재, 미래를 향하는 우리들의 행동에서 수없는 강한 면과, 떼어버릴 수 있는 약한 면을 분간하는 데 도움을 줄지도 모르지요. 시간이란 선(線)이 아니라 복합적인 것이기 때문입니다. 역사가는 서로 노려보고 있는 갖가지 시간을 지켜보며, 중요한 시간과 중요하지 않은 시간을 분간하려고 노력합니다. 말하자면, 같은 시대의 사건(여기는 분간하는데 특히 위험이 큰 곳입니다만) 중에는 오랜 시일을 거치고, 먼 과거에 그 뿌리를 내리고 있어서, 얼마 지나지 않아 미래를 풍요하게 만드는 사건의 경우가 있고, 또한 다른 한편으로, 보다 두드러지고 보다 널리 알려져 있

지만, 그 당시에만 국한되지 않는 사건도 있지요. 그러므로 현재
에 있어서 우리들은 항상 과거의 등불에 비추어 어느 것이 그런
연륜을 가지고 있는 것인가, 어느 것이 일시적인 것인가를 분간하
도록 해야 합니다.

  L  다시 1968년 5월로 되돌아갑니다만, 역사가는 어떠한 방식으
로 시간적으로는 극히 짧은 그 사건 가운데, 온갖 시간의 그러한
중복을 포착하거나, 가장 중요한 시간을 끌어내려고 시도합니까?

  브로델  전통적인 역사가라면 순서를 따라 5월 8일, 5월 13일,
그리고 그 후에……. 이처럼 일어난 일을 객관적으로 말하려고
합니다. 더욱 탐구심이 왕성하다면 ‘5월’을, 다른 장소에서 과거
에 일어났던 사실로서, 설사 그것이 먼 과거의 일일지라도 근원에
있어서 유사하다고 생각되는 일에 관련지어 보려고 합니다. 내가
흥미를 느끼게 되는 점은 그러한 먼 현실의 사상(事象)입니다. 개
인적인 생각으로는, 현재의 프랑스 사회는, 예컨대 이탈리아 등과
마찬가지 이유로 극적인 정세 아래 있다는 확신을 나는 가지고 있
습니다. 하기야, 이탈리아에서는 그 일이 우리나라보다도 약간 떠
들썩하게 알려지고 있기는 합니다만. 우리나라에서는 내부적 대결
을 예고하는 힘이 결핍되어 있습니다. 즉, 많은 사람들이 극소수
의 인간이 부당하게 대특권을 멋대로 휘두르고 있으며, 나머지 사
람들은 어쩔 수 없이 이들 특권계급의 손아귀에 쥐어져 있다고 느
끼고 있습니다. 이 분석은 인정해도 좋겠지요. 그래서 가령 몇 개
월 내지는 몇 년 안에 68년 당시보다 훨씬 심각하게 프랑스 사회가
불꽃을 튀길 사태가 생긴다면 ‘1968년의 5월과 6월’이 지니고 있던
가치가 자동적으로 바뀌게 되겠지요. 그렇게 되면, 68년의 이들 사
건은 그대로 징후라고 하는 가치를 지니게 됩니다. 그들은 우리에
게 눈짓을 해서 길이 위험하게 되어감을 알려 준 셈이 됩니다.

  L  그렇다면 역사란, 시간의 여러 가지 리듬 속에 사건을 정리

하는 일이 되겠군요.

**브로델** 그런 이야기가 됩니다. 다만 우리의 과거는 온갖 사건의 단순한 연속으로 이루어진 것이 아니고, 갖가지 시간의 동시성(同時性)으로 이루어짐을 근거로 삼아야 합니다. 우선 단기적 시간이 있는데, 그것은 한 사람 한 사람의 인간에 대해서 말한다면, 일상생활이나 환상이나 황급한 결단 등에 관련되고 있습니다. 이 단기적 시간은, 모든 생활형태에 매여져 있는 저널리스트의 시간이 그렇습니다. 경제적·사회적·문학적·교육적·종교적·지리학적(이를테면, 사이클론이나 태풍)인 단기적인 시간이 있습니다. 정치적인 시간도 보통 의미로는 단기적인 시간이며, 삼면기사(三面記事)의 시간도 역시 그렇습니다. 이것을 바로 나는 레시[揷話]라고 부르고 있습니다. 그리고 레시와 더불어 10년, 20년, 혹은 50년이라는 단위로 사건을 지배하는, 단락(段落)의 폭이 넓은 지나간 시간이 있습니다. 이같은 중기적(中期的)시간 —— 일반적으로는 인간의 일생 내지는 1세대의 시간 —— 의 연구는 연속적으로 변화해 나가는 경제생활이나 사회생활을 이해하기 위해 특히 필요합니다. 그래서 이 중기적 시간에 착안하게 되면 역사가들은 특히 사실 경과의 관점으로 단기적 지속에서 볼 수 있는 정치생활에는 별로 관심을 갖지 않고, 그 정도만큼의 경제적 변화의 리듬이나 사회집단의 변화쪽에 관심을 기울이게 되는 것도 수긍이 갈 만한 일입니다. 그러나 거기에는 상이점이 있다는 점도 알아둬야 합니다. 즉, 정치를 지켜보는 사람에게는 일(日)·월(月)·년(年)은 훌륭한 척도라는 것입니다. 사실 경과한 시간이라는 개념은, 모든 날들의 총화입니다. 그런데, 가격곡선(價格曲線)이나 인구통계학상의 증가, 임금의 변동, 부(富)의 생산과 소비 등을 분석하기 위해서는 더욱더 큰 척도가 필요하게 됩니다. 나는 과학이나 과학기술, 정신활동을 행하는 시설, 나아가서는 정치제도 그 자체마저도 이렇게 하여 이해하도록 노력해야만 되리라고 생각하고 있습니다.

  ㄴ  그리고 장기적 시간이 있지 않겠습니까?

  브로델  그렇습니다. 장기적 지속, 각 세기(世紀)의 경향이 있습니다. 장기적 지속을 이해하기 위한 가장 단순한 방법은 지리학적 구속을 다시 한번 생각해 보는 일입니다. 인간은 어느 세상이든 기후·식물·동물·농경(農耕) 등 오랜 세월 동안에 이루어진 어떤 균형에 구속되어 있으며, 거기서 제아무리 벗어나려 해도 결국은 또 관련을 맺지 않을 수 없게 됩니다. 시대에 따라, 여러 가지 있는 가운데서 몇 가지 예를 골라 생각해 보기로 합시다. 산악지대의 생활에서의 이동목축(移動牧畜)의 장소를 어디에 정했는가, 바다에서 사는 사람들이 어떠한 장소에서 영주했는가, 또 오늘날 많은 문제를 제기하고 있는 도시가 어떠한 곳에 만들어졌는가, 도로와 수송간선의 항구적인 통로가 어느 곳에 만들어졌는가 하는 것들입니다. 이와 같은 항구성은 문화생활 속에서도 마찬가지로 적용되는 것으로, 말하자면 여러 세대를 통해 감수성이 안고 있는 몇 가지 명제(命題), 혹은 감수성의 몇 개의 계보(系譜)가 존속하고 있는 점을 미루어 보아 그것은 분명합니다. 한편 경제체제의 분야에서도 찾아볼 수 있습니다. 대체적으로 보아 1750년에 우리는 공업문명의 단계에 들어선 셈입니다. 그리고 아직도 그곳에서 벗어나지 못하고 있습니다. 그러나 그 이전에 13세기에서 18세기에 걸쳐 우리 눈앞에는 4,5세기에 걸치는 경제활동의 전개를 볼 수 있고, 그 경제활동은 갖가지 변화를 맞으면서도 뚜렷한 통합을 보여주고 있습니다.

  ㄴ  그렇다면 서로 겹쳐 있는 세 종류의 시간이 있다는 말씀이십니까 ?

  브로델  그렇지요. 더구나 그것들은 동시에 살아 있습니다. 최상층(最上層)은 우리의 눈 아래에 볼 수 있는 시간이며, 그 움직임

238

은 극히 빠릅니다. 한가운데 층에서는 그 운행은 바로 눈에 띄지도 않으므로 그 운행을 감추고 있는 것을 제거할 필요가 있습니다. 그리고 또 천천히 움직이는 층, 기반을 이루고 있는 거의 정지된 시간이 최하층(最下層)에 있습니다. 우리는 어떠한 징후인 여러 가지 순간적인 사건에 둘러싸여 있습니다만, 곤란한 사실은 그것들이 한낱 덧없는 사건, 즉 순간적인 것인가, 그렇지 않으면 거의 정지된 층의 덮개를 붙인 돌기(突起)와 같은 것인가 어떤가를 분별하기가 어렵다는 점입니다. 장기적 지속이라는 각도에서 역사가 명백히 할 수 있는 일은 한정된 수의 구조와 항구성이며, 그로 말미암아 서로 동떨어진 문명의 여러 사상(事象)의 해명이 가능하게 됩니다.

ㄴ 선생님이 깊은 관심을 보이신 그러한 문명상의 여러 사상 중 하나에 음식물이 있습니다만, 그 까닭은?

브로델 음식물의 역사는 나의 정열을 들끓게 했습니다. 역사 교과서로 공부하는 인간이 결코 음식물을 먹지 않는다고 우리가 말한다면 우스꽝스럽지 않을까요. 그에 비해 인간이 무엇을 먹고, 왜 그런 식물을 먹는지, 나아가서는 인간의 식생활이 그 이외의 생활과 어떻게 관련되어 있는가를 알아내는 일은 보람있는 일입니다. 예를 들어 알코올의 역사를 더듬어 봅시다. 알코올의 발견은 담배라든가 마약(麻藥)의 경우와 마찬가지로 우리의 정열을 불태웁니다. 일반에게는 별로 알려져 있지 않습니다만, 알코올은 15세기 말이 되어 비로소 실용적인 것으로 되었습니다. 그것도 아주 한정된 범위내에서만 출현했습니다. 뉘른베르크에서는 1475년 무렵, 코르말에서는 1500년 무렵, 파리에서는 1520년 무렵에 알코올에 취할 수 있게 되었습니다. 그러나 알코올의 대량 소비는 겨우 18세기에 접어들면서 시작되었지요.

ㄴ 주로 경제적인 이유 때문이었을까요?

**브로델**　물론 그렇게 생각할 수 있습니다만, 반드시 그렇지는 않습니다. 알코올의 보급을 해명하기 위해서는 상상력이나 기호의 영역도 밝힐 필요가 있습니다. 과거의 향신료(香辛料)라든가, 오늘날의 담배, 마약의 보급의 경우와 마찬가지로 말입니다.

**L**　선생님은 언젠가 다른 일로 바슐라르를 인용하시면서, '인간은 욕구의 동물이 아니고 욕망의 동물이다' 라고 말씀하셨습니다만.

**브로델**　기본적인 욕구는 항상 충족된 것이라고 생각합니다. 알맞을 정도로 말입니다. 만일 그것이 충족되지 않을 경우, 인간은 죽어버리기 때문입니다. 실제로 인간은 우리가 상상하는 이상으로 결핍에 견딜 수 있으며, 아주 빈약한 것으로도 연명할 수 있습니다. 그런데 욕구 이상으로 중요한 사실이 있는데, 그것이 곧 욕망입니다. 그것은 분명히 온갖 행동의 위대한 원동력이 됩니다. 그리고 특별히 중요한 점은 사회적 서열에 대한 욕망입니다. 완전히 평등한 국가에서 상층계급이란 조직이 없어지게 되는 결과가 되면, 욕망을 들끓게 하여 그것을 만들어내기 위한 전문적인 공무원 같은 제도가 필요하게 되지 않을까요.

**L**　알코올의 경우는 그러한 욕망의 길과 어떻게 통하게 됩니까?

**브로델**　알코올은 애초에는 약이었습니다. 이것이 보급되게 된 것은 포도주가 증류(蒸溜)되기 시작한 시기입니다. 그것을 맨처음 손댄 것은 네덜란드인인데, 그 이유는 알코올이 포도주보다도 수송하기 쉽다는 점과, 이 알코올을 사용하면 아주 약한 포도주를 강하게 할 수도 있었기 때문입니다. 그 후 알코올의 전파는 17세기의 암스테르담의 부(富)와 연결됩니다. 알코올의 소비량이 놀랄 만큼 뛰어오른 것은 이 시대입니다. 이제까지 알코올은 약국에서 살 수 있는 약이었습니다. 마약의 경우에도 역사는 같은 것일까요? 현재까지 마약은 약국의 소관에 속해 있었습니다. 앞으로의 전망은, 이미 치료를 위해 사용되어 왔다는 범위를 넘어서 일상적인 소비에 들어가거나, 아니면 들어가려 하고 있는 실정입니다.

ㄴ 왜 그럴까요?

브로델 이유는 알 수 없습니다만 인정하지 않을 수 없는 사실이 아니겠습니까? 마약은 처음에 부유층의 악습(惡習)이었습니다만, 부자 아닌 사람들이 흉내를 내기 시작했습니다. 지배계급이라든가 소수의 특권계급이 보여준 기태(奇態)는 사회생활에 있어서 결정적 역할을 하게 됩니다. 보다 하층계급과 점잖은 계급은 그것을 본보기로 삼고 있습니다. 지난날의 후추 소비를 생각해 보십시오. 이것은 오랜 세월, 부유층 계급에 점유되어 있었습니다. 그리고 17세기 이후 네덜란드인이 이 거래를 독점하게 됨으로써 수입이 늘어나고 가격이 떨어지게 되자 소비가 일반화되었습니다. 게다가 기묘한 일은 향신료가 예로부터 지중해 방면에 널리 알려져 있는데도, 그것이 선발한 시장을 최종적으로 발견한 곳은, 충분한 이유를 갖다 붙일 수 있다손 치더라도, 실은 북유럽이었습니다. 지금도 독일 과자류에는 향신료가 듬뿍 사용되고 있습니다.

ㄴ 마약은 어떻습니까. 이것도 마찬가지 경위를 따르게 될까요?

브로델 한심한 일입니다만, 마약은 지난날의 담배나 알코올과 마찬가지로 널리 보급되겠지요. 이 욕망은 현대 특유의 감수성과 병적 증상의 특수한 상태와 결부되어 있습니다. 각 시대는 고유의 긴장, 경험에 따라 진정적(鎭靜的)인 것을 추구하거나, 자극적인 것을 추구하는 모양입니다. 거기에는 무엇인가 숨어 있는 동기(動機)가 있게 마련입니다. 그리고 그것은 아마도 우리 사회의 특수한 고민이라든가 감정, 감수성의 계보를 분석해 가는 동안에 밝혀낼 수 있습니다.

ㄴ 장기적 지속을 대상으로 하는 연구가 명백히 찾아낼 수 있는 사실은 틀림없이 그러한 영역의 현상(現象)이라 말할 수 있겠습니다. 현대사(現代史) 가운데 변함없이 삶을 계속하고 있는 그와 같

은 장기적 지속의 일례를 말씀해 주시지 않겠습니까?

　브로델　종교개혁을 예로 들어 봅시다. 이것은 유럽 세계의 갭이 되어 있습니다. 그런데 이 갭은 결국 도나우강(江)과 라인강에 따라서 만들어졌습니다. 반(反)종교개혁이 끝났을 때는 분할선은 로마제국의 변경 요새선(要塞線)과 일치하고 있었습니다. 이것은 놀랄 만한 사실이라고 생각하지 않으십니까. 로마에 눈을 돌리는 것을 습관으로 하고 있던 일련의 여러 나라가 있는 한편, 여러 식민지, 이류의 유럽 여러 민족, 도나우강의 건너편과 라인강의 건너편 사람 등이 있었을 텐데, 로마는 이 사실들을 도외시하고 말았습니다. 그것은 로마의 작전행동이 뜻대로 되지 않아, 엘베강까지는 갈 수 없었기 때문입니다. 로마는 시도했습니다만 성공하지 못했습니다. 프로테스탄티즘의 갭은 그런 까닭으로, 유럽의 낡은 상처에 따라 만들어졌습니다. 이것은 놀랄 만한 일입니다.

　ㄴ　그렇다면 공산주의 사상의 분할선은 어떻게 되는 걸까요?

　브로델　그것은 그렇게 명백하진 않습니다. 그러나 공산주의의 영향을 받기 쉬운 서구 제국이란, 이럭저럭 카톨릭국가가 대부분이 아닌가 생각됩니다. 독일은 반쯤 카톨릭입니다만 거의 영향을 받지 않고 있습니다. 영국도 그렇습니다. 이에 반해 프랑스, 스페인, 이탈리아의 경우는 한번 방파제가 무너지게 되는 날에는 어떤 결과가 올 것인지 알 수 있겠지요. 카톨릭의 감수성은 어떤 종류의 전투적 사회주의에 적대하는 것은 아니라고 나는 생각하고 있습니다. 이탈리아 공산당은 강력하고, 프랑스 공산당은 건재하고 있습니다. 스페인의 경우에도 국내에 자유가 있다면 모르지만 무정부주의적 색채가 강한 공산당이 태어날 가능성도 있습니다. 그러나 영국에는 실질적으로 공산당이란 없으며, 독일에도 없습니다.

　ㄴ　장기적 지속을 대상으로 하는 그러한 분석은 현재 발생하는 사실을 우리들이 이해하는 데에 도움이 될까요?

브로델 그렇기도 하고, 그렇지 않다고 말씀드릴 수도 있습니다. 그러나 알제리의 정세를 보십시오. 아시는 바와 같이 알제리 혁명은 몇몇 사람들에 의해 주도되었습니다. 그것도 아주 소수이며, 게다가 대부분은 카빌리아 출신 사람들에 의해서입니다. 그런데 알제리 공화국은 사회주의 공화국입니다. 사회주의와 이슬람교를 어깨를 나란히 하여 걷게 한다는 일은 설사 북아프리카라 할지라도 아주 어려운 일입니다. 그러나 사회주의는 카빌리아 지방에서는 성공할지도 모릅니다. 카빌리아에는 회교(回敎)가 깊숙이 침투해 있지는 않습니다. 그러므로 사회학자들이 북아프리카로 들어갔을 경우, 중대한 문제는 공업 문명의 발생 문제라고 생각한다거나, 각지로부터 들어와서 노동에 종사하고 있는 사람들에게 진술 조사를 행하고 있음을 보면, 그들이 아무래도 이차적인 문제를 연구하고 있다고밖에는 생각되지 않습니다. 나로서는 그들에게 카빌리아 그 자체의 문제를 연구해 보라고 권하고 싶습니다. 현실 정치에 카빌리아적 색채가 충분히 반영되어 있다고는 말할 수 없지요. 수많은 카빌리아인이 프랑스에 몰려와서 다시 자기 나라로 가버렸기 때문에 반드시 문화의 이입(移入)이 있었겠지요. 그것도 한낱 복장이라든가, 포도주의 소비량이라든가 하는 따위가 아니고 말입니다. 내가 깊이 파고들어가서 알고 싶은 점은 바로 그러한 문제입니다. 그 외에 어떤 문제가 있는지 살펴보기로 합시다. 프랑스에서의 노동자 사회는 극적인 정세 아래 19세기 초에 성립됐습니다. 그것도 진짜 게로(ghetto) 가운데서 성립했지요. 이 사회는 독자적인 규제(規制), 사고방식, 논리, 구애(拘礙) 등을 지니고 있어서 스스로의 배후에서 문을 아주 닫아버린 사회입니다. 그야말로 오랫동안 교육이 민주화되었음에도 불구하고 노동자에게 자기 자식들을 리세에 다니게 하는 것을 계급적 구애로 인해 금지했습니다. 이같은 상태가 적어도 1905년까지 계속되었습니다. 나의 아버지는 교직에 있었는데 어느 날, 예외적인 한 어린이를 발견했습니다. 더구나 그 소년은 에콜 폴리테크닉〔이공과학교(理工科學校)〕에 수석으로 들어갔습니다. 아버지는 그 어린이의 부모를 만나 말하자면 그를 그의 환경으로부터 구출해 내지 않으면 안 되었습니다. 사태는 바뀌었습니다만, 그러한 환경은 오늘날에도 아직 존재하고 있습니다. 속단은 절대 금물입니다. 노동자 사회는 독특한 스스로의 배후에서 폐쇄된 사회에 머물러 있습니다. 본질적인 문제는 이러한 종류의 사실입니다.

  L  선생님은 물질생활과 경제생활에 대해 논하고 계십니다만, 이 두 가지를 본질적으로 구별할 수 있는 점은 무엇일까요 ?

  브로델  물질생활이란, 나의 생각으로는 경제생활 이전에 존재하고 있습니다. 사실 경제생활은 하부구조(下部構造)는 아닙니다만, 물질생활에 대해서는 상부구조의 위치에 있습니다. 즉 하부구조란, 말하자면 '파이껍질'과 같이 얇은 조각 모양으로 겹쳐 있습니다. 경제생활은 하나의 사회가 자각(自覺)을 가졌을 때 비로소 시작됩니다. 그 까닭은 일상생활, 물질생활이란 거의 의식에 떠오르지 않을 정도로 습관의 밑바닥에 뿌리를 내리고 있는 비경제적인 것이기 때문입니다. 그런 까닭에 나는 물질생활에 대해 책을 한 권 썼습니다. 그러한 책은 별로 나와 있지 않았던 것 같습니다.

  L  확실히 마르크스는 물질생활에 관심을 가지고 있지 않았다고 봅니다만.

  브로델  마르크스를 감쪽같이 속이려고 했던 것은 아닙니다. 그런 뜻은 전혀 없었으나 마르크스는 사용가치[4]의 범위를 교환가치[5]의 범위와 구별할 때에, 이들 문제를 논하고 있지 않습니다.

  L  물질생활의 그러한 연구는 현재에도 유익합니까?

  브로델  나는 그렇게 생각합니다. 신변의 가까운 현실이 문제시되는 발전도상의 여러 나라에는 유익하지만은 않습니다. 최저지역

(最低地域)이라기보다는 가장 원시적인 지역을 위주로 경제생활을 전망한다는 것은 항상 흥미있는 일이라고 생각되기 때문입니다. 경제생활 그 자체는 어디까지나 경제생활이며, 이른바 자유주의 여러 나라에서의 경제생활이 그대로 자본주의가 되는 것도 아니겠고, 양자 사이에는 언제나 어긋나는 점이 있다고 생각하기 때문입니다. 나는 이 문제를 《경제와 자본주의》라는 제목으로 이번에 나올 예정인 나의 저서 가운데서 논술했습니다. 그 가운데서 나는 시장경제와 자본주의의 혼동 및 이 지적 혼동(知的混同)의 실질적 결과를 자본주의 여러 나라에 있어서도, 사회주의 여러 나라에 있어서도 애석한 일이라고 쓴 바 있습니다. 나의 결론이 설사 틀렸다고 해도 이것이 중대한 문제라는 사실은 인정해 주셔야 하겠습니다.

   L  현재가 과거와 합일(合一)하고 있는 그러한 현상(現象)의 전부를 설명하기 위한 일반적 법칙이나 형태라든가 하는 것이 존재하고 있을까요?

   브로델  아뇨, 없습니다. 역사는 흘러가는 유동적인 풍경과 같고, 게다가 그 풍경은 서로 모순되는 여러 가지 상(相)을 나타내고 있습니다. 나는 어떠한 지배적 요인에 의한 역사 해석을 신용하지 않습니다. 마르크스주의의 해석이라는 것이 있습니다. 확실히 마르크스는 나에게 대단한 영향을 주었습니다. 나는 사르트르와 마찬가지로, 아니 그 이상으로 마르크스와 접촉할 기회가 있었습니다. 리세와 대학의 강의에서는 배울 수 없었으니 전혀 독학이었다고 말할 수 있습니다만. 그러나 유물론(唯物論) 분석에서 제시되는

---

4) 상품은 인간의 여러 가지 욕망을 충족시킬 수 있는 노동의 생산물이기도 하지만 그 유용성, 또는 그 유용성을 지닌 물건을 상품의 사용가치라고 한다.

5) 어떤 종류의 사용가치가 다른 종류의 사용가치와 교환될 때의 양자의 양적관계 (X양(量)의 상품 A=Y양(量)의 상품 B라는 양적 비율)에 내재(內在)하는 것. 그 가치량은 그 상품을 형성하는 사회적 실체인 노동의 분량에 의해 결정된다.

현상이 많이 나타나게 됩니다. 권세를 예로 들어본다면, 이것은 여러 문명과 여러 국가의 역사 속에서 일정한 역할을 하는 관념입니다. 항상 정치적 권세를 놓쳐버린 나라가 있는데, 그것이 바로 프랑스입니다. 독일의 경우도 마찬가지입니다. 그런데, 프랑스는 파국적인 역사 상황에서 빠져나올 때마다 문화의 찬란한 빛 속에 묻혀버리기도 합니다. 전승(戰勝)이 아니고 초인적인 노력의 성과인 1918년[6] 직후에는 문학·회화·과학의 분야에서 훌륭한 시대를 맞이하게 되었습니다. 아테나이의 올빼미 이야기를 연상케 합니다. 밤이 되지 않으면 날지 못하는 올빼미 말입니다.

ㄴ 그 외의 나라는 어떻습니까?

브로델 이탈리아의 경우는 더욱더 두드러집니다. 르네상스가 있습니다만, 이것은 이탈리아 역사 중 동란(動亂)의 한 시대에 호응하는 것입니다. 이어 바로크의 세기가 있습니다만, 이것이 물질적으로는 대단한 위기에 당면하게 된 시대이면서도, 또한 갈릴레이의 세기이기도 합니다. 갈릴레이의 경우입니다만, 그를 유물론적 시점에서 설명한다는 것은 거의 불가능합니다. 그가 본래의 모습에, 즉 매우 위대한 인물로 되돌아가고 나서 겨우 15년 남짓밖에 되지 않습니다. 그때까지는 베이컨, 데카르트, 뉴튼밖에 화제에 오르지 않았었습니다. 그런데 근대적 정신의 원류(源流)는 틀림없이 갈릴레이가 장본인이라고 생각합니다. 그는 세계에 대한 기하학적 이해를 가지고 있었으며, 세계를 기하학적으로 본 최초의 사람입니다. 다만 실험적으로뿐만 아니라, 직관적으로도 말입니다. 그런데, 세계를 기하학적으로 볼 수 있게 된다면 세계는 무한하게 됩니다. 지구상의 세계에 대해, 그때까지는 다른 특성 —— 신성(神性) —— 을 가지고 있는 것으로 생각되었던 천체적 우주가 그

---

6) 제1차세계대전이 끝난 해.

이후로는 지구 세계와 같은 성질을 띠게 됩니다. 그러므로 이것은 놀랄만한 변혁이 아닐 수 없습니다만, 이 사실은 갈릴레이 자신에게는 행운을 안겨주지 못했습니다. 1600년 무렵에는 밤하늘의 별을 쳐다보고 있으면 사람은 거기에서 신(神)의 존재를 느끼곤 했었습니다. 정신의 안정을 찾은 증거입니다. 그러므로 이 불운한 갈릴레이가 달 표면에 산이 보인다거나, 태양 표면에 흑점(黑點)이 있다고 말한다거나 하면, 산이 있고 흑점이 있다는 것은, 말하자면 달이나 태양의 결함이 있다는 이야기가 되기 때문에 그는 세상 사람의 빈축을 사게 됩니다. 1633년의 재판[7] 후에 갈릴레이는 자택에 연금당하게 됩니다. 그 집에서 그는 토리첼리와 비비아니와 함께 살았습니다. 비비아니는 15세 안팎의 소년이었죠. 어느 날 밤, 이 소년과 갈릴레이 노인은 논의를 주고받는 도중 소년이 그에게 이렇게 말합니다. '일정한 힘으로 가속된 운동에 대해 아직 기하학적 증명을 제시해 주시지 않았지요' 라고. 갈릴레이 노인은 밤새 잠을 못 이루다가 다음날 아침에는 전대미문의 행운을 얻어 그 증명을 발견했던 것입니다. 증명이 다소 늦은 감은 있으나 이렇게 해서 직관적인 확신이긴 했지만 완성이 되었습니다. 1633년에서 1634년의 일입니다.

　ㄴ　이 사실은 문명의 관점에서 본다면 어떤 점에 변화를 미치게 되었을까요 ?

　브로델　그것은 결과론(結果論)에 불과하다 하더라도 전반에 걸

---

7) 갈릴레이는 1609년부터 해온 천체관측에 의해, 지동설에 유리한 사실을 발견, 이를 발표하였다. 카톨릭 교회에 의해 이단 판정을 받았으나 자신의 주장을 번복하지 않고 1632년《프톨레마이오스와 코페르니쿠스의 우주대계에 관한 대화》를 발간했다. 반년 후 이 책은 발매금지 선고를 받았고 그 자신도 이단 심문소에 소환되어 유죄판결을 받은 뒤 로마에 유폐되었고 마침내 자신의 주장을 포기한다고 서명했다.

쳐 있는 사실입니다. 당신이 세계를 설명하는 인위적 격자(格子)를 만들었다면, 어떤 사건이나 어떤 현상에 직면할 때마다 당신은 그것을 기하학화(幾何學化)하는 데 노력할 것이며, 그것을 당신의 격자에 넣기 위해 거기에서 몇 가지 특성을 끌어내게 될 것입니다. 무엇이 이 격자의 가치를 높여주느냐 하면, 그것은 이 격자가 '제대로 일을 잘 했다'라는 점과, 그것이 종래의 낡은 세계관을 타파했다는 점입니다.

ㄴ 그러나 왜 그것이 진보하게 되었을까요? 흔히 듣는 말입니다만, 그것이 진실이었기 때문이라고들 이야기하고 있습니다.

브로델 이 격자는 '진실'이 아닙니다. 그것은 조작적(操作的)입니다. 역사에서의 하나의 가정(假定)은, 그것이 생산적인 것이라면, 온갖 사건에 대해서 최상의 계책을 강구함을 가능하게 합니다. 극단적인 표현을 빈다면, 어떤 격자를 사용하고 출발하여 조리가 맞는 설명에 도달할 수만 있다면, 그 격자가 '진실'이든 아니든 상관이 없습니다. 요컨대 사전에 확실한 비전을 가져야만 합니다. 갖가지 사건을 그냥 다루는 데 있어서 그것들을 차례 차례로 연결해야만 되는 식으로 생각하는 따위의 역사가에게는, 마치 그들 사건으로 한 줄의 사슬을 만들듯이 함께 이어나가는 데 지나지 않는다는 사실마저 이해하지 못합니다. 그러한 방식도 어쩌면 미리 마련된 비전에는 틀림이 없을지도 모르겠습니다만.

ㄴ 요컨대 역사가는 그 사람이 대개 어떠한 문제 제기를 하는가에 따라서 그 성격이 결정되는 것일까요?

브로델 그렇습니다. 연구의 핵심은 맨 처음 단계에서 제기되는 문제입니다. 문제 제기는 결정적인 사실이 됩니다. 같은 시대에 관한 연구를 복잡하게 하고 있다는 것은 틀림없이 갖가지 사회과학의 연구자들이 모두 다같이 별도의 격자(格子)를 가지고 연구에 임한다는 사실을 뜻합니다. 그래서 사건과 문제의 전모(全貌)를 가장 잘 설명하는 격자를 끝까지 확인해야만 됩니다.

└ 연구자들을 함께 모아 갖가지 학문 사이에 횡적(橫的) 연관을 갖도록 하기 위해 '인간학관(人間學館)'[8]의 설립에 매우 힘써주셨는데, 이 연구기관은 어떠한 역할을 하게 됩니까?

**브로델** 이것은 프랑스에 있어서의 여러 인문과학의 최초이며 최후의 기회라고 말할 수 있겠습니다. 여기에는 몇 군데 연구소가 모여 있어서 자발적인 학제적(學際的) 연구, 사고방식의 교환, 연구자 사이의 교류(交流)의 의무화(義務化) 등이 있습니다. 우리들은 학제적인 연구 이외에는 돈을 내주지 않습니다 —— 돈이라 해야 몇푼 되지 않습니다만. 어쨌든 이것은 대단히 큰 기회입니다. 프랑스 국내에 존재하는 이런 종류의 유일한 연구 기관이니까요. 이 연구기관은 순조롭게 기능을 발휘하고 있습니다.

└ 선생님은 그것이 21세기에서의 인문과학 본연의 자세를 엿볼 수 있는 시도라고 생각하셨는지요?

**브로델** 아마 그렇게 생각했던 모양입니다. 우리들에게 이 연구기관을 기능시키는 능력이 있다는 것을 전제하고서의 이야기가 되겠습니다만. 그것이야말로 우리들과 함께 일하고 싶다고 생각하고 있는 모든 젊은 연구자와 모든 외국 연구자가 우리에게 기대하고 있는 바입니다. 그러한 사람들이 매우 많이 있을 것으로 알고 있습니다. 그러나 우리들 스스로의 힘은 불행히도 아주 한정되어 있습니다.

└ 그런데, 선생님이 결집(結集)시키고 계시는 여러 과학 중에서, 역사가는 자신이 무용지물이라고 느끼시지는 않습니까?

**브로델** 왜 역사가가 그렇게 될까요. 여기에 모인 지리학자·사

---

8) Maison des Sciences de l' Homme : 국립민예박물관, 인류박물관 등과 더불어 문화인류학적 연구의 중핵을 이루는 연구기관. 광범위한 영역의 전문가가 협력하여 아프리카, 남북 아메리카, 아시아 지역 이외에 국내의 민속 연구에 관여하고 있다.

회학자 · 심리학자 · 민속학자들은 모두 저마다 정열을 품고 있습니다. 그것은 나의 정열이기도 합니다. 그 정열이란, 다시 말해 우리 눈앞에서 진행되고 있는 인간생활을 해명하고, 변화와 전통의 갈등에 직면했을 때 인간사회가 어떤 형태로 동의(同意) 내지는 거절(拒絶), 공범(共犯) 내지는 무시(無視)의 태도로 대답하는가를 끝까지 확인하는 일입니다.

└  거기에서 얻을 수 있는 교훈은 무엇입니까? 희망일까요, 그렇지 않으면 환멸일까요?

**브로델**  물론 희망입니다. 우리들이 조르쥬 프리드망이 말하는 휴머니즘을 수립하는 데 역사가 도와줄지도 모릅니다. 이 현대적 휴머니즘은, 바꾸어 말하면 인간이 모두 형제 사이가 될 것을 바라고, 또한 그렇게 되리라고 생각하는 한 가지 방법입니다. 우리들에게는 파산과 쇠퇴, 파국을 예고하는 수많은 예언이 있습니다. 그러나 인류는 그 이외의 많은 고난을 극복해 왔습니다. 현재는 정지선(停止線)이 아닙니다. 그것은 영원의 비극을 쌓아 올린 장애물이기는 하지만, 인류가 지니고 있는 희망은 항상 그것을 뛰어 넘을 수가 있습니다.


대담자 약력


1902년 8월 24일, 무즈현(縣) 류네빌에서 태어남. 파리에서 교육을 받고 볼테르 리세〔국립고등중학교(國立高等中學校)〕를 거쳐 파리 대학 문학부를 졸업. 문학교수 자격 획득, 문학박사.

1922년~1932년 알제리에서 교원생활을 했음.

1932년~1935년 파리의 콩도르세 리세와 앙리 4세 리세에서 교편을 잡음.

1935년~1937년 브라질의 상파울루에서 교편을 잡음. 그 후, 고등연구원

(高等硏究院)의 주임연구원으로 취임.

1948년 역사학연구 센터 소장(所長).

1950년부터는 콜레쥬 드 프랑스 교수. 1956년부터는 고등연구원의 제4부
(경제학 · 사회학) 최고책임자가 됨.

1963년부터는 인간학관(人間學館) 이사(理事). 프랑스어의 옹호 및 보급을
위한 상급위원회(上級委員會) 위원을 겸임하였다.

현대 철학을 비판하는 현대 철학자

**피에르 튈리에**

Pierre Thuillier

낭테르[1] 대학의 피에르 튈리에 교수는 폴 니장[2]의 《번견(番犬)들》과 장 프랑스와 루벨[3]의 《어째서 철학자인가?》의 계열(系列)에 속하는 사람이다. 그는 그의 저서 《관리(官吏) 소크라테스》에서 강단철학(講壇哲學)[4]에 신랄한 비판을 가한 바 있다. 이 저서에서 그는 철학교육의 태만성, 현실의 경시(輕視), 터무니없는 자기 만족성 등에 대해 명쾌하고도 열의에 찬 비판을 보여주고 있다.

---

1) Nanterre ; 정식 명칭은 파리 X 혹은 파리 낭테르 대학.
2) Paul Nizgan (1905 ~ 1940) : 프랑스의 소설가·수필가.
3) Jean-François Revel (1924 ~ ) : 프랑스의 문명비평가.
4) 철학이 대학에서 독립하여 강좌로서 수업하게 된 것은 19세기 독일에서부터이며 헤겔 우파가 '철학사'를 오늘날과 같이 계열화하고 이윽고 '철학개론'적 체계가 갖추어졌기 때문이다. 그것에 의해 철학은 생생한 현실과의 접촉이 단절되었고 관료적 이데올로기를 대변하게 되었다. 강단철학이라는 일파가 있는 것이 아니라 그 시대 시대의 권력에 봉사하는 절충적인 철학을 일반적으로 이렇게 부른다.

**렉스프레스**　낭테르의 교수라는 위치는 오늘날 어떠한 의미를 지닐까요?

**튈리에**　여러분이 생각하는 것만큼 그렇게 특별한 것은 아닙니다. '낭테르의 빨간 분교(分校)'라는 신화로 널리 알려지고 있는 모양입니다. 나는 개인적으로 항상 조용히 수업만 해왔습니다. 오히려 낭테르야말로 가엾은 존재라고 말하고 싶습니다. 그것이 가장 알맞은 형용사라고 생각되기도 합니다.

**ㄴ**　가엾다니요. 왜 그렇습니까?

**튈리에**　한마디로 말해서 그곳은 이미 정신의 숨결을 느낄 수 있는 장소가 아니기 때문입니다. 학생들은 진절머리를 내고 있습니다. 그 이유는 그들의 모든 기대에 어긋나기 때문입니다. 사람들이 느끼는 일, 사람들이 알고 있는 일을 언제나 구별해서 처리해야만 합니다. 다시 말해서, 학생들은 기분이 나쁘다고 느끼고는 있지만, 자신들의 불쾌의 원인을 쉽사리 파악하지 못하고 있는 듯합니다.

**ㄴ**　특히 철학과 학생들을 말씀하시는 겁니까?

**튈리에**　그렇습니다. 철학을 공부하려고 들어온 학생들은 무엇인가를 기대하고 있습니다. 그러나 이 무엇인가를 그들에게 채워주지 못하고 있습니다. 하지만 그들은 진짜 비판을 행할 지적 방법을 습득하지 못하고 있습니다. 그 결과, 그들의 머리 속에는 난잡(亂雜)한 생각이 생기게 됩니다. 틀림없이 확고한 학설을 자기 것으로 삼을 학생과 극히 적확(的確)한 길을 찾아갈 학생들마저 일

254

종의 절충주의(折衷主義)에 빠지고 맙니다. 이를테면 구조주의자(構造主義者)이며 레닌주의자이면서도 더욱이 자신의 태도의 진묘(珍妙)함과 모순을 전혀 의식하지 못하고, 유심론(唯心論)에도 추파를 던지는 학생들과 마주칩니다. 뿐만 아니라 그러한 예는 물론 교사 쪽에서도 볼 수 있습니다. 루이 알튀세르[5]와 같은 분은 라캉[6]과 푸코[7]에도 의거하고 있습니다. 마르크스, 라캉, 푸코를 두고 볼 때, 이것은 아주 기묘한 삼위일체(三位一體)를 구성합니다. 좀 더 낮은 레벨에서는 믿기 어려운 학설의 혼합에 부딪칩니다.

ㄴ 학생들은 무엇이 더 옳은가를 선택하기 전에 여러 가지 학설을 접하게 됩니까?

**틸리에** 이치로 본다면 그렇죠. 그러나 젊은 철학도(哲學徒)들은 실제로 성급하게 걸걸거리며 관념을 가지고 놉니다. 그들은 일에 부딪쳐 조산하기 이전에 선택하고 맙니다. 선택이란 말을 쓸 수 있다면 말입니다만. 대학의 철학교수들은 본래 관념론자(觀念論者)입니다. 즉, 대학의 철학이란 어떤 종류의 분업(分業)의 산물(産物)입니다 —— 광부라든가, 상인이라든가, 엔지니어와 같은 직업이 있는 셈이지만, 철학자로 말할 것 같으면 이것은 관념 전반에 걸친 전문가입니다. 모두가 그들에게 어거지로 경험을 잊게 하고 사변(思辨) 속에 살도록 합니다. 학생들은 그러한 관념론의 희생자들입니다. 그들이 제아무리 거기서 몸을 지키려 해도 그들은 올가미에 걸리고 맙니다. 철학자는 흔히 사실을 무시하는 경향이 있습니다. 바깥 세계로부터 차단되어 그들의 세계에 틀어박혀 있기 때문에 항상 공허한 논의만을 일삼는 위험을 범하고 있습니다.

ㄴ 그렇긴 해도 그러한 판독과 해탈한 성찰이 바로 철학이 아닐

---

5) Louis Althusser (1918~ ) : 프랑스의 철학자.
6) Lacan, Jacques (1901~ ) : 프랑스의 정신분석학자 · 구조주의자
7) Foucault. Michel (1926~ ) : 프랑스 구조주의의 대표적 철학자.

까요?

**틸리에**  아무튼 철학은 결코 병적으로 구석에서 당치 않은 이론을 내세우는 일이 아닙니다. 과거의 위대한 철학자는 플라톤이든 아리스토텔레스이든 헤겔이든, 세계를 그리고 인생을 생각하려고 했습니다. 그러나 지금의 철학은 팔방미인에 불과합니다. 《보봐르와 페퀴세》[8]라는 책이 있는데 누구나 읽어 보신 책이라고 생각합니다. 우리들 프랑스인에게 있어서 이 책은 헤겔의 《정신 현상학(精神現象學)》에 비길 만하죠. 정말 이 책엔 모든 것이 있어요. 게다가 플로베르는 철학자로서가 아니라 작가로서 자신의 생각을 말했기 때문에 퍼스펙티브에 제한을 가하지 않았습니다. 그것은 감명적이기는 합니다만……

L  《보봐르와 페퀴세》는 철학에 대한 풍자라는 뜻입니까?

**틸리에**  아뇨, 그 이상의 것, 말하자면 정신의 서사시라고나 할까요. 모두가 거기를 통과합니다. 즉, 수목 재배도, 고고학도, 역사도, 정치도, 철학도, 종교도 말입니다. 예수와 베르나르댕[9]을 비롯하여 스피노자[10]와 루소에 이르기까지의 면면들을 잇달아 면박을 주고 있습니다. 그것은 우열(愚劣)에 대한, 다만 극히 프랑스적이며 극히 철학적인 우열에 대한 고발입니다. 플로베르의 이 두 사람의 주인공들은 실제로 입문서(入門書)에서 무엇이든 배웁니다. 그들은 종합적 백과전서적인 방식으로 기성(旣成)의 과학을 주입합니다. 그리고 그들이 입문서의 이론과 이념을 사실과 대조하면 전혀 기묘한 결과가 되어 버립니다. '수목 재배법이 엉터리다. 이럴 수가 있느냐!' 하고 페퀴세는 버찌와 오얏이 제대로 열리지 않

8) Bouvard et Pécuchet : 플로베르의 소설로 그는 1870년부터 쓰기 시작하였으나 완성을 보지 못하였고 끝내 미완(未完)인 채 사후에 간행되었다.
9) Bernardin, de Saint - Pierre (1737~1814) : 프랑스의 소설가 · 박물학자.
10) Spinoza, Baruch de (1632~1677) : 네덜란드의 철학자.

앉을 때는 푸념합니다. 정치에 있어서도 마찬가지입니다. '뭐라고? 진보라고? 터무니없는 소리!' 철두철미 추상, 추상적 교양의 승리입니다. 보봐르와 같은 인간과 페퀴세와 같은 인간은 멸망하지 않았습니다. '그들의 두뇌는 확대되었다. 그들은 이렇게도 커다란 대상(對象)에 대해 성찰(省察)하는 것을 자랑으로 삼았다.'

ㄴ 철학교육과 어떤 관계가 있는지요?

튈리에 낭테르의 철학에 있어서는 사람들은 플로베르에 의해 묘사된 단계에까지 이르고 있어요. 두 가지 문장에서 그는 핵심을 찌르고 있는데, 그 중 하나는 '철학은 그들의 명성을 높여놓았다'는 말이죠. 학생들은 진실로 그렇습니다. 나는 그들 중의 몇 사람과 논쟁을 벌였었는데, 그들이 철학을 공부하는 것은 불가사의한 지배적인 변론술(辨論術)이라는 이유 때문입니다. 그들은 전문적인 연구를 하지도 않고 정확한 것은 알지도 못하면서 모든 것에 관해 말하고, 이로써 자신이 탁월한 존재임을 느끼고 있습니다. 대부분의 학생들은 '혁명적'입니다만, 정도의 차이는 있을망정 그 이상으로는 나아가지 않아요. 그들은 말의 권위를 자기류(自己流)로 확대해서 신성(神聖)한 낱말을 수중에 넣고 있는 것처럼 생각하고 있습니다.

ㄴ 그런데 플로베르의, 현상(現狀)을 요약하고 있는 또 하나의 문장이란 어떠한 것입니까?

튈리에 그것은 이렇습니다. '그러면서도 두 사람은 함께 그들이 철학자들에게 짜증을 내고 있음을 자인했다…….' 이러한 권태감을 많은 학생이 느끼고 있습니다. 그들은 희미하게나마 아무튼 이야기한다는 것은 너무나 안이하다, 현실에서 동떨어진 이론이란 너무나 단순하다, 뿐만 아니라 믿을 수 없다는 것을 이해하고 있습니다. '자네의 데카르트가 갈피를 못잡고 있군!' 하고 보봐르는 말합니다. 그러나 갈피를 못잡고 있는 것은 비단 데카르트만은 아닐 겁니다. 어떤 철학자나 모두 갈피를 못잡고 있어요. 최소한의 정보와 현실감각만 있다면 사태는 견딜 만합니다. 그러나 공전(空轉)을 거듭하게 되면 그것은 황폐해지고 욕구불만이 생기고 게토(ghetto)가 되는 것입니다. 낭테르에서는 결정적인 해체(解體)가 임박하고 있다고 생각합니다. 즉, 사고(思考)의 낡아빠진 관습과 형식이 마치 게껍데기처럼 잔존(殘存)하고 있어서 학생들은 '혼미(混迷)' 상태에 있는 셈이죠. 왜냐 하면 그들에게 뛰어난 의도가 있다 해도 이같은 장소에서는 현대적인 문제를 제기한다는 것이 실로 불가능하기 때문입니다. 그들은 믿기 어려운 것도 마지 못해 믿는 척하고, 사실은 다른 무엇을 기대하고 있습니다. 그리고 실질적으로는 피로와 니힐리즘이 승리를 거두게 되는 셈이지요.

　ㄴ　그렇지만, 사실 낭테르는 새로운 교육 시스템을 설치한 대학의 하나가 아닙니까?

　틸리에　물론이지요. 그 이야기를 해 봅시다. 1968년 11월 이후는 교실에서의 강의는 이미 행해지지 않게 되었고, '세미나'와 '연구실 지도'가 그것을 대신하게 되었습니다. 수동적으로 수업을 받는 대신 학생들은 주어진 테마의 연구에 참가하는 것으로 간주되고 있습니다. 이 재편(再編)의 목적은 주입식교육을 벗어나서 자발적 수업방식을 그들에게 길러주는 데 있습니다. 이들 교육개혁은 그 원리는 훌륭합니다만, 현재에 있어서는 대학 철학의 전통적 측면을 악화시키고 있어요. 유명해진 '세미나'는 왕왕 잡담에의 초대가 되고 있습니다. 한 테이블 둘레에 모여앉아서 잡담을 하는 셈이지요. 그 곳에선 시시한 질문, 시시한 반론(反論), 시시한 고찰(考察)을 제기해도 상관이 없습니다. 그것이 '민주적'이며 '활기가 있다'고 합니다. 이것은 또한 지적 낭비(知的浪費)의 조직적 형태, 살롱 담화의 모방이라고 말할 수도 있겠지요. 가르치는 쪽과 배우는 쪽이 그 곳에선 서로 '자네, 나'로 이야기해도 무방합니다만, 그런 일로는 조금도 문제의 근저(根底)에 접할 수 없어요. 만일 내가 '양심적으로', '부르주아적' 전통에 따라 학생들을 평가한다면 진급하는 학생은 그들의 3분의 1도 되지 않는다는 사실을 강조하고 싶습니다.

ㄴ 왜 그들을 진급시키고 있지요?

**틸리에** 사회학적인 역관계(力關係)로 말미암아······. 사실 우리들은 꾸며진 외관으로 판단해 버리기 때문입니다.

ㄴ 과연 그렇습니다. 꾸며진 외관이란 무엇을 의미하는 것입니까?

**틸리에** 그것은 결국, 어느 학생이 한 학기간의 독서 리포트와 극히 평범한 소논문을 제출하면, 그 학생은 진급의 사실상의 권리를 얻은 것처럼 느낀다는 것입니다. 특히 철학에선 이것은 온갖 문제가 가능한 분야이기 때문에 어떻게 그 학생을 낙제시킬 수 있겠습니까. 몇 장의 큼지막한 용지를 잉크로 더럽혔다는 것만으로 충분합니다. 이것은 '지식의 계속적 관리'[11]라고 과장되어 불리는 것을 시험 대신에 둔 결과입니다. 물론 진지하게 공부하고 있는 학생도 몇 사람 있기는 합니다만, 그것은 도리어 예외에 속합니다. 내게 제출되는 논문이 어떠한 종류의 것인지 상상하실 수 없을 겁니다. 말하자면 '트릭'입니다. 그렇게밖에는 표현할 수 없군요. 전문체(電文體)의 것으로부터 행(行)을 한 단씩 빼놓고 책의 몇 페이지를 그대로 모사하는 것까지 있을 정도입니다. 이런 것들을 모두 인정해야만 할 형편입니다. 대부분의 학생은 이같은 혼란 속에서 진실로 지적(知的)인 공부가 무엇인지조차 이미 모르는 실정입니다. 자유로움과 동시에 다소 요구가 많은 공부를 수행함을

---

11) contrôle continu des connaissances : 학생의 주체적 면학과 지식의 자주적인 형성을 촉구하기 위해 시험을 폐지하고 리포트 따위로 대치한 새로운 제도를 가리킴.

가능케 하는 지적 성숙의 단계에 제대로 도달하는 학생은 극히 드
뭅니다. 그래서 당연한 일입니다만, 면학(勉學)의 여러 조건을 문
제로 삼아야만 되는데, 그렇게 되면 이것은 아무래도 일을 크게
벌이는 결과가 됩니다.

  ㄴ  더욱 전통적인 방법론(方法論)에 되돌아가 있는 것이 아닌지
요?

  틸리에  그렇지는 않아요. 낙관적으로 말해 이것은 과도기에 흔
히 볼 수 있는 일이라고 해 둡시다. 어쨌든 새로운 균형형식을 찾
아내야만 되겠지요. 따라서 낭테르에서는 모두가 그렇게 생각하고
있는 체하고 있지만, 학생들이 입학해서 즉시 '연구'를 할 수 있
다는 것은 사실이 아닙니다. 습득해야만 할 초보적인 일이 우선
있을 것이고, '연구'와 '학제적(學際的) 연구' —— 잊을 뻔했습니
다만 이것도 또 하나의 신화(神話)가 되어 버리고 말았습니다 ——
에 관하여 진보적인 말을 구사하여 학생을 도취시키는 것은 혁명
적이 아니라 무책임한 처사입니다. 그 까닭은, 학제적 연구는 고
도의 연구에 관해 말할 때 비로소 어떤 의미를 지니기 때문입니
다. 학부(學部)의 레벨에서는 아마추어 재주에 대한 허울좋은 명칭
밖에 되지 않습니다. 그런 곳에 대담한 '제개혁(諸改革)'의 모델이
잘못 놓여져 있는 셈인데, 더군다나 그것들은 온갖 참된 문제를
해결하지 못하고, 현재 있는 상처를 악화시키고 사태를 복잡하게
만듭니다.

  ㄴ  그러나 참된 문제는 —— 선생님은 온갖 참된 문제라고 말씀
하고 계십니다만 —— 어쨌든 철학의 실천 그 자체 속에 존재하는
것이 아닐까요?

  틸리에  물론입니다. 철학자들은 가장 절실하고 가장 일반적인
현대의 여러 문제를 이미 해결할 수 없으며, 해결하는 체 꾸밀 줄
도 모르고 있습니다. 그들의 학식은 매우 깊지만 그들에게는 자기

들의 시대를 규정한다고까지는 말하지 않더라도, 표현마저 못하고 있는 실정입니다. 니체는 이미 현대의 비극의 심각함을 깨닫고 있었습니다. '일반교양이라는 이름의, 그러나 철저하게 교양이 부족하고 양식이 결여된 우물(愚物)이라는 병에 걸린 시대는 철학을 구명하지는 못할 것이다' 라고 그는 예언적으로 쓰고 있습니다. 또한 '그런 철학은 고독한 산보자의 학식 있는 독백이거나, 개인이 우연히 얻는 먹이이거나, 폐쇄적인 결사(結社)의 비밀이거나, 늙어빠진 아카데미 회원과 어린이들이 주고받는, 독(毒)도 되지 않고 약(藥)도 되지 않는 잡담의 테두리를 벗어나지 못할 것이다' 라고 했지요. 철학의 사명은 항상 넓은 의미에서 한 시대의 경험을 총괄(總括)하는 일이었습니다. 그러나 납득할 수 있는 총괄을 명시하려면, 철학은 항상 한편에서 그 시대의 지식을 도맡는 동시에, 다른 한편에선 정치적 · 경제적 · 사회적 · 예술적 생활과의 접촉을 보전하지 않으면 안 되었습니다.

  ㄴ  과거에는 철학이 그것을 맡아왔던 셈입니다만, 앞으로의 철학은 그렇지 않을 거라고 생각하십니까?

  튈리에  그렇습니다. 플라톤에서 헤겔에 이르는 과거의 위대한 철학자들은 자기들의 사변(思辨)이 '과학적'이 되도록 유의했지요. 그들은 가장 정확한 인식에 바탕을 두려고 노력했습니다. 그들은 온갖 소재(素材)에 관해 순리적으로 추리한다는 것과, 그들 자신이 그것을 진보시키는 데 흔히 공헌한 과학의 모든 성과의 총괄을 동시에 행하려고 했습니다. 그러나 이제 와서 과학과 철학 사이에 틈이 생기고 말았습니다. 실제로 대부분의 철학자들은 그들에겐 이미 동시에 전체적이며 순리적인 커다란 '논제(論題)'를 소화할 수 없음을 잘 알고 있습니다. 아리스토텔레스를 다시 불러들인다는 일은 이미 불가능한 노릇입니다. 철학은 갈림길에 서 있습니다. 즉 종래대로의 상태로 말하자면 테이야르 드 샤르댕[12]의 시도에서도 볼 수 있듯이 모든 것이 제각기 장소를 얻고 안정하는 커다란 통합에 안주하려고 시도하느냐, 그렇지 않으면 세분화한 작은 활동에 분산시켜 버리느냐의 어느 한 쪽입니다. 실제로 철학은 완전히 분산되고 말았습니다. 열 사람 중 아홉 사람의 교수가 미학(美學)이나 논리학이나 역사를 연구하는 것만으로 만족하고 있습니다. 그들은 이미 철학이 무엇인가를 모르고 있는 셈이에요. 그리고 플라톤을 통해 숭고한 신학자(神學者)를 보고 그를 모방하려고 하는 편벽되고 비굴한 사람들도 있어요. 이들 강단유심론(講壇唯心論)의 후예는 성배탐구(聖杯探求)[13], 형이상학적(形而上學的) 에스컬레이션을 계속하고 있습니다. 그들은 오르고 또 올라…….

ㄴ   그러나 그리스의 철학은 그 시대 속에서 행동하며, 그 시대에 작용하고 있었다고 볼 수 있겠습니다만, 이것은 훌륭한 모범으로서 그 존재를 계속하는 것이 아닐까요?

틸리에   십중팔구 그리스 철학은 스스로의 시대에 작용하고 있었을 것입니다. 어쨌든 그것은 그 시대의 일대 성과였습니다. 하지만 그리스의 철학자들은 지금은 아주 먼 곳에 있습니다. 소크라테스의 독인삼(毒人蔘)에서 채취한 독약은 아득한 옛날에 한낱 미네럴 워터(탄산수)에 불과했습니다. 플라톤의 교의(敎義)는 비뚤어지고 말았습니다. 플라톤 쪽에서는 물론 프랑스의 여러 차례의 공화제(共和制)를 거쳐 그의 교의가 이룩하는 진전을 바라지도 않고 예상도 하지 않았습니다. 그는 폭군 디오니시오스[14]를 개심(改心)

12) Teilhard de Chardin, Pierre (1881~1955) : 프랑스의 고생물학자(古生物學者)·지질학자·가톨릭 사제.
13) 성배탐구(聖杯探求):유럽의 토착 종교와 기독교의 양쪽의 전설이 혼합되어 이루어진 중세 유럽의 성배(聖杯) 전설의 하나. 아더왕 전설의 기사들이 그리스도가 십자가에 달릴 때 그 피를 받았다는 성배(聖杯)를 찾아 여행을 하는 이야기. 여기서는 비유적으로 쓰여지고 있다.

시키기 위해 시라크사이를 향해 출항했습니다만, 플라톤 철학이 품위를 떨어뜨린 채 흔히 볼 수 있는 미성년자 유괴의 변호에 이바지하리라고는 상상도 하지 못했을 것입니다.

ㄴ 좀더 내용을 명확히 해 주실 수 없겠습니까?

툴리에 플라톤을 무조건 옹호하는 것은 아닙니다만, 내가 말하고자 하는 사실은 그의 가르침이 애초의 것과는 정반대로 되어버렸다는 사실입니다. 이것은 중대한 일입니다. 강단철학자들은 끊임없이 플라톤에 의지하고 있었으니까요. 《국가(國家)》에서 그 유명한 동굴 이야기를 예로 들어 봅시다. 이 이야기는 사색의 장(場)인 대학에 있어서는, 초등학교에서의 '우리의 조상 갈리아인(Gallia人)'에 해당됩니다. 누구나 다 알고 있듯이 이 유명한 동굴은 우리들의 일상적 세계를 나타내고 있습니다. 즉, 인간은 '유아 때부터 양쪽 다리와 목에 쇠사슬을 매어서' 그 속에 존재한다고 합니다. 그리고 그들은 그 속에서는 진실로 실재(實在)인 '그림자' 밖에 지각하지 못합니다. 하지만, 플라톤이 말하는 바에 의하면, 철학자들은 일단 그들의 쇠사슬이 풀리면 결국에는 그 곳을 나와 진실한 사물과 진실한 태양을 적나라하게 목격하게 됩니다. 그리고 그들은 '계절이나 해(年)를 형성하고, 눈에 띄는 세계의 만물을 다스리는 것은 확실히 그 태양(太陽)이다'라고 깨닫게 됩니다. 이것은 상승(上昇)의 길[道]이며, 구극인(究極因 :선(善)의 이데아[理念])의 탐구로서의 철학의 본질을 이루는 상(相)입니다. 플라톤적 변증인은 우리들을 에워싸는 어둠의 저쪽에서 진리를 탐구한 인간입니다.

ㄴ 그렇지만 그것은 바로 오늘날, 철학 선생님들이 가르쳐 주시는 것으로 알고 있습니다만.

---

14) Dionysios(재위 BC. 367~357) : 문맥으로 보아 시라크사이의 디오니시오스 Ⅰ세의 장남. 즉 디오니시오스 Ⅱ세로 여겨진다.

**튈리에** 그들이 잃지 않았던 것은, 외형(外形)뿐이에요. 그것도 플라톤의 의사를 왜곡하면서, 그의 관념론(觀念論)을 과장해 가면서 말입니다. 플라톤에 있어서는 이 '상승(上昇)'에는 '하강(下降)'이 그 뒤에 이어지지 않으면 안 됩니다. 철학자는 '인간의 문제에 몰두할 것'을 강하게 의식하게 됩니다. 요컨대 그는 천상(天上)에서 이데아의 광선 한복판에, 인간 세계에서 아득히 먼 곳에 머물러 있어서는 안 됩니다. 국가가 그를 필요로 하고, 다시 내려오는 것이 그의 뜻에 거슬리지 않는다 하더라도, 또 비철학자들이 그를 우롱할지도 모른다 하더라도, 혹은 그를 죽일지도 모른다 하더라도 그에게는 수행해야 할 실천적 사명이 있습니다. 이같은 관점에서 말한다면, 철학은 추상적 관념으로 향하는 도피는 아닌 셈입니다. 철학은 최종적으로는 정치적 방향으로 돌아가는 셈이며 순순하게 사변적(思辨的)인 인식에 돌아갈 수는 없습니다. 철학은 행동으로 통합니다. 그 때문에 사상이 다소나마 가공의 몽상(夢想)과는 구별될 필요가 있습니다. 플라톤은 그 사실을 명백히 하고 있지요. 즉, 철학자들은 '그들이 나갈 차례가 되면 폴리스에의 사랑에서 행정 및 통치의 직무에 노고를 아끼지 않는다는 것을 알 것이다. 그러나 그것은 고상한 일이라 생각하여 그렇게 하는 것이 아니고, 불가피한 의무라고 생각해서 그렇게 한다'는 것입니다.

**L** 그렇다면, 현대의 철학자들은 플라톤적인 여행에 왕복이 포함되고 있었음을 잊고 있는 셈이군요.

**튈리에** 그렇습니다. 그들은 다시 내려오기를 포기하고 있습니다. 플라톤의 논리적·정치적 의사에 논술의 취미가 대체되어 철학은 이미 남성적인 활동이 아니라 어느 범위의 '전문가들'을 위해 유보될 문화적 오락이 되고 있습니다. 강단철학자들은 지금에 와서는 월급을 받는 변설적(辯舌職)인 관리의 지위로 밀려나고 있습니다. 선배들이 바라고 있었던 앙가주망과 책임을 대신할 수 있

264

는 것은 생활을 안락하게 함과 관리의 지위라는 이야기입니다. 안
정을 좇는다는 것은 이 경우, 그 곳에선 모두가 완전하며 변화하
지 않는다는 문자 그대로 제2의 세계를 만들어내는 일과 통합니
다. 이 행위도 역시 심각해지지 않을 수 없어요. 즉, 모든 것이 결
정적으로 손 안에 들어 있고 시일이 지나도 뒤집히는 것은 아무것
도 없는 결과가 되어야만 합니다.

마리안느[15]의 무릎 베개에서 소크라테스와 플라톤의 후계자들은
갖가지 형태의 몽환(夢幻) 상태에 안심하고 빠져 있을 수 있습니
다. 예컨대 1968년 5월에는 그들 중의 몇 사람은 몽유병(夢遊病)에
빠져들기까지 했습니다. 많은 사람들이 행동을 입으로만 하고 있
고, 그리고 몇몇 사람은 진실로 행동하려고 하겠지요. 어쨌든 나
는 정치적 갈망의 진실함에 대해 회의를 품고 있지는 않습니다.
그렇지만 대학 안에서는 혁명적인 사상마저 현실 세계로부터 아득
한 저편 공중에 떠 있지 않을 수밖에 없는 것 같습니다.

L 왜 철학은 그렇게 돼버렸다고 생각하십니까?

틸리에 좋아하든 좋아하지 않든 간에 철학이 국가적 영위(營爲)
가 되었기 때문입니다. 나폴레옹은 근대적인 대학의 창설자입니다
만, 철학을 '정치적·도덕적 여론(輿論)을 조작하기 위한 수단'으
로 생각하고 있었습니다. 철학은 이미 사명이라든가, 지적(知的)
혹은 정치적 정열이 아닌 행정상의 직무입니다. 정치 권력에 의해
설치되고 감독을 받는 틀림없는 하나의 제도입니다. 철학자들은
사람이 그들에게 그 일을 인식시키는 것을 그다지 좋아하지 않습
니다. 그러나 이것은 어디까지나 사실이며, 또한 중요한 일입니
다. 나라 덕분으로 철학반[6]의 네트워크가 프랑스 방방곡곡을 덮고
있는 그러한 체제 아래에서는 권력에 의해, 또한 그것이 정하는

15) Marianne : 프랑스 공화국의 속칭.

기준에 따라 능력을 평정받는 교사들은 학문 따윈 가르치지 않을 것이며, 앞으로도 가르치는 일은 없을 겁니다. 그와 같은 평정을 위하여 소크라테스와 부르주아 사회의 결합에서 태어난 혼혈종(混血種)이라고도 할 수 있는 장학관이 있는 셈입니다.

ㄴ  새로운 지도법은 그러한 것을 모두 바꾸어버린 것이 아닐까요?

**튈리에**  아뇨, 전혀. 거기에는 교육 및 연구는 '정치적 · 경제 적인 온갖 영향 밖에 머물지 않으면 안 된다'는 사실이 장관들에 의해 확실히 밝혀지고 있습니다. 이 유머의 깊은 의미는 철학교수 연맹의 대부분의 멤버에게는 아직도 묵과되고 있는 것 같습니다. 실로 천년 전부터 지금까지 확고한 협약이 그들을 세속(世俗)의 권력에 복종시키고 있습니다. 이의(異議) 신청의 유인(誘因)이라고 말하기보다는 도리어 자유주의적 · 칸트적 민주주의인 그들은 아주 작은 부분의 사회적 권력을 자행하고 그들에게 정해진 한계 안에서 분에 넘치지 않게 적당히 하고 있습니다. 대학의 자유주의는 과열화된 여러 문제를 미연에 방지하는 일종의 완화제적인 이데올로기에 바탕을 두고 있으며 게다가 이 미연의 방지는 그 자체로 정치적 효력을 지니고 있습니다.

ㄴ  그렇지만 대학에는 정치권력과 이해를 함께 한다고는 생각할 수 없는 수많은 마르크스주의 철학자가 있지 않겠습니까?

**튈리에**  이것은 그렇게 단순한 문제가 아닙니다. 많은 사람이 싸우려고 하는 자세만은 보이겠지요. 문제는 그들이 그것을 실제로 할 수 있는가 어떤가를 규명하는 일입니다. 소르본느[17]의 위대한 승리는 마르크스가 한 사람의 창설자로서 다른 사람들 사이에 참가

―――――――――――――――
16) 프랑스의 중등교육기관. 국립고등중학교(7년제)의 최종 학년의 한 클라스. 최종 학년은 다섯 코스의 클라스로 나누어져 있고 이 철학반 이외에 실험 과학반, 수학반, 수학 기술학반, 실험 인문과학반이 있다.

266

할 수 있었다는 점에 있습니다. 파르메니데스[18]와 라이프니츠[19]의 사이에서, 플로티노스[20]와 흄[21] 사이에서, 말브랑시[22]와 하이데거[23]의 사이에서 그가 연구되고 있는 셈입니다. 그것은 생각할 수 있는 한도내의 최상의 국외(局外) 중립선언이며, 대학의 마르크스학은 그것을 제시하기 위해 거기에 존재하고 있습니다. 마르크스주의 철학 교수들 중에서도 가장 명석한 사람들은 다음의 일을 충분히 알고 있습니다. 실제로 아르튀셀 자신도 언젠가 그 일을 매우 뚜렷이 밝힌 적이 있습니다만, 즉 그들은 프랑스 교수단[24]의 공론적(空論的) 양식이 그들의 틈을 엿보고 있다는 점과, 그들이 관념론과 오염으로부터 보호되고 있지 않음을 알고 있습니다. 어떻게 보면 경험론(經驗論)을 취하느냐, 합리주의를 취하느냐, 유심론(唯心論)을 취하느냐, 유물론을 취하느냐는 완전히 제2의적인(第二義的) 문제입니다. 이들의 차이는 보다 두드러지진 않지만, 차이에 못지않게 보다 본질적인 유사(類似)를 위해 사라져 없어집니다. 마르크스주의 신학자라 일컫는 것과, 보다 고전적인 영감을 중시하는 신학자라 일컫는 것과는 양자 사이에는 사람들이 생각하는 만

17) 넓은 의미로는 예로부터 내려오는 파리 대학을 가리키지만 좁은 의미로는 파리로 대학의 문학부와 이학부를 가리키고 있었다. 여기서는 전자의 의미로 쓰여지고 있다.

18) Parmenides B C. 45년에 65세였다고 한다. 몰년(沒年)은 미상(未詳) : 이탈리아의 엘레아 태생의 고대 그리스 철학자.

19) Leibniz, Gottfried Wilhelm (1646~1716) : 독일의 철학자 · 수학자.

20) Plētinos (265~279) : 이집트 태생의 그리스 철학자. 신플라톤학파의 창시자

21) Hume, David (1711~1776) : 영국의 철학자 · 역사가.

22) Malebranche, Nicolas de (1638~1715) : 프랑스의 철학자.

23) Heidegger, Martin (1889~1976) : 독일의 철학자.

24) Alma Mater : 문교부의 감독하에 있는 고등 · 중등 · 초등 교육에 종사하는 교원의 단체 .

큰 거리가 멀지 않습니다. 애석하게도 사실이 그렇습니다. 티보데<br>
[25]가 제시한 대학에서의 준성직자(準聖職者)의 묘사는 그 가치를<br>
전혀 상실하지 않고 있습니다.

　L 왜 선생님은 마르크스주의 신학자를 화제로 삼고 계십니까?

　**틸리에** 마르크스주의는 하나의 도그마(Dogma)라 하겠습니다.<br>
즉, 이른바 신성한 저자들의 신성한 원전(原典)이 연구되는 것과<br>
같은 태도로 마르크스가 연구된다는 뜻입니다. 자본론은 바로 그<br>
대로 '성전(聖典)'입니다. 성서와 마찬가지로. 이것은 매우 유감스<br>
러운 일이며, 어떤 의미에서는 파렴치한 일이기도 합니다. 이같은<br>
일은 과학 및 일반적으로는 정밀하고 인내가 필요한 한정된 연구<br>
가 될 수 있는 모든 것을 우리가 흔히 무의식적으로 경시함과 똑<br>
같은 이치로 행해집니다. 솔직해지기 위해 노력하거나, 토론을 진<br>
실로 받아들이거나, 진실한 정보를 하나로 집약하려고 노력하거나<br>
하는 대신 마르크스주의적 '관념론' 쪽으로 빠져들어갑니다.

　여러 가지 '이의신청파(理議申請派)' 집단에 대해서도 비슷한 말<br>
을 할 수 있다고 생각합니다. 그들도 역시 환경의 희생자인 셈입<br>
니다. 즉, 그들의 토론은 '현실에 주의를 돌리는 것'이라는 그들<br>
의 의욕이, 설사 아무리 진지하더라도 천사(天使)의 성별(性別)을<br>
논하는 대사교(大司敎)들의 논쟁과 너무나도 흡사합니다. 그들은<br>
성직자의 관습을 벗어날 수는 없기 때문입니다.

　L 이의신청파도 그런 식으로 논쟁에 정력을 소모하고 있는 종<br>
래의 상태에서 벗어나지 못하고 있는 것일까요?

　**틸리에** 어느 시대에는, 마르크스주의는 보다 과학적이며 더구나<br>
어느 의미에서는 과거의 그리스도교나 플라톤 철학에 비길 만큼<br>
'총괄(總括)'의 역할을 다했습니다. 그러나 지금은 많은 좌익(左

---

25) Thibaudet, Albert (1874~1936) : 프랑스의 문예비평가·문학사가.

翼)이 그러한 종류의 총괄은 시대에 뒤떨어졌다고 강하게 느끼거나, 혹은 어쨌든 이같은 종류의 총괄을 어떻게 해서라도 현재의 시점(視點)에서 재검토해야만 한다고 느끼고 있습니다. 그들에게 있어서 고전 마르크스주의는 이미 유효하거나 살아있는 총괄은 못된다고 합니다. 그러나 어쩌면 그들은 이미 총괄이라는 것의 가능성마저 믿지 않고 있는지도 모를 일입니다. 이러한 것의 모든 배후에 어떤 형태의 사회에 대한 뿌리깊은 거부감이 있습니다. 그들은 개량주의자(改良主義者)가 되는 것을 두려워하고 있으며, 더군다나 공산당과 개량주의에의 반발로 말미암아 '세상의 빈축을 사는' 정도를 넘어선, 정치적 사회적 권리의 요구를 내세우는 데로 치닫고 있습니다.

이미 그들은 마르크스가 그의 시대의 사회를 비판한 의미에 있어서 사회를 비판할 수 없습니다. 정면으로 비판한다는 것은 지금에 이르러서는 너무나 건설적이 아닌가 생각됩니다. 그래서 서서히 그들의 말의 폭력이 나오거나, 또 이따금 신화 비슷한 모택동(毛澤東)주의에 의지하게 되는 셈입니다. 거기에야말로 미정리된, 게다가 대학 위기의 핵심에 가로놓여 있는 심각한 문제가 있습니다.

L 선생님은 그러한 위기적 정황을 교육활동이 정상으로 행해지고 있어도, 역시 선생님의 교육활동 속에서 느낄 수 있으신지요?

틸리에 그렇습니다. 언제나 느끼죠. 그러나 문제는 지적 차원에 관한 문제만은 아닙니다. 그것은 감수성의 전반적 위기라 말해도 무방합니다. 즉, 문화적 감수성, 정치적 감수성이죠. 낭테르에서는 어떠한 사상을 표현하는 데는 대단한 신중성을 필요로 합니다. 그 까닭은 몇 개의 좌익적 세력의 내부에서는 테러리즘이 군림하고 있기 때문입니다. 이 테러리즘은 왜 그렇게 되는지 설명이 가능한 동시에, 어쨌든 그렇게 되지 않을 수 없는 종류이기도 합니다만. 학생들 자신이 반드시 그들의 생각을 입밖에 낼 용기도 없고 그들은 자신들의 생각의 밑바닥에 부르주아적 내지 반주류파적인 요소가 있다고 비난받지나 않을까 하고 겁을 먹고 있습니다.

　L 선생님은 과학사(科學史) 및 과학철학, 인식론(認識論)을 전문으로 가르치고 계시기에 물어보겠습니다만, 과학이 부르주아적 이라는 말은 어떠한 뜻일까요?

　**튈리에**　철학과 학생들은 문학적입니다. 그들은 설사 어중간하게라도 물리학을 알려고 하지 않습니다. 그들은 과학적 연구에 대해 어느 정도라도 정확한 사고(思考)를 지니지 않은 채 너무나도 추상적으로 과학문제를 자신에게 부과하고 있습니다. 그들은 러시아의 학자와 미국의 학자가 한자리에 모이는 학회(學會)에 나가 볼 만도 합니다. 그러면 프롤레타리아적 사유(思惟)와 부르주아적 사유에 관한 그들의 확고한 판단이 터무니없을 만큼 극단적임을 알게 될 것입니다. 현재로 보아, 이론을 구성한다는 필요성을 강조하는 나머지 관념론에 빠져버리는 인식론이 군림하고 있습니다. '온갖 사실을 유기적으로 구성한다는 점에서 중요한 것은 이론이다' 라는 말이 되풀이되고 있습니다. 그래서 학생들은 결국 이렇게 이해해 버립니다. 즉, '중요한 일은 생각하는 일이다' 라고 말입니다. 사실에 대해서는 미안한 일이지만.

　L 그러한 사실의 무시는 의도적 맹동(盲動)일까요? 그렇지 않으면 무의식적인 것일까요?

　**튈리에**　여기에는 두 가지 이유가 있습니다. 하나는 젊은 철학자의 햇병아리들은 인문과학 쪽을 사회과학 내지 자연과학보다 더 잘 알고 있거나, 적어도 그런 기분에 젖어 있기 때문입니다. 더군다나 그렇게 알고 있는 방식에는 실제로 관념론적 편견이 흔히 극히 위험에 빠져 있습니다. 정신분석학이라든가 사회학이 과학이라는 점에 관해서마저 확실한 지식을 갖추고 있지 않습니다. 학생들은 그와 같은 분야에 관해 무엇이 과학적인 방식인가를 이해하지 못하고 있는 실정입니다. 또 하나는 역사적 이유 때문입니다. 형이상학의 조류(潮流)에 역행하고자 18세기와 20세기에는 경험론[26]을 취했습니다. 오늘날에는 정세가 바뀌어 모두들, 즉 카르냅[27]이나 보통 수단으로 다루기 힘드는 앵글로 색슨파[28]마저도 경험론은 지지할 수 없다고 생각하고 있습니다. 경험론은 길바닥의 작은 돌만큼도 생각되지 않고 있습니다. 그러나 사실 실험에 의거한 검증을 경시하기 시작할 때 비극은 시작되죠.

르 르와[29]나 바슐라르[30]와 마찬가지로 인텔리겐차는 '학자가 사실을 창조한다'는 등의 말을 하기를 좋아합니다. 어느 의미에서는 사실 그렇습니다. 그러나 형이상학적으로 이미 나쁜 영향을 받고 있는 문학자들에게 있어서는 이것은 온갖 망상(妄想)을 위해 열려 있는 문짝입니다. 그들은 낡아빠진 꿈을 다시 발견합니다. 그 꿈이란 말에 의해 리얼리티를 다시 창조하는 일, 제멋대로 생각하는 일입니다. 철학교수 자격자란, 슬프게도 온갖 일에 관해 이야기를 하지 않으면 안 되는 교사입니다. 비결정론[31]에 대해, 보편적 무의

---

26) 18세기의 로크와 흄, 20세기의 제임스와 러셀 등 영미 철학은 독일·프랑스의 합리론에 대해서 경험론으로 대표된다. 경험과학에 기초이론을 제공하는 것으로 철학의 역할을 기대하는 틸리에는 프랑스 철학계의 합리론적 편집에 대한 치유제로서 경험론의 중요성을 역설하고 있는 것이다.

27) Carnap, Rudolf (1891~1870) : 독일 출신의 미국 철학자.

28) 카르냅의 '빈학파'는 마하(Ernst Mach)의 경험론과 수학적 논리의 결합을 시도한 것이지만 러셀과 그 제자 비트겐시타인은 영국에서 판단의 직증성(直證性)을 출발점으로 하여 독특한 논리실증주의를 주장하였다. 또 퍼어스(Charles Sanders Peirse 1839~1914)는 미국의 프래그머티즘을 극복하는 것으로서 수리철학적 사색을 전개하고 있다. 모두 경험론을 기조(基調)로 하면서 '생생한 경험'을 부정하는 의미에서는 합리론의 변종이다.

29) Le Roy, Edouard (1870~1954) : 프랑스의 철학자.

30) Bachelard, Gaston (1884~1962) : 프랑스의 철학자·과학비평가.

식[32]에 대해, 마음에 대해, 고민에 대해, 사회에 대해, 죄에 대해, 그리고 결혼에 대해 —— 이하는 생략하겠습니다. 지금 유행하고 있는 인식론은 오랜 결함을 악화시키고 있습니다.

ㄴ 다시 말해 그들이 플라톤주의자이건 마르크스주의자이건, 이의신청파이건, 철학교사들과 그들의 학생들에게 항상 제기되는 문제는 과학이라는 까다로운 부문에서 그들을 결정적으로 해방시켜 줄 수 있는 한 가지 이론을 수립한다는 뜻입니까?

튈리에  그렇습니다.

ㄴ 그리고 또한 이 작업은 그들이 지니고 있는 커다란 컴플렉스, 즉 과학자가 아니라는 점과, 오늘날 진실한 인식으로부터 자신들은 따돌림을 당하고 있다고 느끼는 것을 보충함을 목적으로 삼지 않을 수 없잖아요?

튈리에  그것이 두려운 일입니다.

ㄴ 얼마 전부터 언어학(言語學)을 매개체로 하여 과학이 철학 속에 끼여들었다고 볼 수는 없을까요?

튈리에  언어학은 확실히 하나의 과학적 노력이라고 정의(定義)할 수 있습니다. 이것은 어떤 종류의 현상을 설명하려고 노력하고 있습니다. 구조언어학에 의해 어떤 개념을 연구한다는 것은, 이를테면 한 가지 주어진 언어 중에서 '양(羊)'(mouton)이라든가 혹은 '깔개'(carpette)라든가를 정의하는 짜맞출 수 있는 대조어의 작용을 명백히 드러낸다는 점입니다. 우리는 그렇게 해서 프랑스어는 '양'(mouton)과 '산양(山羊)'(Chévre)을 구별할 수 있는데, '살아 있는 양' 영어의 sheep와 '죽은 양' 영어의 mutton을 구별하기 위한

---

31) indéterminisme : 세계의 변화 혹은 발전은 어느 경우에도 이미 존재하고 있는 법칙에 따라 설명할 수 없다는 설.

32) inconscient collectif : 개인적 무의칙에 대해서 C. G. 융이 그의 분석심리학에서 생각한 개념으로 집합 무의식이라고도 번역된다.

단순한 말을 가지고 있지 않음을 배우게 됩니다. 동사의 시제(時制)에 관해서도 비슷한 점을 생각할 수 있습니다. 즉, 영어의 과거에 해당하는 프랑스어의 단순과거는 반(反)과거, 복합과거라고 하는 다른 두 개의 기본적 과거시제와의 대립에 의해 규정된다는 따위 말입니다. 목적은 대충 비슷비슷하죠. 즉, 다른 점을 명백히 드러낸다는 점과, 그 상이점을 뚜렷하게 할 수 있는 법칙을 발견하는 일입니다. 그러나 이같은 과학 위에, 언뜻 보기에 그 자체 '과학적'으로 보이는 철학을 접목(接木)하는 것이 가능하다고 생각할 수 있다는 인식은 오로지 독선적이고 시각적인 착각이 그 원인이죠.

ㄴ 어떠한 이유로 그렇게 될까요?

**튈리에** 철학과는 달리 언어학자는 언어상의 구조가 실재(實在)의 '객관적'이며 또한 '절대적'인 구조에 대응하는가 어떤가를 문제로 삼지 않기 때문입니다. '양'이 객관적 실체로서 프랑스어보다도 영어에 의해 더욱 충분히 그 의미가 표현되는지 어떤지를 언어학자는 설명할 수 없습니다. 철학자들 사이에서 언어학이 몹시 찬양을 받은 이유는 그다지 재미도 없는 말의 수식에 있는 모양입니다. 그것은 즉, 생각할 수 있는 대상은 모두 말로써 표현할 수 있다는 이치이므로, 언어학에 통하고 있다는 점은 결국 온갖 지식을 총괄적으로 지니고 있다는 이야기가 됩니다. 말의 연금술은 그것이 형이상학적 상승의 연장에 있기 때문에 철학자를 매혹시키게 됩니다. 즉 항상 상승하고 있는 탓으로, 그들은 이미 관념에는 부딪치지 않고 언어에 부딪치는 셈입니다. 정원사가 화단을 꾸미듯이 그들은 자신을 위해 언어에 유기적 구조를 주고 있습니다. 이같은 말의 원예는 대학의 미학(美學)에서 성장주(成長株)와 같은 존재가 되고 있습니다. 그리고 이 원예는 언어학이라는 형태로, 거기에 보증으로서 쓸모있는 하나의 인문과학을 수중에 넣고 있기까지 합니다. 그러나 그렇게 했다고 하여, 철학이식에 도달함을 뜻하지는 않습니다.

ㄴ 철학은 최소한 모럴이 될 수는 있지 않을까요?

**튈리에** 이상(理想)으로는, 철학은 실천적 방향을 정해 주어야 하겠지요. 그러나 대학은 이 영역에 무엇을 가져다 줄 수 있겠습니까. 어느 젊은이들에게 있어서는 현실 문제란 모택동(毛澤東)사상과 앵글로 색슨의 팝 뮤직을 양립시킨다거나, 그밖의 일입니다. 그러나 새로운 문화, 새로운 사회질서가 생각해내는 것은 소르본느에서가 아닙니다. 거기서는 유심론(唯心論)의 진부한 자기만족이나 가장 고풍(古風)인 교화적 전통이 너무나도 우리 가까이 있습니다. 아마도 오늘날에는 '자네들이 복음서(福音書)의 예지(叡知)에 대하여 느끼는 갸륵한 숭경(崇敬)하는 마음의 진보에 의하여 자네들의 철학에서의 진보를 측정하라'고 한 빅토르 쿠쟁[33]의 말에 비길 만한 명쾌한 말은 앞으로는 전혀 접할 수 없겠죠. 그러기에는 모두가 너무나도 교활하게 되어버렸습니다. 그러나 파리 대학의 일부가, 그 곳만을 예로 든다면, 그대로 하룻밤 사이에 신학부(神學部)로 바뀌게 될지도 모른다는 말은 사실입니다. 그들은 도덕 철학이 아니라, 개괄적이며 추상적인 정리문답 —— 양심, 의무, 인간성의 존중, 정의 —— 을 전파시킵니다. 그들은 그와 같은 점을 가장 성과가 좋을 경우에 어떤 형이상학적 개념과, 어떤 사회학적 역사적 고증으로 에워쌉니다. 그들은 기회주의적인 일종의 절충주의의 테두리를 벗어나지 못합니다. 왜냐 하면, 결국은 정치권력과 학부모들이 훌륭한 모럴이라고 생각하는 것, 즉 플라톤, 그리스도교적 휴머니즘을 잘 가르치지 않으면 안 되기 때문입니다. 철학하는 철학자들은 책임을 거부하기 때문에 현재의 여러 문제의 정확

---

33) Victor Cousin (1792~1867) : 프랑스의 철학자.

274

한 분석에 손을 대지 못하고, 예지의 탐구라는 가장 비현실적인 현실 속에 파묻히게 됩니다. 카르체 라탱 영화관은 항상 만원이란 사실을 알고 계십니까? 그리고 왜 그런지 생각해 보신 적이 있으십니까?

L  그들이 거기서 쓸데없이 시간만 낭비할 리는 없겠지요. 그렇다면 대체 학생들은 무엇을 하고 있는 것일까요?

**틸리에**  대부분의 학생은 사회과학 쪽으로 관심을 가집니다. 이 태도는 순진하고도 서투른 짓인지도 모르겠습니다만, 실은 거기에 문제가 있습니다. 즉, 철학자들의 모럴은 그들에게는 실증적(實證的)인 지식과 격리된 듯이 보이기 때문에, 그들은 사회학·경제학·역사 따위가 그들에게 논리적 탐구의 실제적 골격을 제시해 주리라 기대합니다. 진짜 마르크스주의적인 작품을 기대할 만한 상대는 사회과학이며, 마르크스 학자는 아니라는 이야기입니다. 그들은 또 문학 쪽에도 관심을 보입니다. 그들은 사드,[34] 말로, 포크너, 조이스, 보르게스[35]······ 등의 작품 속에서 그들의 행동에 실제로 영향을 주는 '논리적인 주인공들'을 만나게 됩니다. 사르트르가 많은 문학상의 창작을 행할 필요를 느끼게 된 데에는 깊은 의미가 있습니다. 실제로 학생들은 철학과의 학생이라 할지라도 그들의 실천적 사상을 철학 이외의 곳으로부터 끌어냅니다. 그들이 보는 영화, 그들이 읽는 에세이, 그들이 듣는 논쟁, 그들이 참가하는 정치 운동으로부터 말입니다. 그들은 거의 신경과민이라 말해도 무방할 만한 행동에까지 도달하고 있지만, 그 이유는 진짜 철학은 외관만의 철학과는 아무런 관계가 없기 때문입니다. 지적·윤리적 형성을 행하는 학교 대신에 자잘한 일까지 다루는 철

---

34) Sade, François de (1740~1814) : 프랑스의 작가.

35) Borges, George Louis (1899~   ) : 아르헨티나의 작가.

학을 하는 대학은 능변가라든가, 여러 분야의 고도의 전문가라든
가, 여기에 곁들여 막연하게 무엇인가에 응고된 정신의 소유자 따
위를 만들어내고 있습니다. 학부를 나온 젊은이들이 인생에 대항
하기 위해 무장하는 경우는 거의 없습니다. 하물며 인생을 바꾸기
위해 무장한다는 행동 양식은 더욱더 볼 수 없습니다.

  L  선생님의 공격의 화살은 강단철학(講壇哲學)을 겨냥하고 있다
고 보겠습니다. 그런데 선생님의 비판을 면하고 있는 현대철학이
란 오늘날 어디에 있다고 보는지요?

  **튈리에**  철학자에게 근원을 둔 위대한 현대사상이 있다면 꼭 참
고로 끌어내 주셨으면 좋겠습니다. 우리들 세계를 변혁한 위대한
사상은 모두가 자립(自立)된 학문으로서의 철학 바깥에, 말할 것도
없이 강단철학 바깥에 있습니다. 마르크스, 프로이트, 아인슈타
인, 모택동 등을 들기만 해도 충분합니다. 그렇기 때문에, 오늘의
'철학자'란 이제까지의 '철학자들' 자신에 의해 제시된 가장 명료
한 가르침을 존중하는 것이 전혀 불가능함을 스스로 드러내고 있
는 셈입니다. 아리스토텔레스는 그 시대에 있어서 일찍이 사회학
적 조사를 세상에 내놓은 특이한 인간이었습니다. 동물학·기상
학·물리학에서의 그의 기호적 연구 전반에 대해 언급한 바는 없
습니다만. 헤겔마저도 이 세계의 실재(實在)를 '애매모호란 심정적
(心情的)인 카오스〔混沌〕 속에 융합되어 버리는 몽상가(夢想家)들'
에게 얼마나 모멸의 마음을 품고 있었는가를 표명하는 데에 충분
한 말을 발견하지 못했을 정도입니다. 새빨간 거짓말, 그것이 철
학자(哲學者)입니다. 우리는 과거에 있어서의 철학적 총괄을 상상
력을 구사하여 플라톤이나 피히테의 심정이 되어 체험합니다. 또
는 가장 좋은 말로 표현한다 해도 내가 보기에는 잔재주를 부리는
미학(美學), 언어철학, 인식론을 전공하게 됩니다.

  L  그렇지만 철학사는 마땅히 있어야 되지 않겠습니까. 거기에

는 아무런 의미가 없을까요?

**퇼리에** 의미가 없지는 않습니다. 다만 그것은 그대로의 것으로서(이 뜻은 철학으로서가 아니라 역사로서)다투게 될 경우를 말합니다만. 어떤 사람들이 우표의 역사라든가 운수사(運輸史)를 배우듯이, 누군가가 철학사(哲學史) 연구를 시도한다면 나무랄 데가 없습니다. 철학사가 책임질 문제는 아니지만, 아무튼 일단 전해야 될 것은 전하려고 생각하고 있는 온갖 사상의 한 가지 전달방식에 지나지 않는다면, 거기서부터 타락이 시작되죠. 마르티알 게르[36] 는 프랑스의 이 학문 분야에 있어서 가장 뛰어난 대표자의 한 사람입니다만. 그는 콜레쥬 드 프랑스에서 '철학체계의 역사 및 테크놀로지'라는 강좌를 담당하고 있습니다. 이 강좌 제목은 이 강좌가 뜻하는 바를 그대로 표현하고 있습니다. 이 강좌에서는 생명이 통하는, 그리고 정치·사회문제에 대해 뚜렷이 태도가 결정된 방식으로 철학을 하려고 들지 않고, 위대한 저작의 역사, 해부학, 생리학을 연구하는 데 그치고 있습니다. 현대인의 뇌리에서 떨어지지 않는 갖가지 문제에 대해 굳이 의미를 부여하지 않아도 좋고, 자신들이 연구한 온갖 사상의 가치에 대한 태도 결정의 필요성마저 없다고 하니, 전적으로 올바른 해석이라 하겠습니다.

당신은 역사가인가, 그렇지 않으면 '우리들에게' 말할 무엇인가를 가지고 있는 인간인가. 누구를 상대로 하고 있는가를 알기 위해서는 당사자들이 정확히 선택하는 것만으로도 충분합니다. 철학하기 위해서는 철학자들이 남겠지요. 하기야 그러한 사람이 있을 것이라고 전제한 연후의 이야기입니다만.

ㄴ 철학교육입니다만, 선생님은 이를 폐지해야 옳다고 생각하십니까?

---

37) Martial Guéroult (1891~ ) : 프랑스의 철학자.

**튈리에**  치료로서 마땅히 그렇게 되어야 합니다. 현재 행해지고 있는 것과 같은 철학교육의 폐지에는 찬성하는 입장입니다. 학교교육의 교과로서의 철학은 이미 다른 곳, 즉 이학부(理學部)·문학부·신학부 등에서 가르칠 수 있는 온갖 학문의 모자이크에 지나지 않습니다.

**L**  철학에 관심을 기울인다는 자체가 쓸데없는 일이라고 생각하시지 않습니까?

**튈리에**  사람은 항상 철학적인 의문을 가지고 있음은 거의 틀림이 없습니다. 그리고 '철학'이란 온갖 상황의 위에 놓아 둘 수 있는 일종의 격자(格子)입니다. '철학'이란 우리들 세계를 지각하는 힘을 매우 풍부하게 해주는 것입니다. 그러므로 너무나도 많은 사람들이 철학을 모른다는 사실, 그들이 판에 박은듯이 철학을 말장난이라고 생각하는 것은 유감스러운 일이죠. 대개의 경우, 그것은 철학 스스로가 현재 주고 있는 이미지 때문이라고는 말하지만 그러나 철학의 전문가가 있어야만 한다는 것은 철학적 문제가 있기 때문은 아닙니다. 철학이란 본질적으로 난외(欄外)인 것으로 생각합니다. 이것은 내가 좋아하는 사고방식이기도 합니다만. 내가 말하고자 한다는 것은 철학이란 전문가들이 그들의 전문의 내부 혹은 경계(境界)에서 장애에 부딪치는 그때에 생긴다는 점입니다. 이를테면 생물학자의 경우, 그의 연구 그 자체가 그를 큰 문제의 설정에 유도하거나, 정밀과학으로서의 생물학을 능가하는 데에 유도하거나 하는 순간이 반드시 생기게 마련입니다. 생명에 관해 내게 말해 주어야 할, 철학적으로 흥미있는 것을 가지고 있는 사람은 이와 같은 생물학자입니다.

그러므로 중등교육에서의 생물학의 교사란 자신의 학문적 지식이 제기하는 문제를 학생들에게 제시해 줄 수 있는 교사가 아니면 안 되겠지요. 수학교사는 수학의 방법론으로 유도하는 교사, 물리

를 가르치는 교사는 상대성(相對性) 이론이라든가 양자론(量子論)
이란 무엇인가, 나아가서 이론이란, 실험이란 무엇인가를 설명할
줄 아는 교사가 되어야만 합니다. 철학 이외의 온갖 학문에 모자
를 씌우는 따위의 철학교사의 지식은 이미 의의(意義)가 없습니다.
철학적 교양을 하나의 독립된 학문이라고 생각하는 태도는 지양되
어야 합니다. 한편, 과거에는 철학자가 수행한 문화통합(文化統合)
의 역할도 이미 존재하지 않으므로 철학자는 비판활동을 행해야만
합니다. 앞으로는 공공연한 히피로서, 게다가 대학 강사를 담당할
만한 철학교수 자격자가 있어 주었으면 하는 생각입니다. 이것은
틀림없이 살아있는 모범이 될 것입니다. 정치비판에 관해 말한다
면, 현실적이며 효과가 있는 이상, 이것은 대학 밖에서 행해져야
만 하겠죠 —— 이것은 아무리 되풀이해도 지나친 말은 아니라고
봅니다.

 L 어떤 이유로 선생님은 선생님의 저서를 소크라테스의 인물상
(人物像)에 집중시키게 되셨습니까?

 **틸리에** 소크라테스는 철학자의 이상적인 알리바이가 되기 때문
입니다. 이것은 어뢰(魚雷)입니다. 그는 이의(異議)를 제기했고,
거리에서 사람들에게 접근하여 그들에게 몹시 성가신 질문을 던졌
으며, 그리고 사람들은 몹시 진절머리를 냈다……. 이것을 철학과
의 학생들로 바꾸어 놓는다면 아주 훌륭한 네 컷 만화(漫畵)가 됩
니다. 게다가 대단히 자극적인 만화가 말입니다. 그리고 그들은
일사 불란하게 졸업논문의 준비에 되돌아갑니다. 낭테르와 그밖의
대학에서 철학가가 되기 위해 불가결한 온갖 술책에 한참 몰두하
고 있는 소크라테스가 눈에 선하지 않습니까.

대담자 약력

1932년 태어남. 문학 · 철학교수. 파리 낭테르 대학 교수, 인식론(認識論)과 과학사(科學史)를 담당하고 있음. 《라루셸슈》지(誌) 편집위원, 《아톰》지(誌)의 기고가이기도 함

부록/에리히 프롬과의 대화

신프로이트학파의 거두

# 에리히 프롬

Erich Fromm

284

프롬의 저서를 읽는 독자라
면 누구나 그의 사상의 밑바닥
에는 무엇보다도 휴머니즘의
정신이 짙게 깔려 있으며, 인
간의 진정한 자유의 향유와 인
간성의 회복을 위한 구원적인
해결책을 모색하는 데 그가 얼
마나 부심하고 있는가를 깊게
느낄 수 있을 것이다. 아울러
문화적 환경의 '아들'로서 인
간이 경험하는 소외현상, 그리
고 현대 기술사회의 온갖 부조
리와 병리현상에 대한 진단을
내리는 그의 날카로운 메스에
서 우리는 문명비평가와 예언
자의 모습을 발견할 수 있을
것이다.

# 역사적 배경

 에반스  박사님은 어떻게 해서 개인적으로 정신분석과 정신분석적 운동에 관여하게 되셨는지 말씀해 주십시오.
 프롬  이 질문에 대한 나의 대답은 작은 자서전이 될 것입니다. 나는 외아들로 매우 신경질적인 부모 슬하에서 자랐습니다. 그래서 나도 아마 참을 수 없을 정도로 신경질적인 아이였다고 생각됩니다. 그러나 내가 아주 어렸을 때에, 나는 인간 행동의 여러 가지 비합리성을 깨닫게 되었습니다. 그런데 아마도 나의 청년기에 있어서 가장 결정적인 사건은 1914년의 제1차세계 대전의 발발이었다고 생각합니다. 그때 내 나이 열네 살이었는데, 독일에서 살고 있었지요. 반영(反英) 히스테리가 나에게 인상을 주기 시작한 것은 전쟁이 발발하고 얼마 안 되었을 때입니다. 전쟁에 대해서 사람들이 보여준 열광성(熱狂性)은 나로 하여금 어째서 신중하고 분별력 있는 사람들이 갑자기 광기(狂氣)에 휩싸이는가를 생각하게 하였습니다. 사람들이 여러 해 동안 내내 참호 속에서 서서 어떻게 동물과 같은 생활을 할 수 있었으며 또 그것은 무엇을 위해서였는가 하고 말입니다. 인간 행동의 비합리성은 이러한 방법으로 나에게 인상을 주었습니다. 나는 이 문제에 대해 호기심을 갖게 되었습니다. 내 부모님이 이 비합리성을 나로 하여금 깨닫게 해 주었습니다. 그래서 나는 문제를 철저하게 분석해 보기로 했습니다. 제1차 세계대전과 그것으로 해서 생겨진 광기는 나로 하여금 또한 사회적 행동의 비합리성도 알게 해 주었습니다. 그리하여 나는 심리학·철학 및 사회학을 연구하고, 정신분석에 관해 배울 것이 있음을 알고 정신분석학자가 될 것을 결심했습니다. 나는 5, 6년 동안 정신분석 분야의 철학박사 학위를 획득하려고 연구했습니다. 그런 뒤 베를린 정신분석협회와 프로이트파의 국제정신분석 협회의 회원이 되었습니다. 나는 그 즈음에는 정통파의 분석학자였지요. 약 10년 동안 나는 배운 바를 실천했습니다. 그러나 이론과 기법 두 가지에 점차 불만을 느끼게 되었습니다. 나는 점차 내가 가르침을 받은 것 이외의 요소를 추구하기 시작했습니다. 이 정신분석 이론에 대한 비판적인 평가의 결과로서 나의 기법과 나의 견해의 대부분이 변화했습니다. 그때 이후의 경과를 이야기하자면 그것은 긴 이야기가 됩니다.

에반스  인격 이론의 연구자들은 종종 정신분석 이론에 대한 여러 가지 접근법을 분류하려고 합니다. 가령, 어떤 그룹은 '정통파' 라 일컬어집니다. 왜냐 하면, 그 멤버들은 프로이트의 이론을 꽤 열렬히 지지하기 때문이지요. 프로이트의 가장 경건한 추종자들, 예를 들면 어니스트 존스(Ernest Jones)와 한스 작스(Hans Sachs) 같은 사람이 이 그룹에 속합니다. 다른 그룹, 즉 '반대파' 는 처음에는 프로이트와 함께 활동했으나, 섹스에 관한 프로이트의 견해와 심각하게 의견을 달리한 결과, 그로부터 떠나게 되었습니다. 이 그룹은 오토 랑크(Otto Rank), 알프레드 아들러[1], 카알 융[2]으로 구성되어 있습니다. 또 다른 하나의 그룹, 즉 '신프로이트파' 는 카

---

1) Adler, Alfred (1870~1937) : 오스트리아의 심리학자·정신분석학자.
2) Jung, Carl Gustav (1875~1961) : 스위스의 심리학자·정신분석학자.

렌 호오네이(Karen Horney), 해리 스택 설리반(Harry Stack Sullivan), 에
이브람 카디너(Abram Kardiner) 등이 속해 있습니다. 신프로이트파는
물론 초기 프로이트파 사람들의 견해 중에서 보여지는 큰 강조점
을, 인격의 문화적 결정인(決定因)에다 두는 것을 바랐습니다. 이
문맥에서 '신프로이트파'라는 레테르는 종종 박사님의 견해에 적
용되어지는 것이지만, 그것은 실제로 박사님의 입장을 공평하게
서술하는 방법이라고 생각하십니까?

  프롬  나는 레테르를 달고 실제로 만족했던 적은 없습니다. 나
는 카디너와 연락을 가진 적이 결코 없습니다. 하지만 설리반이나
호오네이와는 얼마 동안 함께 일했었지요. 그리고 확실히 그들에
게는 배울 점도 있었습니다. 우리들은 서로 영향을 주고받았
습니다. 그러나 나의 기본적인 사고는 그들의 사고와는 아주 다릅
니다. 우리들 사이의 하나의 공통점은 당신이 시사한 대로, 우리
모두가 문화를 강조한다는 것입니다. 비록 내가 똑같은 정도로 문
화를 강조하는 것은 아니지만요. 나는 오히려 보다 많은 강조점이
사회 구조·계급 구조·경제 구조에 두어져야 하고 또 이러한 요
소가 개인의 발달에 대해 미치는 영향과, 각각 이것들에서 배출되
는 생활 관습에 두어져야 한다고 생각합니다. 이 하나의 공통 요
소 이외에는, 나 자신의 사고가 호오네이와 설리반이 생각하는 것
보다 훨씬 프로이트에 가깝다고 생각하는 것이 그 구별 요인이 될
것입니다. 나는 근래 몇 해 동안, 철학적 및 사회학적인 여러 범
주에서 프로이트를 번역해 보려고 했습니다. 이러한 범주는 최근
의 철학적 또는 사회학적인 사고 패턴과 보다 많이 일치하는 듯이
내게는 느껴집니다. 이것 때문에 나는 어느 정도는 프로이트의 제
자이며 번역가인 성싶었습니다. 왜냐 하면, 그가 발견한 가장 중요
한 것을 내가 세상에 소개했고, 약간 편협된 리비도(libido) 이론으
로부터 해방시킴으로써 그 이론을 심화(深化)하려고 하기 때문이

지요. 프로이트파의 레테르를 좋아하지 않는다는 것이 결코 호오 네이와 설리반의 업적을 과소평가한다는 말은 아닙니다. 나는 그 두 분의 업적을 높이 사고 있기 때문입니다. 다만 나 자신의 발전 이 그들의 발전과 약간 다르다는 것, 나의 사고가 다른 요인에 의 해서 영향을 받았다는 것을 뜻할 뿐입니다.

에반스  신프로이트파라는 레테르에 대해서 말씀하셨으니 말인 데요. 프로이트 자신은 대체로 1920년 이후 그 자신의 사고 가운 데서 새로운 경향을 정식화(定式化)했습니다. 하지만 어떤 사람들 이 시사하는 바에 의하면 그의 사고에 있어서 새롭게 강조된 영역 은 오히려 사변적(思辨的)인 것이며 이미 과학적이라고 간주할 수 없다는 것이었습니다. 프로이트의 사고에 있어서 후기(後期)의 경 향과 그것에 대한 이러한 반응을 박사님은 어떻게 평가하십니까?

프롬  그것은 매우 재미있는 발견입니다. 제1차 세계대전은, 그 것의 역사적인 의미로 말미암아, 프로이트의 이론적 정식화에 있 어서 분계선이 되었지요. 현대사에 있어서 가장 잔혹하고 비합리 적인 사건의 하나로서 제1차 세계대전은 19세기를 종결시키고 계 몽사조의 막을 내리고, 그리고 커다란 희망과 낙관주의 시대를 종 결시켰습니다. 제1차 세계대전을 언급할 때 나는 매우 조심하지 않을 수 없습니다. 왜냐 하면 나의 세대의 사람들에게 있어서 그 것은 우리들 생애의 가장 중요한 사건이기 때문이지요. 다만 우리 는 너무 어렸기 때문에 대전에 참가할 수는 없었습니다. 프로이트 도 전쟁이 가져오는 여러 가지 결과에 대해, 또 전쟁이 서양사에 난입해 들어온 그 방법에 대해서 민감했습니다. 이 말은, 전쟁이 —— 그렇지요, 1918년 혹은 다소 그 뒤에 —— 끝날 때까지 프로 이트가 전형적인 계몽철학의 대표자였다는 것을 의미합니다. 즉, 그는 낙관적이고, 합리주의적이고, 통찰이 이루어지리라는 것을 믿었고, 통찰에 의해서 인간성의 변화가 가능하다는 것을 믿고 있었지요. 이성(理性)이 인간을 자유롭게 하고 비합리성을 변화시킨다고 믿고 있었다는 점에서 프로이트는 계몽사상의 창도자였지요. 또 그는 제1차 세계대전의 충격적인, 완전한 무분별성과 광기라는 외상(外傷)을 경험했습니다. 이 반응은 스탈린주의적 체제의 참혹성과 불합리성에 의해, 더욱이 그 뒤 히틀러에 의해 강화되었지요. 프로이트는 계몽철학자, 낙관주의 · 합리주의의 주창자로부터 내가 생각하는 바와 같이 보다 심원한 그러나 회의적인 인간으로 변했습니다. 이미 그는 계몽사상가가 아니며, 여러 가지 점에서 실제로 20세기의 사상가였던 것입니다. 더욱이 그것은 그의 회의적인 경향 때문인데, 이 회의적인 경향은 실존주의를 특징짓는 것입니다. 그와 사고에 있어서의 변화는 그의 생애의 만년에 나타난 것이지만, 그 변화를 촉진시킨 사건을 실제로 제1차 세계대전중에 일어났던 것입니다. 그는 또한 정신분석 치료의 성공에 대해서도 회의적이었고, 그의 마지막 저서의 하나인 《끝이 있는 분석 혹은 끝이 없는 분석》[3] 속에, 그의 이러한 감정이 표현되어 있습니다.

  에반스  이것은 홍미있는 점입니다. 왜냐 하면, 프로이트가 정신분석을 치료의 기법(技法)으로뿐만 아니라 연구 도구로서도 보았다는 것은 잊어버리기 쉽기 때문입니다.

  프롬  그렇습니다. 사실상 우리는 프로이트가 실제로 무엇보다도 먼저 치료에 홍미를 가지고 있었던 것은 아니라고 말할 수가 있겠습니다. 더욱이 그는 결코 의사인 것을 별로 좋아하지 않았습니다. 프로이트의 사명에 관한 나의 작은 책[4]에서 내가 지적한 대로입니다. 프로이트는 자기에게 사명이 있다고 느끼는 사람으로 출발하였습니다. 그것은 무의식적인 것을 의식적으로 만들고, 그

3) Freud, Sigmund : "Analysis:Terminable or Interminable," in *collected papers.Ernest* Jones (ed). London ; Hogarth Press, 1950. pp.316∼57.

290

리하여 인간을 이성(理性)과 분별의 최적조건(最適條件)에까지 끌고 간다는 전형적인 계몽의 사명이었습니다. 그는 이 점에서, 인간은 그의 이성의 극한에까지 발달할 수 있다고 생각하였습니다. 그래서 프로이트의 목적은 개인 요법의 실력이 아니라, 인간의 개선이었던 것입니다. 이러한 조망(眺望) 속에서 그는 그의 계몽철학을 반영시키고 있는 것입니다.

에반스  프롬 박사님, 제1차 세계대전이 박사님에게 깊은 영향을 주었다고 말씀하신 것은 대단히 흥미가 있습니다. 박사님은 그 무렵에 청년이었을 것입니다. 그리고 박사님은 물론 프로이트보다는 훨씬 젊었을 적이었습니다. 이 시대의 영향은 프로이트에 대해서보다도 박사님에게 더한층 비합리적인 방법으로 영향을 끼쳤을 것이라고 생각합니다. 프로이트는 그때 훨씬 나이가 많았을 테니까요. 개인으로서의 사상가 혹은 이론에 영향을 주는 일반적인 시대정신(Zeitgeist) 전체를 고려하는 것으로, 그가 그 안에 살고 있는 직접 문화가 그 개인의 여러 가지 문화적 공헌에 대해 정녕 얼마만큼 형성적인 영향을 가지는가를 우리들은 알고 싶습니다. 가령, 박사님이 박사님의 저서에서 지적하신 바와 같이 어니스트 존스는 그의 프로이트 전기[5] 중에서 프로이트가 빈 사회에 살았다는 점, 그 사회는 중층계층으로 꽤 억압을 받았으며 매우 청교도적이었다는 것을 기록해 놓았습니다. 어니스트 존스와의 토론이 책으로 출판되었는데,[6] 그 책에 이 점이 지적되어 있습니다. 그러나 박사님은 박사님의 경력이 진척됨에 따라서 변화하는 사회의 여러 가지 이질적인 영향을 정면으로 받았습니다. 프로이트가 박사님이 경험하신 것과 같은 여러 가지 변화하는 문화적 영향의 그 어느 것을

4) Fromm, Erich: *Sigmund Freud's Misson;An Analysis of His Personality and Influence*. New York ; Harper & Brothers, 1959.

5) Jones, Ernest ; *The Life and Work of Sigmund Freud*. 3vols. New York ; Basic Books, 1953.

정면으로 받았다면, 그의 기본적인 이론적 개념이 변화했을 것이라고 박사님은 생각하십니까?

프롬 네, 확실히 그랬을 것이라고 생각합니다. 프로이트와 같은 천재도 분명히 사회의 아들이며, 어떤 점에 있어서는 다른 몇 사람의 대사상가보다 훨씬 더 사회의 산물이었다고 말할 수 있겠습니다. 가령 여성해방에 관한 그의 태도는, 19세기에 여성 해방에 찬성한 존 스튜어트 밀[7]의 여러 저서에 관한 그의 번역이나 몇 가지 코멘트 속에 반영되고 있습니다. 여성이 남성과 대등해질 수 있다고 생각하는 일은 거의 미친 짓이라고 프로이트는 말했습니다. 그는 빅토리아풍의 중산계급의 전체 정신에 특히 마음이 끌려 있었지요. 그의 섹스에 대한 태도 속에 이 정신이 반영되어 있습니다. 사실 당신은 이렇게 말할는지 모르겠습니다. 만일 프로이트 자신이 그처럼 빅토리아풍의 남성이 아니었다면, 섹스에 대해 그처럼 무뚝뚝하고 솔직하게 쓸 수 있을 만큼 충분히 해방되어 있지 않았을지도 모른다고 말입니다. 프로이트가 섹스에 관해 쓰는 일에 조금도 곤혹을 느끼지 않은 것은, 그 자신이 그것에 대해 '고결한 인격'을 지녔기 때문입니다. 어니스트 존스가 프로이트의 전기 속에서 보고한 바에 의하면, 마흔 살 가까운 프로이트가 어떤 친구에게, 그가 어느 젊은 여자에게 마음이 끌렸을 때 굉장히 놀랐는데, 그것은 그의 연령으로 이런 종류의 매력을 느낄 수 있다는 것을 일찍이 생각해 본 적이 없었기 때문이라고 편지를 쓴 일이 있다고 기록되어 있습니다. 이것은 프로이트의 섹스에 대한 태도를 잘 보여준 것입니다. 그것은 그의 모든 일 속에 반영되어 있습니다.

---

6) Evans, Richard Ⅰ : *Conversation with Carl Jung and Reactions from Ernest Jones*. New York : D. Van Nostrand, 1964.

7) Mill, John Stuart (1806 ~ 1873) : 영국의 철학자 · 경제학자.

에반스  프롬 박사님, 박사님의 모든 저서와 작업은 심리학이나 정신분석뿐만이 아니고 철학·경제학·사회학에 있어서의 교육과 많은 전문적 훈련을 반영하고 있습니다. 한편 몇 사람의 관찰자들은 사회과학에서의 프로이트의 전문적 훈련의 결함을 비판했습니다. 비록 이 비난이 옳다고 하더라도 그것은 여러 가지 사회과학의 훈련을 받을 기회가 프로이트 시대에는 없었다는 점에서 당연히 나올 수 있는 것이 아니겠습니까? 이 점에 대해서 언급해 주셨으면 합니다.

프롬  이 문제에 대해 약간의 언급을 할 수 있겠지요. 첫째로, 프로이트는 사회적인 문제에 대단한 흥미를 가지고 있었습니다. 그 시대의 여느 의사와 정신과의사들이 가진 것보다 훨씬 많은 흥미를 가지고 있었습니다. 그는 원시사회에 관한 정리된 이론을 구성했습니다. 그 중에서 그는 금기체계(taboo systems)의 숨겨진 의미를 발전시켰습니다. 그는 또한 집단심리의 여러 현상에도 깊은 흥미를 가졌습니다. 리비도 이론을 통해서 그는 집단 대다수의 리더에 대한 충성을 나르시시즘의 현상으로 설명합니다. 그는 사회적인 여러 현상에 크게 흥미를 가지고 있었습니다. 그리고 그와 같은 영역에서의 그의 이론 구조 전체가 거의 사회학적인 정향(定向:orientation)을 가지고 있습니다.

에반스  이것은 적절한 지적입니다. 왜냐 하면, 대부분의 사람들은 프로이트를 단순히 생리학적 결정론자라고 생각하기 때문입니다. 박사님이 말씀하시는 것은 그의 활동의 여러 측면에 있어서, 그는 사회환경의 형성적 결과의 중요성을 인식하고 있었다는 것이겠지요?

프롬  그렇습니다. 물론 프로이트는, 그 시대의 의사와 생물학자들 간에 유행이던 생리학적·기계론적 유물론의 틀 안에서 교육을 받았지요. 하지만 기본적으로는 그의 이론은 많은 면에 있어서 사회학적입니다. 내가 왜 이 말을 하는지 설명하지요. 프로이트는, 원시인은 그의 본능적 장비(instinctual equipment)에 충분한 만족을 준다는 개념을 가지고 생각했습니다. 본능적 장비라고 말할 때, 더욱이 그는 매우 넓은 의미로 성적본능을 의미했던 것입니다. 그리고 운명이 진보함에 따라 성적본능의 일부를 억압함으로써, 그의 말을 빌면 본능적인 모든 힘은 승화(昇華)되며, 문화에 유익한 것이 되기 때문이라고 합니다. 다시 말하면, 문명의 확장은 모든 본능적 힘의 억압이 증대하는 데 달렸다고 프로이트는 생각한 것입니다. 그래서 인간은 자기 자신을 신경증적이 될 위험 속에 내던지는 것입니다. 그것도 그럴 것이 그가 문명의 건설자이기 때문입니다. 프로이트는 역사를, 문화를 지니지 않았으나 신경증도 지니지 않은 것과, 그리고 억압과 신경증이 필연적으로 따르게 되는 문명을 지닌 것 사이의 비극적인 선택의 모순으로 보았습니다. 그는 억압의 전과정을 인간의 사회적 발달의 결과로 보았습니다. 아무튼 이것은 사회학적 요인이 엄청나게 큰 역할을 다하고 있다는 이론입니다.

한편, 프로이트에게는 실제로, 문화인류학 분야에서의 진짜 지식은 아주 조금밖에 없었습니다. 이런 이유로 그를 탓할 수는 없지요. 왜냐 하면 그 시대에는 문화인류학이 아직 보편화되지 않았기 때문입니다. 아마 보고된 여러 인류학적 연구 시리즈가 그 당시에 있기는 했으나 그는 그것들을 모르고 있었습니다. 당신이 시사한 바대로 그 당시 문화인류학의 지식은 프로이트와 같은 지식인에 있어서도 오늘날처럼 친숙한 것이 아니었습니다. 가령, 프로이트는 바하오펜[8]의 여가장제(女家長制) 이론에 관한 지식에서 뭔가 얻었음직한 것이 있었을 텐데, 이것에 대해서도, 또다른 인류학적 소견에 대해서도, 그는 아는 바가 없었습니다. 그는 그 당시의 사회학 —— 주로 마르스크와 뒤르켐[9]과 막스 베버[10]의 저서 속

294

에 표현된 사회학에 대해서도 익숙지 못했습니다. 그는 인류학이
나 사회학의 영역에 있어서는 다소간 나이브했지만, 인간을 이해
할 수 있는 것은 그의 역사적 사회적 발달의 문맥 가운데서뿐이라
는 것을 감지(感知)하는 특유한 재능을 가지고 있었습니다. 그리고
프로이트는 주로, 그가 인간의 주요한 측면이라고 생각한 것, 즉
본능적·생물학적 측면에 대해서 관심을 가지고 있었지만, 오늘날
우리의 과제는 인간의 여러 측면을 이렇듯 분할하는 것을 극복하
여, 최소한 인간 안에 내포되고 있는 본질적인 측면 모두에 관하
여 인간에게 접근하는 일입니다. 우리가 말한 것처럼 프로이트는
그 시대의 기계적 유물론으로부터 영향을 받았고, 생리적인 동시
에 심리적인 유일한 현상이 있다는 개념에 근거해서 모든 리비도
이론을 세운 것입니다. 이것은 소박한 모델이었다고 말할 수 있을
지도 모르겠습니다.

에반스 그렇다면, 박사님의 주장은 프로이트가 인류학이나 사
회학 영역에 접촉하지 않았다는 것인데, 바로 이 점이 그의 리비
도 이론의 협소한 기초와 관점의 원인이 되었다고 설명될 수 있겠
습니다. 그러면 개인으로서의 그의 한계 때문이라기보다 오히려
그가 받아들인 지식의 결핍이었다고 보십니까?

프롬 그렇습니다. 내 생각으로는, 프로이트는 문제의 해답을
추구할 즈음 그의 시대의 기계론적·유물론적인 영향에 의해 제한
을 받았고, 또 그의 리비도, 섹스, 그리고 본능에 관한 몇 가지 가
정(假定)은 문화적으로 주어진 틀 안에서 그가 생각한 인간을 설명
한 것입니다.

에반스 한편, 우리는 다음과 같이 거론할 수 있을지도 모르겠

8) Bachofen, Johann Jacob (1815~1887): 스위스의 인류학자·법제사학가.
9) Durkheim, Emile (1858~1917): 프랑스의 사회학자.
10) Weber, Max (1864~1920): 독일의 경제학자·사회학자.

군요. 즉, 이런 기계론적이며 유물론적인 영향이 프로이트의 사고
는 제한했을지도 모르나 그럼에도 불구하고 그의 시대에는 보다
폭넓은 철학적 사상이 넓은 범위에 걸쳐 있어서 긴 역사를 형성하
고 있었고, 당연히 그것의 영향이 그에게도 미쳤을 것이라는 일입
니다. 사실, 철학에 있어서는 위대한 사건은 거의 프로이트 시대
에 이루어진 것입니다. 다음과 같은 것이 가능하지 않았을까요?
즉, 이전에 우리가 상상한 것보다 훨씬 많이 그가 이러한 것에 접
촉했지만, 그 중에서 더욱 편협한 몇 가지 개념에 그가 보다 많이
매혹되었고, 그것들이 가장 강하게 그의 저서에 영향을 준 것이
아니었을까 하고 말입니다.

　　프롬　　그럴 가능성이 있지요. 프로이트는 의사였으며, 생리학
실험실 안에서 훈련을 받았습니다. 그는 훌륭한 부르주아였고 전
형적인 중산계급의 일원이었습니다. 이런 이유 때문에 그는 칸트
와 마르크스주의 철학보다도 기계론적인 유물론에 마음이 기울어
졌습니다. 거기에는, 그가 이 특정한 방향에 있어서, 자신의 에너
지가 지향하는 길에 달라붙을 것을 결정한 많은 요인이 있었습니
다. 물론 그는 다른 선택을 할 수도 있었지요. 그의 조직화된 개
념화(槪念化)의 협소성의 기초에는 인간적인 요인이 있었을지도 모
릅니다. 프로이트가 1914년 이전에는 기계론적 철학에 잡혀 있었
다는 점, 전쟁에 대한 그의 경험이 그를 깊이 흔들었다는 것을 우
리는 이미 언급한 바가 있었습니다. 이런 경험들을 가진 뒤에 그
는 새로운 가능성을 찾아보기 시작한 것입니다. 분석자들의 대부
분이 변함없는 유물론적이며, 저들에게 있어서 삶과 죽음의 본능
과 같은 생명의 문제는 형이상학적인 사변 이외의 아무것도 아니
라고 나는 추론할 수 있습니다. 하지만, 프로이트의 사고는 실제
로 1920년 이후 많은 점에서 심화(深化)되었습니다. 그의 초기 사
고보다도 도덕적 사회문제에 보다 깊이 관계되어 있었습니다. 즉,

제1차 세계대전 이전의 그의 나날은 낙천적이고 계몽적이고 합리
적이었는데, 그 뒤로 프로이트는 회의적이고 더구나 절망적이기까
지 하면서 새로운 사고의 깊이를 지니고 나타난 것이지요. 그의
동료들의 대부분은 전쟁에서 영향을 받지 않았습니다. 그런데 프
로이트는 새로운 사건에 의해 크게 동요되는 인간이었습니다. 그
의 사고가 새로운 차원과 깊이를 가지게끔 된 것입니다.

　에반스　프로이트의 사고에 있어서 특수한 변화에 대한 박사님
의 반응을 파악하는 것은 흥미있는 일이겠습니다. 예를 들면 그것
은 리비도 가설에서부터 공격성(攻擊性)에 대한 관심에로의 발전인
것이며, 그 결과 타나토스(Thanatos) 혹은 죽음의 본능이 새롭게 첨
가하게 된 것입니다. 어떤 사람이 생각한 바로는 프로이트는 죽음
의 본능과 공격적 패턴을 적절하게 개념화하지 못했고, 그가 옮아
간 새 영역은 그의 이전의 영역과 같은 정도의 생산성을 지니지
못했다는 것입니다. 이 점에 대해서 박사님은 어떻게 생각하시는
지요?

　프롬　내가 말하고 싶은 것은, 제1차 세계대전 때까지 프로이트
는 계몽철학을 크게 확대했다는 것입니다. 그렇게 하기 위해서 그
가 한 것은 본능적·비합리적 열정이 어느 정도 현실적인 힘을 가
지고 있는지, 또 그것이 이성에 의해서 어느 정도 통제될 수 있는
지를 실증하는 일이었습니다. 최소한 무의식적으로 존재하는 것을
이해함으로써 그것들이 어느 정도 통제될 수 있는지를 실증하는
일이었습니다. 최소한 무의식적으로 존재하는 것을 이해함으로써
그들이 어느 정도 통제될 수 있다는 것을 그는 시사했습니다. 그
의 합리적인 접근법은 아직도 19세기의 낙관적인 무드를 반영하고
있었습니다. 프로이트가 그 무드를 반영함으로써, 인간이 살피는
원망(願望)에 의해 움직여지고 있다고 믿고 있었다는 말을 당신은
할지 모르겠습니다. 그의 자아 본능과 성 본능은 한 가지로 삶에

도움이 되는 것이라고 이해되고 있었지요.

제1차 세계대전이 실제로 200년에서 300년에 이르는 인간 문명의 막을 내리게 했을 때, 프로이트는 우리가 말한 것처럼 인간 생명에 대한 굉장한 잔인성과 냉담성에 의해 몹시 동요되었던 것입니다. 이런 일로 해서 그는 인간의 파괴성의 깊이에 주의하게 되었고, 인간 내면에 파괴하고자 하는 욕망(drive)이 있다는 것, 혹은 적어도 삶에 봉사하는 것과 똑같은 정도로 죽음에 봉사하는 욕망이 있다는 것을 생각하게끔 되었습니다. 그는 그의 '삶의 본능'에 관한 최초의 가설에 이것을 첨가했습니다.

프로이트의 '죽음의 본능'의 개념이 실제로 고도로 사변적임을 나는 인정합니다. 그것은 프로이트의 또다른 하나의 개념, 곧 반복 강박 개념에 근거하고 있었으므로 더욱더 사변적이었다는 셈이 됩니다. 왜냐 하면 후자에 관해서는 그는 약간의 결정적인 증거밖에 준 것이 없으니까 말입니다. 그가 빈약한 증거만을 내세웠기 때문에 그 개념 전체는 이론적인 진공(眞空) 안에 들어 있지요. 하지만 그것이 전후의 프로이트가 초기의 프로이트의 사고를 훨씬 뛰어넘어 전진했다는 사실을 변경시킨다고는 생각하지 않습니다. 계몽사조의 외식(外飾)을 버림으로써 그는 인간 존재에 있어서의 갈등과 악이나 파괴성의 현실성을 보다 깊이 볼 수 있었습니다. 그가 그것을 정확하게 설명했는지 아닌지는 별개 문제입니다. 최근에 나는, 프로이트가 항문애적(肛門愛的) 성격이라고 부르는 것의 해로운 형식은 일상적으로 말하면, 주로 죽음의 본능에 의해 학대받은 인간이라는 것을 보여 주려고 했습니다.

에반스  프롬 박사님, 프로이트의 이론적 개념 및 몇 가지에 대한 박사님의 의견을 더 한층 집중시키기 위해서 우리는 프로이트의 발달 모델을 살펴보는 편이 좋다고 생각합니다. 프로이트는 가장 조기(早期)의 발달 수준을 자기애(自己愛) 혹은 나르시시즘의 수준이라고 불렀습니다. 박사님의 과업과 관련해서 박사님은 이 나르시시즘의 개념이 중요하다고 생각하십니까?

　프롬　그렇습니다. 실제로 나는 프로이트의 나르시시즘 개념이 아마도 그의 최대의 발견 중의 하나라고 생각합니다. 그는 이 개념을 발달 도상에 있는 아동뿐만 아니라 나르시시즘적 정신병에도 적용했습니다. 하지만, 프로이트는 이 개념을 그 자신의 리비도 이론의 틀에서 설명했기 때문에 어느 정도의 제약을 면할 수가 없었다고 봅니다. 그래서 나르시시즘 개념의 설명으로서는 보다 적용성이 적은 것으로 만들고 말았습니다.

　에반스　그러면 박사님은 광범위한 심적 섹스 .에너지로서의 프로이트의 리비도 개념이, 나르시시즘의 적당한 해석으로 발전시키기에는 다소 협소하다는 것인가요?

　프롬　그렇습니다. 하지만 내가 생각하기에는, 만일 어떤 사람이 나르시시즘의 개념을 해방(그것은 사실, 융이 리비도의 개념을 확대해서 훨씬 넓은 심적 에너지의 의미를 그 속에 포함시켰을 때 되어진 것입니다)한다면, 그것이 프로이트가 정립시킨 가장 중요한 개념의 하나인 것을 알게 될 것입니다. 나는 나르시시즘적 인간을 다음과 같이 고쳐서 정의하겠습니다. 즉, 그 사람에게 있어 현실이 다만 그 자신 안에 일어나는 것, 곧 주관적 현실인 것에 지나지 않는 그런 인간이라고 말입니다. 어린이는 극도로 나르시시즘적입니다. 왜냐 하면 맨처음 아기에게는 외적 현실이라는 것, 즉 자기 자신을 그것에서 분화한 것으로 느끼는 그런 것이 없기 때문입니다. 즉, 우리 자신 안에 있는 것만을 현실로 간주하고 다른 사람에 관계된 것은 현실로 간주하지 않는 경향이 다소간 있습니다. 나르시시즘의 연구는 인간 이해에 대한 가장 중요한 조건의 하나인데, 아직도 이 방면에 대한 주목이 사실상 부족한 것 같습니다. 정통파의 분석에서조차 그렇습니다. 지금까지 전적으로 어린아이나 정신병환자와 관련시켜서만 그것이 사용되었기 때문이지요.

에반스  그럼, 박사님은 나르시시즘이 매우 중요한 구성 개념이며, 만일 그것이 프로이트에 의해 부여된 협소한 해석에서 해방된다면, 더욱 중요한 공헌으로 확대시킬 수 있다고 생각하십니까?

프롬  그렇습니다. 그렇게 생각합니다. 실제로, 내가 말하고 싶은 것은 다음과 같이 내가 생각하고 있다는 점입니다. 즉, 정신분석자들의 하는 일의 대부분이 프로이트의 기본적인 발견 몇 가지를 받아들이는 것, 또 그것을 우리가 앞서 말한 19세기의 기계론적 유물론이라는 제한된 틀에서 해방시키는 일로부터 성립된다는 것입니다. 그렇게 함으로써, 그것들의 중요성이 실증되겠지요. 그것은 프로이트 자신이 아마 기대했던 것보다 더한층 큰 것입니다. 이 일은 나르시시즘에 관해서뿐만 아니라 프로이트의 다른 개념에 대해서도 정당한 것입니다.

에반스  박사님의 활동에 익숙한 사람들은 박사님이 하신 일의 여러 분야에 있어서 프로이트의 기본 개념의 폭을 박사님이 넓혔고, 그것들을 현대사상의 문맥 안에서 보다 의미있는 것으로 하려고 시도하신 것을 알고 있습니다. 그러면 프로이트의 발달 모델에 대한 박사님의 의견을 계속 추구하기 위해 다음과 같은 것을 생각해 볼까 합니다. 즉, 심적 섹스의 발달에 관한 그의 이론은 우리가 지금 논의한 나르시시즘의 수준에서 구순애적(口脣愛的)·항문애적 위상(位相)을 통과하여 남근애(男根愛)의 수준에 이르는 이행(移行)을 가정하고 있습니다. 이 남근애의 수준은 프로이트의 발달이론의 핵심이라고 많은 사람들이 생각하고 있습니다. 프로이트는 이 수준에서 나타나는 미숙한 성애(性愛)에 대해서 말했습니다. 어린아이는 그때 이성(異性)의 어버이를 사랑의 대상으로 삼게 됩니다. 프로이트는 또한 거세(去勢)의 공포라는 복잡한 용어에 대해서 말했습니다. 그것은 어느 모양의 억압 혹은 승화(昇華)에 의해 해결되지 않으면 안 되는 것입니다. 프로이트의 개념화의 한계에 관하여 박사님이 언급하신 것과 관련해서, 오이디푸스 상황에 관한 이 견해가 너무 편협하다고 박사님은 생각하십니까? 또 그렇다면 이 견해를 확장시키는 일이 가능하다고 생각하십니까?

프롬 네, 그렇게 생각합니다. 나는 그것을 확장시킬 수 있다고 생각합니다. 나르시시즘의 경우에 그러했듯이, 오이디푸스 상황은 프로이트가 생각했던 것보다 더 한층 심원하며 더 한층 강력하다고 생각합니다. 그것에 대해서 프로이트는 약간 합리적인 견해를 가지고 있었지요. 어떤 사내아이는 한 번 남근애의 수준에 다다르자마자 여성에 대한 성적 원망(願望)을 가집니다. 어머니는 사내아이의 가장 가까이 있는 여성입니다. 그런 까닭으로 이 삼각관계가 전개되는 것입니다. 그러나 이 상황에 대해서 프로이트가 부여한 상대적인 중요성은 프로이트의 진정한 발견이었다고 내가 생각하는 것에 비해서는 희미한 것이 되고 맙니다. 프로이트의 진정한 발견이라는 것은 자궁, 모친의 유방, 모친의 무릎, 확실한 것, 보호해 주는 것, 자신에게 결정을 강요하지 않는 것 —— 이런 것에로 복귀하고 싶다는 원망의 무서운 힘인 것입니다. 이 힘은 아마 남성에게도 여성에게도 똑같이 존재하는 최대의 열정입니다. 그것은 자유로부터 과거에로의 도피를 의미한다고 말해도 좋을지 모르겠습니다. 모친 혹은 '모친의 기능'을 가진 인간이 자신을 감싸주고 보호해 주고 사랑해 주는 그 따뜻함 속으로의 도피라고 말해도 좋을지 모르겠습니다. 모친 혹은 모친의 기능을 가진 인물이라는 것은 반드시 정말 모친을 의미하는 것은 아닙니다. 그것은 할머니일 수도 있고 할아버지일 수도 있고 또 우상일 수도 있지요. 그것은 이 무조건적인 사랑, 무조건적인 보호의 기능을 가진 무엇일 수 있습니다. 하지만 이 도피고는 그 인간의 완전한 반달을 희생시키고 행해집니다. 그래서 그것은 어떤 중요한 의미에 있어서 그

의 독립가능성의 거부, 그의 독립을 실천하는 것의 거부를 뜻하는
것입니다.

내가 생각하기로는 사람은 역사를 통해서, 또 정신병리학상으로
모친·자연·과거·토지·사랑에 연결된 채로 있는 이 열정의 가
공할 힘을 찾아볼 수가 있습니다. 그것은 항상 똑같은 것입니다.
어린 소년이나, 훗날 성장한 남성에 있어서 저들이 모친에 대한
성적 욕망을 가지고 있다는 것을 보여주는 감정이나 꿈이 발견되
는 것은 사실입니다. 이것저것 생각할 것도 없이 여태까지 제시된
증거를 기초로 하여 이 현상의 존재를 가정하는 데 충분한 이유는
없는 것처럼 나에게는 느껴집니다. 하지만 내가 말하고 싶은 것
은, 어른이건 아이이건, 남성이 성적 욕망과 연결된 모친에 대한
원망을 가졌을 때는, 여기서는 이미 훨씬 위험한 상황, 즉 모친
속에서 익사한다는 상황으로부터  자신을 구출하려는 시도가 나타
나고 있다는 사실입니다. 왜냐 하면, 성적 원망이 나타나자마자
적어도 그는 자신이 남성이라는 것을 확인하기 때문입니다. 모친
에게 몹시 매여 있는 사람들이 그 구속을 성애적인 연결로 변형시
킴으로써 그는 남성다움을 확인하며, 그렇게 함으로써 완전한 의
존과 완전한 수동성의 위험으로부터 도피하는 것입니다.


## 현대 사회문제에 관한 고찰과 프롬의 장래계획


에반스  프롬 박사님, 지금까지 우리는 현대 사회에서 나타나고
있는 몇 가지 중요한 경향을 검토해 보았습니다. 쓸모없다고 생각
되는 얘기가 꽤 있었지만, 사회가 스스로의 파괴를 막기 위해서는
희망과 낙관주의의 태도를 발전시키는 것이 무엇보다도 중요하다
고 많은 관찰자들이 믿고 있습니다. 그러나, 단지 희망과 낙관주

의의 태도만으로는 충분하지 못한 시대가 다가오고 있습니다. 핵전쟁의 위협과 그런 상황에서 파생되는 큰 불안이 우리를 뒤덮고 있는 오늘날, 어떤 과감하고 확고한 결정이 내려지지 않으면 안될 것이고, 또 당장 그래야만 할 것입니다. 줄리아 헉슬리[11]는 비관적인 어조로 다른 현대 사상가들과 함께, 과학기술의 발달과 문명을 전멸시킬 능력이 인간 관계를 개선시킬 수 있는 돌파구를 멀찌감치 밀어 놓았다는 것을 시사하고 있습니다. 그가 말하고자 하는 것은, 우리가 서로 사이좋게 지낼 수 있는 능력을 발전시킬 수 있기 훨씬 이전에 우리들 자신을 파괴시킬 능력을 먼저 발전시켰기 때문에, 우리는 파멸할지도 모른다는 것입니다. 박사님은 이런 모든 사정을 감안하고서도 낙관주의적인 태도를 가질 수 있을 만한 어떤 근거가 있다고 보십니까?

　프롬　글쎄요, 나는 그것이 낙관주의적인지 어떤지 잘 모릅니다. 내가 당신에게 동의하는 것은 오늘날 인류가 직면해 있는 선택의 문제는 역사에서 전례가 없을 만큼 중대하다는 사실입니다. 우리가 선택해야 하는 길은 아주 분명합니다. 즉, 우리는 핵전쟁으로 온 인류를 전멸시키든가, 아니면 우리가 믿을 수 없을 정도의 아름다운 세계를 창조하게 되든가의 갈림길에 서 있습니다. 믿을 수 없을 정도의 아름다움이라는 것은 그것이 각 사람에게 있어서 가치 있는 실질적인 생활에 대한 태도를 포함하고 있기 때문입니다. 우리가 살고 있는 시대는 인류사의 가장 창조적인 시대의 하나입니다. 과학에 있어서나 예술에 있어서나 그렇습니다. 우리가 핵전쟁을 피할 수만 있다면 나는 대단히 낙관주의적인 태도를 취할 것입니다. 또 공업화의 역기능(逆機能)으로 초래하는 비인간화 현상도 인간은 극복할 수 있다는 신념을 가지게 될 것입니다.

---

11) Huxley, Julian Sorell (1887 ~ 1977) : 영국의 생물학자.

　반면에, 우리가 핵전쟁을 벌인다면, 그때에는 인간의 장래는 암담할 뿐입니다. 내 얘기가 비관주의적으로 들리는 것을 좋아하지 않습니다. 그러나 지적인 입장에서 판단할 때, 전체로 보아서 우리가 핵전쟁을 벌이게 될 가능성이 그것을 피할 수 있는 가능성보다 크다고 느낍니다. 그러나, 만일 점점 많은 사람이 핵전쟁의 위험성을 투시할 수 있게 된다면, 우리는 그것을 피할 수 있을 것이라는 신념을 나는 가집니다. 당신은 여기서 정녕 아까 말한 소외(疏外)의 현상을 봅니다. 몇백만 명이라는 사람들이 인류를 파괴한다는 생각에 대해서는 거의 무관심하고, 핵전쟁은 정치적인 도구라고 합리화하는 것이 먹혀들고 있지요.

　실제로는 핵전쟁은 완전한 파괴에 이르는 수단일 뿐이라는 사실이 너무나 분명합니다. 핵전쟁으로는 정치적 목적을 실현할 수 없습니다. 국가의 유지도, 자유도, 기타 어떤 목표도 이 상황 아래에서는 실현되지 않을 것입니다. 사람들이 가공할 사태에 대한 사실을 전혀 무감각한 태도로 이야기한다는 것이 바로 소외라는 것입니다. 사실, 그것은 분열증(分裂症)의 상태와 흡사합니다. 우리들 대부분이 이 상태 안에 있습니다. 그런데 19세기를 미스테리적 생활 스타일로 특징짓는 것은 흥미있는 일입니다.── 웅변가, 화려한 편지 스타일, 히스테리의 징후 따위가 모두 그것을 나타냅니다. 오늘날, 정신병 및 우리의 생활 스타일의 전형적인 형식은 분열증적입니다.

　에반스　박사님이 지금 하신 얘기는 박사님의 몇 가지 저서에서 표현한 것보다 약간 비관주의적으로 보여집니다. 설마, 박사님은 핵전쟁이 지금에 와서 불가피하다고 생각하시지는 않으시겠지요. 박사님은 지도자들이나 사회 권력 구조에 대해 인간 관계를 개선해서 그와 같은 전쟁의 가능성을 감소시키기 위해 저들이 취할 수 있는 방안에 대해서 제안하실 것이 있습니까?

**프롬** '우리는 핵전쟁을 피할 수가 없다.' —— 이렇게 내가 생각하고 있다는 것을 말하려는 것이 아니라는 점을 먼저 밝혀두고 싶습니다. 만일 내가 전쟁은 피할 수 없다고 확신한다면, 여기 앉아서 무엇에 대해 얘기하거나 하는 것은 하지 않을 것입니다. 만일 내가 평화에 대한 희망을 완전히 포기했다면, 나는 어떻게 해야 할지 모를 것입니다. 그런데 당신의 질문에 대답한다면, 전쟁의 기회를 감소시키기 위해 지도자들이 할 수 있는 일이 있다고 생각합니다. 가장 중요한 것은, 우리 지도자들과 우리 대중이 완전히 현실적이 되어서 사물을 있는 그대로 보는 것이라고 나는 믿습니다. 가령 심리학자들은 러시아인들과 우리들 사이의 이중(二重)의 이미지에 대해 글을 쓰고 있습니다. 그러나 우리가 러시아인들에 대해 무서워하는 사항의 태반을 러시아인들은 우리들 때문에 무서 워 합니다.

**에반스** 박사님은 유리 브론펜브레너(Urie Bronfenbrenner)의 저서[12]를 말씀하시는 건가요?

**프롬** 그렇습니다. 그리고 그것은 지극히 명료합니다. 그는 하나의 예를 들고 있습니다. 아이들에게 러시아의 숲을 보이고서, '이것이 무엇을 의미하는가?' 라고 물었습니다. 아이들은 그 숲은 무엇을 감추기 위해 있는 거라고 말했습니다. 당신이 소비에트 러시아에서 이와 같은 실험을 할 수 있다면 비슷한 반응을 얻게 될 것이라고 생각합니다. 러시아 아이들의 반응도 같을 테니까요.

이 문제에 관한 일반적인 대답은 우리가 계몽사상의 재생을 필요로 한다고 말하는 것입니다. 그렇지만 그것은 소박한 계몽사상은 아닙니다. 우리는 정말 시니컬할 정도도 현실주의적인 계몽사

---

12) Bronfenbrenner, Urie : "The Mirror Image in Soviet -American Relations: A Social Psychologist's Report," *Journal of Social Issues*, Vol. XVⅡ, No.3 (1911) pp. 45~56.

상을 지녀야 합니다. 그래야만 우리는 현실을 직시할 수 있게 됩니다. 또 러시아인들을 저들의 있는 그대로 보게 됩니다. 그리고 그것은 매우 보수적이고 반동적인 공업국가, 경찰국가라고 보는 것을 의미한다고 나는 믿습니다. 우리 자신을 현실적으로 본다면, 우리는 거기서 산업관료제도를 볼 것입니다. 따라서, 거기서는 우리가 자유주의의 덕목(德目)이라고 주장하는 것들의 태반 —— 예를 들면, 자유기업, 개인의 자주성, 개인의 책임 —— 은 이미 자취를 감추어 버리고 말았다는 것을 알게 될 것입니다. 이런 자본주의의 덕목들은 대부분 오늘날 서양 영화 속에서나 찾아볼 수 있습니다. 만일 우리가 이 현실을 바라본다면 일종의 편집병적(偏執病的)인 태도에 사로잡히지 않을 것입니다. 이 태도는 나에게, 17세기의 종교전쟁(宗敎戰爭)에 있어서 카톨릭교도와 신교도들의 상호간의 태도를 생각하게 합니다. 그들의 이러한 태도는 오늘날에는 비합리적이라고 생각되지요. 그처럼 오늘 우리가 가지고 있는 태도는 같은 종류의 비합리적인 감정에 빠져 있어 현실감각을 결여하고 있는 것입니다. 오늘날 우리들의 이러한 태도는 그것의 잠재적인 파괴성으로 인해 과거보다 더욱 위험한 것입니다.

에반스  그러면, 박사님은 이 나라와 러시아 양쪽에서 만들어낸 자기 강화적 이미지 자체가 이 상호 적대관계에 공헌하고 있다고 말씀하시는 건가요?

프롬  그렇습니다. 그리고 우리들의 시샘(jealousies)도 그렇습니다. 그 속에서는 우리는 러시아인들을 검다고 보며, 우리 자신은 희다고 봅니다. 우리는 자신들의 결점을 못 보며, 또 러시아인들의 적극적인 특징과 소극적인 특징 등을 못 봅니다. 러시아는 실제로는 혁명에 흥미를 못 가지는 공업사회입니다. 대체로 서구인이 신에게 흥미를 못 가지는 것과 똑같이 러시아인은 대체로 공산주의에 흥미를 가지고 있지 않습니다. 실제로 러시아인들이 공산

주의에 대해서 관심이 더욱 적어졌다고 나는 생각합니다. 소비에
트 러시아는 하나의 관념을 가진 유물론적 사회입니다. 이 관념이
란, 언젠가는 자기들도 미국 사람들처럼 풍요해진다는 그런 관념
입니다. 저들은 실망을 경험할 수밖에 없겠지요. 왜냐 하면, 우리
는 우리가 주장하는 것만큼 풍요하지 않기 때문입니다. 우리 인구
의 상당수가 아직도 빈곤 속에서 생활하고 있지 않습니까? 그러나
풍요한 사회가 무엇을 의미하는가를 우리는 알고 있습니다. 우리
는 그것을 알고는 있지만 우리들 거의가 깊이 그리고 무의식적으
로 생활하고 있다고 나는 생각합니다. 왜냐 하면 이미 그것이 인
생에 대한 해답이 아니라는 것을 우리는 알고 있기 때문입니다.
자동차 한 대를 더 산다고 해서, 가구를 하나 더 장만한다고 해
서, 그리고 여행을 한 번 더 다닌다고 해서, 그것이 우리의 새로
운 문제를 해결해 주는 것은 아닐 것입니다. 러시아인들은 훨씬
더 소박합니다. 저들은 지금 미국인이 가지고 있는 것과 같은 모
든 것을 자기들이 가진다면 자기들은 행복해질 거라고 지금도 그
렇게 생각하고 있습니다. 그렇게 되면 저들은 실망을 맛볼 수밖에
없습니다.

　**에반스**　박사님은 중국의 발전에서도 유사한 점을 찾아보십니
까?

　**프롬**　중국은 아직도 '못 가진' 나라의 하나이며 매우 가난하다
고 나는 믿고 있습니다. 그래서 저들의 전체적인 심리적 반응은
러시아인의 그것과는 매우 다릅니다. 나는 이 사실을 《인간은 극
복할 수 있을까》[13]라는 소책자에서 지적하려고 했습니다. 객관적으
로 말하면, '못 가진' 나라들의 맹렬한 공격 앞에서 자신들을 방어

---

13) Fromm, Erich : may man prevail? Garden City. N.Y : Doubleday. 1961. 이 영역에 있어서
　　의 프롬 견해의 본질적인 요소는 그의 저서 《인간은 극복할 수 있을까?》 속에
　　간결하게 서술되어 있다.

하는 입장이 있지요. 그래서 나는 지금의 문제를 이렇게 생각합니다. 즉 갈등은 전쟁에까지 이끌어 갈지도 모르는 유혈적(流血的)이고 야만스런 투쟁일 것인가, 아니면 식민지 민족의 이 혁명 —— 그것은 세기 최대의 사건이지요 —— 이 합리적이고 비폭력적인 견해로 발생해서 가공할 만한 파괴를 피할 수 있을 것인가 하는 문제입니다.

에반스  이 문제의 중요한 의미와 비교해 본다면, 우리가 거론할 수 있는 그 어떤 것도 의미가 없겠습니다. 그래서 박사님이 시니컬하고 동시에 낙관주의적인 듯싶은 현실적 견해를 가지고 있음을 나는 알고 있습니다. 사회과학이나 행동과학이 국가간의 외교 문제에 대한 보다 적합한 해답에 있어서, 혹은 완전히 파괴적인 전쟁의 회피에 있어서 어떤 현실적인 공헌을 할 수 있다고 박사님은 생각하십니까 ?

프롬  네, 만일 사회과학자들이 도움이 된다고 생각하고, 또 도움이 되는 기회가 주어진다면, 공헌할 수 있을 것입니다. 어떤 러시아의 젊은 사회과학자가 최근 워싱턴에서 열린 국제사회학회의에서 러시아 정부가 자기들의 건의를 채택하여 저들이 건의할 수밖에 없었던 것에 대단한 흥미를 표시했다고 말한 것을 나는 기억하고 있습니다. 나는 이것이 소박한, 또 있을 것 같지 않은 일이라고 느꼈습니다. 비록 정부가 저들의 건의를 채택했다고 하더라도, 나는 그 건의가 그렇게 도움이 되었다고는 생각하지 않습니다. 우리의 사회과학자들이 무엇을 말해야 하는가를 나는 알지 못합니다. 그러나 만일 그것이 통찰적이고 비판적이어서 우리를 깨우치는 것이라면 우리의 정부가 저들의 말에 귀를 기울이는 것은 매우 중요한 일일 것입니다. 정부가 사회과학자들에게 귀를 기울이지 않는 것에 대해서 정부를 힐책할 것인지, 아니면 우리 정부가 관심을 가지고 있는 문제에 십분 관련있는 것을 제공하지 아니하는 것에 대해서 사회과학자를 힐책할 것인지 나는 알지 못합니다. 어느 쪽에도 결점이 있을 수 있다고 추측되는군요.

에반스  박사님은 평화의 추구를 지향하는 운동에 대해서 들으신 일이 있을 것입니다. 세계 평화라는 광범한 목표를 지향하는 탐구에 관해서 어떻게 할 것인가, 궁금하게 생각됩니다.

이 문제에 관한 연구계획을 개념화하려고 하는 작전부대로서 심리학자 · 사회학자 · 인류학자 · 정신분석학자, 그리고 정신의학자들로 하여금 협동케 하는 가능성을 생각하는 것은 박사님에게 의미 있는 일이 될까요?

프롬  그것은 매우 가능성이 있다고 나는 생각합니다. 그러나 우리는 개념에서부터 시작하지 않으면 안 됩니다. 그 뒤에 작전부대에 연구체제를 만들 수가 있습니다. 정말 문제는 우리의 과학자들이 평화에 관해 의미 있는 질문을 내놓을 만큼 이론을 발전시키지 못했다는 것입니다. 예를 들어, 전쟁의 원인이 무엇인가라는 문제를 다루어 봅시다. 전쟁은 심리학적인 원인을 가지고 있는 것일까요, 아니면 그것은 일종의 사회제도일까요? 사회제도라고 할 때, 그것은 그 안에서 정부 사람이 일반 시민이 가지고 있는 것과 같은 정도의 예절과 무감각성 사이에서 동요하는 것을 의미합니다. 그리하여 어떤 상황 아래에서 이 행동이 전쟁을 유발시키는 것에 지나지 않습니다. 그것이 아니면, 인간의 파괴성 그 자체가 전쟁의 본질적인 동기라고 우리는 가정해야 하는 걸까요? 경제적 동기는 어떻습니까? 서투르고 경직(硬直)된 방법으로 이루어지는 비난에 대한 반응은 어떻습니까? 소외된 사람들의 무언의 절망은 어떻습니까? 저들에게 있어서는 전쟁조차도 일상생활의 지루한 권태만큼 무섭지는 않으리라고 생각될 겁니다. 어느 누구와도 다른 존재이고 싶지 않다는 사람들의 원망(願望)은 어떻습니까? 그러니까 정녕 다른 모든 사람이 미워하기 때문에 자기도 미워한다는 저들의 태도 말입니다.

에반스  이것 역시 브론펜브레너의 문화비교적 연구와 관계됩니다. 그는 두 나라로부터 대표적인 샘플을 손에 넣음으로써, 그 두 나라 사람들이 상호간에 상대를 좋아하는 듯이 생각되어지지만, 그럼에도 불구하고 그 두 나라는 각기 한쪽 나라에서 다른 나라 지도자에 대해 혐의를 가지고 있음을 그는 발견하였습니다. 각 나라의 일반 대중은 상대방 나라와 지도자가 독재적이고 전쟁 도발적이라고 느끼고 있습니다. 그런데 저들은 상대방 나라의 민중을 받아들이는 것입니다. 거기에 역설이 있는 듯이 생각되지요. 이 역설이란 국민 자신들은 상호 적대적이 아니지만 권력구조가 충돌을 일으키고, 그러고 나서 박사님이 말씀하신 대로 이번에는 정동적(情動的)인 동조 속에 휩쓸리는 것을 말합니다. 박사님을 이런 일어 일반적으로 틀림없다고 말할 수 있겠습니까?

프롬  이것은 복잡한 문제입니다. 우리가 이 문제를 더 이상 논한다면, 그것이 평화에 관한 연구 계획으로 발전되는 것을 우리는 찾아볼 수 있을지도 모릅니다. 맨먼저 질문해야 할 문제는 무엇이 관련된 문제인가라는 겁니다. 예를 들면, 어떤 나라 사람이 어느 정도까지 외국인을 싫어하는지, 얼마 만큼의 사람이 또 그들 중 어떤 부류의 사람이 외국인을 신용하지 않는지, 어느 정도까지 사람들이 민중지도자의 불안정한 마음과 정동적인 폭발에 의해 쉽게 영향을 받는지, 한편 어느 정도까지 다른 나라의 체제를 현실적으로 보고 있는지 말입니다.

나는 어저께 《타임즈》지에서 재미있는 논문을 읽었습니다. 그것은 러시아에서 비로소 신문을 통해 발표된 보고였는데, 미국의 노동자들이 반드시 군축(軍縮)에 찬성하지 않는다는 견해를 지지한다고 말하고 있습니다. 여러 해에 걸쳐서 흐루시초프의 성명은 모든 미국 노동자들이 군축에 찬성하고 있다고 하는 마르크스주의

310

자들의 틀에 박힌 문구를 반영하고 있었지요. 만일 그것이 옳다면, 그의 견지로서는 그대로 좋을 것입니다. 그러나 그것이 옳지 않았습니다. 아무튼 러시아 사람들은 비로소 미국의 노동자들이 하나의 계층으로서는 군축에 찬성하지 않는다 —— 상류와 중산계층의 사람들은 찬성이지만 —— 라는 논문을 발표한 셈입니다. 여기서 중요한 점은 러시아 사람들이 비로소 처음으로 보다 객관적인 미국의 사회상이 공개되는 것을 받아들일 수 있었다는 것입니다.

**에반스**  그렇다면 프롬 박사님, 박사님은 상황의 이런 측면을 고려하는 것에 의해 적어도 가공할 만한 핵전쟁의 위협을 제지하는 것을 목표로 한 연구계획이 진행될 가능성이 있다고 생각하시는지요?

**프롬**  그렇습니다.

**에반스**  이 문제에 관한 박사님의 관심과 관찰이 정부(政府) 당국자나 그것에 관심을 둔 사람들에게, 이 계획의 발전을 시도하기 위하여 얼마간의 격려를 주는 것이 바람직하다고 생각됩니다.

그러면 프롬 박사님, 또 다른 화제로 옮기기로 하지요. 박사님의 저서는 많은 다른 영역에의 관심을 나타내고 있습니다. 그것은 '과학주의(scientism)'의 조직적인 거부에서부터 종교·철학·심리학, 그리고 사회학에 대한 광범위한 검토에까지 걸쳐 있습니다. 박사님은 이런 여러 가지 관심을 풍부한 상상력과 한결같은 노력으로 추구하셨습니다. 박사님은 그러한 여러 종류의 주제에 깊이 파고들었기 때문에 박사님이 장차 어떤 연구를 계획하고 있는지를 우리는 묻고 싶어지는군요.

**프롬**  글쎄요, 물론 나는 휴머니스트 운동에 단순히 표면적이 아닌 관심을 계속 가질 것입니다. 이 운동은 내가 보기에는 아인슈타인, 슈바이처, 러셀, 그리고 교황 요한 23세 같은 인물 속에 상징적으로 반영되고 있습니다. 이러한 인물들의 출현은 휴머니즘이 일어나고 있는 징표이기도 한 것입니다. 이러한 휴머니즘적 요소는 일견 그것에 대립하는 것 같은 여러 가지 수련 방법과 합병되고 있습니다. 외견적(外見的)인 대립(對立)에도 불구하고 커뮤니케이션을 위한 공통의 기초가 있다고 나는 믿습니다. 그리고 그 기초에 근거하여 많은 수련법과 기본적인 휴머니스트의 경험을 분별한다고 나는 생각합니다.

나의 특수한 계획에 대해 말한다면 나는 《인간의 마음(The Heart of Man)》이라는 저서 한 권을 막 끝냈습니다. 그 저서에서 나는 죽음에 애착하는 경향(necrophilia), 공생적(共生的)인 근친상간의 경향(symbiotic incestuousness), 그리고 파괴적인 측면에서 본 나르시시즘 등의 개념을 논했습니다. 나는 구약성서에 관해 책을 쓰려고 마음먹고 있습니다. 지난 20년간 그 작업을 생각해 오면서도 시간을 얻지 못했습니다. 나는 또한 휴머니즘적인 정신분석을 이론적 · 기술적 · 임상적인 견지에서 조직적으로 해명하는 책을 두세 권 쓰고 싶습니다. 만일 내가 이 모든 저술 계획을 완수하려면, 몇 해 동안은 무척 바빠질 것입니다.


대담자 약력

1900년 3월 23일, 독일 프랑크푸르트 암 마인에서 태어남.
1918년 프랑크푸르트 대학에 입학. 하이델베르크 및 뮌헨 대학에서 심리학
　　　과 사회학을 배움. 하이델베르크 대학에서 철학박사 학위를 취득.
1931년 베를린 정신분석연구소의 연구원이 됨.
1938년 뉴욕 스쿨 사회연구소 연구원으로 부임.
1941년 예일 대학의 강사가 됨.
1950년 뉴욕 대학 교수로 취임 .

1952년 멕시코 국립대학의 교수로 취임.

1962년 뉴욕대학 대학원 심리학 교수로 취임.

1967년 멕시코 국립대학을 정년퇴직, 명예교수가 됨.

주요 저서: 《자유에서의 도피》, 《건전한 사회》, 《사랑의 기술》, 《소유냐 존
　　　재냐》 등이 있음.

▨ 옮긴이 소개

방곤
불문학자, 번역문학가
서울대 문리대 불문학과 졸업
파리에서 불문학 연구
현재 경희대 문리대 교수.
한불협회 사무국장.
역서 《구토》, 《레 미제라블》,
《비겟덩어리》, 《모파상 단
편집》, 《페스트 · 이방인》.

최혁순
번역문학가
고려대 철학과 졸업
독일 뮌헨 대학 수학
역서 《소유냐 존재냐?》, 《회
상록》, 《소크라테스의
회상》, 《나에게 그대의
고뇌를》, 《그리스 로마
신화》.

젊은이여 오늘을 이야기하자　　　　　값10,000원

1979년　6월 10일　초판　1쇄　발행
1999년 11월 20일　2판　1쇄　발행

지은이　렉스프레스誌
옮긴이　방곤 · 최혁순
펴낸이　윤　형　두
펴낸데　범　우　사

등　록　1966. 8. 3.　제 10 - 39호
121-130　서울시 마포구 구수동 21-1호
전　화　717-2121 · 2122/FAX 717-0429

＊파본은 교환해 드립니다.
ISBN 89-08-02002-0 04100
　　　 89-08-02000-4 (세트)

교정 · 편집/김길빈 · 김지선
인터넷 http://www.bumwoosa.co.kr
천리안 · 하이텔 ID : BUMWOOSA

# 작가별 작품론을 함께 실어 만든
# 범우비평판 세계문학선

# 출판 35년이 일궈낸 세계문학의 보고

대학입시생에게 논리적 사고를 길러주고 대학생에게는 사회진출의 길을 열어주며,
일반 독자에게는 생활의 지혜를 듬뿍 심어주는 문학시리즈로서
범우비평판은 이제 독자여러분의 서가에서 오랜 친구로 늘 함께 할 것입니다. (全冊 새로운 편집·장정 / 크라운변형판)

범우사

서울시 마포구 구수동 21-1호
TEL 717-2121, FAX 717-0429
http://www.bumwoosa.co.kr
(천리안·하이텔 ID) BUMWOOSA

온고지신(溫故知新)으로 희망찬 21세기를!

현대사회를 보다 새로운 시각으로 종합진단하여
그 처방을 제시해주는

# 범우사상신서

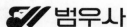 범우사    서울시 마포구 구수동 21-1호. 전화 717-2121 FAX 717-0429
http://www.bumwoosa.co.kr (천리안 · 하이텔 ID) BUMWOOSA

시대를 초월하여
인간성 구현의 모범으로
삼을 만한 책을 엄선

온고지신(溫故知新)으로 21세기를!

# 범우고전선

 범우사  서울시 마포구 구수동 21-1
전화 717-2121 FAX 717-0429

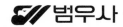

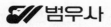